CAPITÃO PIRANHA

Renato Ignácio da Silva

Capa, ilustrações, planejamento, diagramação e revisão: Rigsil.
(Pseudônimo artístico do Autor).

Uma edição:
RENIG - Rua Capitão José Leite, 160-B.
Centro - Itaquaquecetuba - Cep. 08580 - São Paulo - Brasil

Renato Ignácio da Silva, nas selvas do Pará.

Obras de Renato Ignácio da Silva:

"No espaço não estamos sós..."
"Amazônia, paraíso e inferno!"
"Pantanal Silencioso"
"Capitão Piranha"
"Selva Assombrada"
"Natureza morta. História viva"
"Xarana. Viagem ao desconhecido"

A meu filho Roberto.

Índice.

Por onde passavam, o Capitão Piranha e seus homens, tudo era destruído. Fosse um tipo de vegetal ou simples inseto.

Nada que o homem fazia contra a natureza ficava sem resposta. Cada crime tinha sua punição.

A destruição era agravada com o envenenamento pela poluição industrial, inseticidas e outros produtos químicos.

Nunca na História, uma região foi tão maciçamente alterada e mutilada.

A flor tropical que tão rapidamente se fizera em botão, murchava, desbotava-se e caiam-lhes as pétalas...

Naquela guerra, os computadores apenas limitavam-se a mutiplicar milhares de vezes a estupidez humana.

O convite era para um encontro ao pé do arco-íris, a fim de dividir o pote de ouro.

As armas formavam um conjunto maquiavélico, com requinte de perversidade jamais visto pela humanidade.

Percebera tarde o piloto, que somente a perda de um bem nos faz aquilatar o seu verdadeiro valor.

A imprensa livre existe para servir aos cidadãos e não ao governo.

Quem é o Capitão Piranha?

Um dos muitos vândalos da região amazônica que acham ser "as árvores as únicas culpadas pelo incêndio na floresta". Um raspa-tudo que transforma a "arca do tesouro do mundo" numa enorme jaula verde. Violenta, arruína, aniquila sem piedade. Norte-americano que conhecendo o superado ditado brasileiro de que "do boi só não se aproveita o chifre", exporta de cara as aspas para fazer botão, depois a baba, o pêlo, o exterco, a urina, o suor do pobre coitado, e até gravação do mugido do animal, para ser usado em novelas sertanejas de rádio e televisão. É um implacável destruidor da natureza, que juntamente com seus amigos atiram em tudo que vêem e que se mexe.

Mark Twain dizia que "o homem é o único animal que enrubesce e também o único que tem motivos para isso". E não era a toa que o Capitão Piranha mantinha sua tonalidade vermelha desde a hora em que levantava indo até na hora de dormir...

Mas, será que só o Capitão Piranha e seus conterrâneos devastam? Cometem crime ecológico, onde a natureza não é dominada e sim vencida pelo barbarismo? Não. Como também não é só o caboclo a quem você pergunta se a química, o biocida que ele está aplicando nas verduras não é perigosa para a saúde, lhe responde com a maior ingenuidade deste mundo: — "Mas essas verduras não são para comer, são para vender!"

A natureza não se defende, mas se vinga, conforme vocês verão no livro. Com a incontrolável destruição, a Amazônia, maior reserva genética do planeta, maior sistema fluvial do mundo, já não é a maior floresta. A União Soviética se encontra em primeiro lugar entre as nações possuidoras de florestas, com uma área calculada em 9.515 mil quilômetros quadrados. Em segundo lugar está o Brasil, com 3.959; em terceiro o Canadá, com 2.105 mil; em quarto os Estados Unidos, com 1.975 mil; e em quinto lugar a Indonésia, com 1.212 mil quilômetros quadrados.

A culpa inicial é do governo. Culpados são também IBDF, FUNAI, INCRA, SUDEPE, SUDAM. As multinacionais, a falta de escolas e a consequente ignorância do caboclo. Enfim todos são culpados porque todo mundo desmancha, assola, devasta. Menos o índio. O único que escapa é o silvícola, que se amazonificou e jamais procurou humanizar a região para tirar proveito. Terrível paradoxo da selva, e no entanto quem nunca danificou é o maior prejudicado. E tem destino, infelizmente, já selado: ser um mendigo a mais neste país, com a diferença de ser colorido, coberto de missangas ou "bóia-fria" de fazendas, cujos proprietários, no Sul são fabricantes de macarrão e parafusos, no Norte, transformados em pecuaristas. Com fato único no mundo, nunca pisaram o solo de suas fazendas! Olham as terras por cima, confortavelmente instalados em suas aeronaves. Compram e queimam pelo ar, depois jogam de aviões as sementes e só não atiram daquela altura o gado, ferramentas e a peãozada, que são também transportados por via aérea...

E quem é o oponente, o destemido Mavutcinim? Que luta inclusive contra a devastação da Amazônia pelo entreguismo governamental ao capital estrangeiro?

Um dos poucos da região a saber que Deus criou primeiro um jardim para depois criar o homem, e sem o qual não viverá. Uma espécie de "Don Quixote" moderno, a lutar contra pás de moinhos azuis e vermelhos salpicados de brancas estrelas. Um lutador e sonhador ao mesmo tempo, vivendo num lugar onde são tantos os compradores que "já se vendem terras no terceiro andar". Um rapaz idealista, composto do que há de melhor no país em matéria de defesa da Ecologia, proteção da natureza, que vai de um Mario Autuori, diretor do Parque zoológico de São Paulo, Guimarães Ferri, professor do Instituto de Botânica da Universidade de São Paulo, Warwick Estevam Kerr, diretor do Instituto Nacional de Pesquisas da Amazônia, naturalista Augusto Ruschi, diretor do Museu de Biologia Melo Leitão, de Vitória, Luiz Roberto Tommasi, do Instituto Oceanográfico da USP, a um Evandro Carreira, senador do PMDB do Amazonas. Mavutcinim é também um Orlando e um Cláudio Villas Boas, abnegados irmãos, reunidos numa só pessoa. É um Dalgas Frisch, um Chico Galvão, um irrequieto Lutzemberger. Um valente Burle Marx mais novo...

O objetivo do presente trabalho é atingir a faixa jovem. Com sabor de aventura mostrar aos moços de nossa terra a que ponto o homem está levando a destruição.

O Autor.

As árvores incomodam algumas
pessoas, porque elas atraem
as mais lindas realidades.

Ilustração: Rigsil.

O velho Capitão Piranha trocava matas cheias de vida por florestas sepulcrais.

Ilustração: Rigsil.

"Aproxima-se cada vez mais o dia em que os homens entrarão nas últimas florestas, como num santuário. Quase de joelhos, eles chorarão as árvores perdidas".

POR ONDE PASSAVAM, O CAPITÃO PIRANHA E SEUS HOMENS, TUDO ERA DESTRUÍDO. FOSSE UM TIPO DE VEGETAL OU SIMPLES INSETO.

— Boa noite.

— Boa noite senhor, muito prazer, eu sou...

Feitas as apresentações na luxuosa mansão de Manaus, todos ficaram sabendo que o visitante corpulento era o norte-americano descendente de grego, Serrasalmus Rhombeus;(*) conhecido também pelo apelido de Capitão Piranha. Suas atividades comerciais consistiam em enviar do interior do Pará, admirável mundo verde onde vivia, para os Estados Unidos e Europa, plantas e aves raras de mil cores, raízes oleaginosas, madeiras de lei, animais vivos, couros, peles e principalmente peixes ornamentais.

Mantinha um verdadeiro zoológico em suas terras, o Jovanka Zôo. Comprava de índios e caboclos da região amazônica, desde aranhas, cobras, jacarés, tartarugas, macacos, papagaios, araras, tucanos e pintassilgos, até piranhas. Criava no cativeiro, todo tipo de animais e em tanques especiais, as mais variadas espécies de peixes, destacando-se entre eles o valioso e famoso peixe disco.

Na verdade Serrasalmus comprava e vendia de tudo: do pau-brasil, barbatanas de peixes, beija-flores, menta, aspargos e palmitos, a estômagos e bexigas secas de animais. Exportava também de tudo, num crime brutal contra a flora e a

(*) Nota do Autor — Serrasalmus Rhombeus, nome científico do peixe piranha, temível pela sua voracidade.

fauna, furioso ataque à natureza e ao equilíbrio ecológico. De escamas de peixes, especialmente dos mais prateados, para o Japão, onde serviam para a confecção de pérolas artificiais, acetona, bijuterias e botões, a milhões de minhocas para a fertilidade dos solos da Holanda, China e Canadá. De camundongos brancos vivos para pesquisas, a cálculos biliares onde no Japão eram aproveitados para remédios e enjetados em ostras para provocar o nascimento de pérolas. Além de besouros de 5 centímetros ou maiores e cigarras. Os insetos esterilizados logo após a captura eram embarcados e fornecidos a escolares japoneses para fins educacionais. Exportadas para o Japão iam também para estudo, as moscas **Mydas Heros** consideradas as maiores do mundo.

O Jovanka Zôo colaborava para que a Suiça recebesse mercadoria mais valiosa do que ouro: veneno de jararacussu! Na verdade o Capitão Piranha apenas caçava e selecionava as cobras para um laboratório, que extraia o veneno transformava-o em pó e mandava para a Europa, onde era usado em medicamentos contra a embolia e trombose.

A exportação do Jovanka Zôo era a mais diversificada: da pele de sapo para a confecção de cintos, bolsas e carteiras, peles de rãs para encadernar livros luxuosos, ao cabelo de orelha de boi para ser usado na produção de pincel de maquilagem. Do urubu à castanha. Da asa de borboleta que enviava à Austrália e Espanha, à flores secas. Ia da poáia (raiz de ipecacuanha) à pimenta do reino. Da sorva à balata, a primeira usada na fabricação da bola de golfe e a segunda na goma de mascar.

Do cacau à frutas secas. Exportava canela, cravo-da-índia, gengibre e casca de laranja usada para fins culinários e medicinais. Exportava também içá, fêmea da formiga saúva, que nos Estados Unidos era frita, recoberta de chocolate e enlatada. Além da baunilha que mandava e que pouca gente sabia ser uma variedade de planta da família das orquídeas. Até o tutano de boi era enviado, para que os norte-americanos usassem na fabricação de bombas de **napalm.**

O dono do Jovanka Zôo pretendia exportar um novo produto depois de saber que a tinta amarela da Índia, muito procurada por pintores do mundo inteiro, tratava-se de produto refinado a partir da urina da vaca...

Serrasalmus era dos muitos, que num erro grosseiro e desastroso, riscava o "nossos bosques têm mais vida" do Hino Nacional. Sem piedade eliminava toda forma de vida, retalhava a extensa floresta sagrada, fonte perpétua de oxigênio, de correntes de vento e água, formadora de húmus vivificador. Graças a tipos como ele, na Região Norte, pelo menos 70% da fauna local não apareciam mais nas matas secundárias. A partir da violentação do meio ambiente, o que o índio não teria destruido no futuro, brancos devastavam em pouco tempo. A diferença entre o indígena e o homem civilizado era que um fazia suas pesquisas na selva com machado de pedra, enquanto o outro usava machado de aço.

O norte-americano Serrasalmus era um rei naquele mundo verde de presas e predadores. Poluia as águas com tóxicos, quando queria derrubava matas e as incendiava quando bem entendia, destruia animais de maneira mais absurda, sem dar satisfações à ninguém. Versátil na destruição, cooperava para que as peles de nossos felinos aquecessem elegantes madames do mundo inteiro e para que as asas de nossas borboletas e insetos adornassem molduras e jóias no exterior. Mais de 100 milhões de borboletas morriam anualmente no Brasil, para suas asas decorarem bandejas, cinzeiros, quadros etc., contribuindo assim para a extinção de certas espécies.

Sua última novidade a fabricação, com besouros vivos, de excêntricos adornos para joalheiros norte-americanos. Ele achava o máximo em matéria de presente, naturalmente pensando no lucro que proporcionaria, devido a grande quantidade de insetos existentes na Amazônia. Tratavam-se de broches vivos, isto é, de certos besouros guarnecidos com pedras preciosas, presos ao vestido de mulheres por uma corrente de ouro ou prata e um alfinete. As pedras eram incrustadas em finas lâminas de ouro que em seguida coladas aos besouros ou ainda, a inscrustação feita simplesmente numa cinta colocada ao redor do besouro, entre o tórax e o adbome.

A idéia original havia nascido do besouro **Macech** segundo a classificação: **Megazopherus chilensis**, cuja adoração tinha raizes em antiguíssimas tradições dos Maias, um dos mais importantes povos cultos da América pré-colombiana. O inseto não apresentava nada de extraordinário nem pela forma, nem por suas cores. Era cinzento-castanho com pernas e antenas pretas. Mas enfeitado daquela maneira, transformava-se em vistosa jóia. Sendo de hábitos noturnos, o besouro animava-se à noite e vagarosamente começava sua movimentação no vestido da dama, revelando o singular brilho das pedras preciosas e promovendo grande admiração em todas as pessoas presentes.

Serrasalmus usava todos os tipos de insetos para suas experiências, até achar o tipo ideal. Quando o broche-vivo não estava sendo usado, era guardado numa caixinha com pedaço de casca de certa árvore que se constituia na principal alimentação do inseto e de dias em dias pequenas quantidades de açúcar eram-lhe dadas, alegando que o tratamento assegurava a vida do besouro durante dois a seis anos.

Um texto em inglês, estudado pelo norte-americano, acompanhava a original jóia, cujo preço variava, dependendo das pedras usadas na incrustação, citava entre outras coisas misturadas com antigas lendas sobre o besouro **Macech**, que era um ser sobrenatural e objeto de grande estima. Encontrá-lo era sinal de boa sorte. Matá-lo, um sacrilégio. Presentear a uma jovem com o broche-vivo significava o mesmo que a declaração de amor profundo e sério. Além do inseto ser considerado como talismã de felicidade e de longevidade... A Amazônia já tão cheia de crendices e superstições, recebia mais uma criada pelo norte-americano, em troca de novo saque e destruição.

Serrasalmus Rhombeus mantinha caçada implacável na região e vendia até o muçuã, um animal em vias de extinção. O quelônio um pouco menor que a tartaruga, com carne considerada muito mais saborosa e, pela raridade, tinha sua caça proibida por lei. Sem ligar a fiscalização e graças ao norte-americano, os melhores restaurantes de Belém tinham no quelônio a maior atração dos seus cardápios, servido em sua própria casca. E a apenas alguns metros da Delegacia do IBDF - Instituto Brasileiro de Desenvolvimento Florestal (ou Devastação Florestal?). Outro saco de gatos doidos como a FUNAI - Fundação Nacional do Índio, cabide de emprego, atendendo mais à interesses de multinacionais, do que dos nativos.

Por onde os homens do velho Capitão Piranha passavam tudo tinha que ser aproveitado e de qualquer modo, nem que fosse um simples escaravelho estercorreiro. Várias espécies eram exportadas para a Austrália, onde desmanchavam o esterco das vacas, nos campos, para reciclar a matéria orgânica.

Essa era uma das diferenças entre o nosso país e outros. Enquanto a previdente Austrália aliava-se à natureza, adotando soluções biológicas ou ecológicas, o Brasil despreparado e imprudente prosseguia por comodismo com a nefasta tecnologia química. Os adubos químicos, os pesticidas, os herbicidas e outros produtos congêneres produziam alterações profundas no equilíbrio ecológico de nossa terra. Enquanto no Canadá, filmes educativos eram mostrados às crianças, afim de que elas aprendessem a repudiar o máu-caráter dos caçadores clandestinos de peles e respeitar a eficiência dos guardas das matas, no Brasil alguns guardas florestais quando não vendiam pássaros, eram semianalfabetos e precisavam andar acompanhados porque não conseguiam lavrar sozinhos um ato de apreensão.

Os poucos bem intencionados naquele pedaço de terra onde destruir floresta tinha o mesmo significado do que colher lírios no campo, encontravam toda sorte de obstáculos. Como o pobre guarda florestal que um dia recebeu ordem emitida pelo IBDF, para que fizesse rigorosa fiscalização sobre desmatamento. Tendo percebido que sozinho não conseguiria nada porque os posseiros eram poderosos e ele seria tocaiado ali mesmo, pediu ajuda militar. O capitão do destacamento negou seu pedido e ainda disse que os posseiros precisavam cultivar a terra e que, ao puní-los, o guarda estava agravando o problema social da região.

O lucro ou a vida? Economia e ecologia(*) podiam e deviam coexistir na Amazônia. Era somente uma questão de bom senso. O peixe boi, por exemplo, dava mais lucro vivo do que morto. Morto, não era rentável nos mercados, sua reprodução

(*) Nota do Autor — Eco *(do grego oikos, que significa "casa" ou "lugar em que se vive")* e **logia** *(estudo) são os elementos etimológicos que formam a palavra e lhe dão o sentido mais amplo de "estudo do ambiente".*
Mas, modernamente, ecologia é mais que isso. É a ciência que estuda as relações dos seres vivos entre si e destes com o meio ambiente. Noutras palavras, é "o estudo da estrutura e da função da natureza".

era por demais lenta para que fosse comercializado. Vivo, permitia a conservação de numerosas espécies, comportava-se como agente fertilizador do meio, o que acarretava baixa nos custos de produção do pescado. Este mamífero em extinção precisava de cerca de 10 anos para se tornar apto à procriar, exigindo cuidados especiais com os filhotes, já que cada fêmea do peixe-boi só conseguia gerar um de cada vez. Mesmo assim ele era pescado com voracidade pelos homens da região.

O mundo que Deus nos deu não existia mais graças a esse tipo de gente. Para o matador de árvores, Serrasalmus Rhombeus que não tinha a capacidade de pelo menos sentir que a árvore era a alma de toda paisagem, pouco importava se madeira de lei como a embúia, só era adulta aos oitenta anos!

O Capitão Piranha colaborava através da exportação em grande quantidade e de tudo, para o desaparecimento também da região, de uma outra espécie vegetal muito procurada. A samambáia **dicksonia sallowiana,** cujo tronco fibroso fornecia a matéria prima para os mais vendidos vasos das floriculturas: os xaxins. E o que pouca gente sabia, inclusive o exportador, era que a planta, com belíssimas folhas verdes na forma de palmeira, tinha um crescimento lento; demorava mais de cinquenta anos para atingir a idade adulta! Além de exigir condições especiais para se desenvolver em locais úmidos, no fundo dos vales, e em zonas de pouca exposição à luz. Como também não sabiam que os vasos de barro para se colocar flores eram tão bons ou melhores que o xaxim.

Esse mesmo homem e seu bando, que a tudo destruiam em nome da civilização, como se civilização fosse sinônimo de devastação. Ela só era assim, quando as populações eram mal educadas, egoistas e inconscientes do valor dos recursos naturais. Como o beija-flor que também morria e sua beleza de cadáver ia adornar uma casa qualquer. Em consequência, centenas de plantas deixavam de florescer, porque o pássaro era agente de polinização. Impossibilitadas de se reproduzirem as plantas rareavam. O índice de fotossíntese diminuia. O ar recebia menor carga renovadora de oxigênio. Imperceptivelmente, o equilíbrio ecológico estava sendo alterado.

Para Serrasalmus Rhombeus e outros que exploravam a região, não importava que alguns animais estavam desaparecendo para sempre. E muito mais grave do que o simples desaparecimento de determinadas espécies animais era o rompimento que ele provocava na cadeia alimentar. Assim quando desaparecia uma espécie, outra ficava sem alimento, e era obrigada a abandonar seu **habitat**, acabando também por desaparecer. E mais, quebrando-se a interdependência dos animais, o homem estava ameaçado, com a proliferação de certas espécies daninhas.

A caçada desenfreada do velho Capitão Piranha, a tudo que se mexia, as consequências do que chamava progresso: desmatamento irracional, poluição do ar e das águas, destruiam os **habitats** naturais da Amazônia, provocando a morte de animais aos milhões. E cada indivíduo, toda espécie, exercia fundamental influência em seu ecossistema próprio e no meio ambiente. Multiplique-se e avalie-se o resultado final, que será a resposta da natureza sistematicamente agredida pelo progresso sem medidas. A arma estará apontada inexoravelmente para o próprio homem.

Era o tempo — dizem as fábulas — em que os animais falavam. Houve um tempo — dirá alguém no futuro — em que havia muitas espécies animais sobre a Terra.

A Amazônia, como a Antártida, a Patagônia e outras regiões, surgiram como reservas de recursos para evitar a sufocação do planeta. O progresso desvairado acumulando erros, levado por uma era de tecnologia rápida, ocasionando a destruição da natureza e da ecologia, rebaixava o sentido benéfico da vida. Iria com o tempo, acabar criando na região represas apocalípticas, cidades monstruosas de vida agitada e complexa, gerando conflitos e misérias, carestia e fome ao invés de celeiro do mundo, progresso verdadeiro e bem estar.

As florestas sempre precederam os povos. Os desertos seguem-nos. O fim da mata altera o clima. Provoca profundas transformações geológicas. O desmatamento provoca erosão. A ausência de vegetação no solo provoca consequências catastróficas; o escoamento da água passa a ser mais rápido, e ocasiona a formação de voçorócas. O desmatamento é responsável também pelas alterações do regime dos rios, que recebem uma carga muito maior de sedimentos, prejudiciais à fauna aquática.

Além da quase total destruição, o norte-americano Serrasalmus e seus conterrâneos, ainda erradamente derrubavam matas virgens, vivificadoras, para em seu lugar plantar insípidas florestas de árvores exóticas, chupadoras de húmus e que não serviam à ecologia. Arrasavam florestas naturais para em seu lugar plantar os importados eucaliptos e **pinus**, que são árvores úteis, mas somente quando plantadas em zonas de terras pobres.

As madeiras nativas tombavam para dar lugar a florestas homogêneas, num tipo de reflorestamento que atendia a necessidades econômicas, mas não satisfazia exigências ecológicas.

Na Índia, e em muitos países da África, o eucalipto é amplamente utilizado na recuperação de terrenos pantanosos: sua raízes penetram fundo no solo, absorvendo grande quantidade de água. Em terrenos normais sabe-se que o eucalipto pode provocar até a esterilidade do solo. No entanto, nas terras do Jovanka Zôo, pertencentes ao norte-americano Serrasalmus o eucalipto era uma das árvores mais procuradas para reflorestamento. A preferência, aparentemente absurda — e cientificamente condenável — tinha motivos indisfarçados: o eucalipto atingia em menos tempo que a maioria das outras espécies o tamanho ideal para corte, representando, portanto lucros mais rápidos.

Esse era apenas um dos muitos erros que caracterizavam os projetos de reflorestamento, perigosamente confundido no Brasil com a simples reposição de árvores, sem qualquer critério científico. E o solo, muitas vezes era irremediavelmente prejudicado, com a plantação de espécies não nativas. Que isso fosse feito em terras já devastadas, compreendia-se. Mas, derrubar florestas naturais para plantar essas espécies, não tinha sentido. Nas matas de eucalípitos não havia alimentos para os pássaros nem para os bichos. Eram matas silenciosas, onde só se ouvia o ruido dos ventos agitando a copa das árvores. No Jovanka Zôo, o velho Capitão Piranha trocava matas cheias de vida por florestas sepulcrais. Algo parecido com substituir uma rosa natural por uma de plástico.

O terreno reflorestado não era utilizado para a agricultura. A grande quantidade de folhas ricas em eucalìpitol (óleo de eucalípto), que se desprendia das árvores, destruia o equilíbrio da camada natural de micro-seres (bactérias, minhocas, formigas), esterilizando o solo. O **pinus**, mesmo esterilizando, formava no solo um tapete verde, verdadeiro canteiro de sementes de novas árvores. O "tapete verde", entretanto, era muito seco e resinoso, e além de altamente combustível, impedia o nascimento de espécies nativas, afetando o equilíbrio natural, a flora e a fauna.

Na região do Jovanka Zôo os animais pareciam ter raiva daquela floresta vinda de fora. Eram vorazes os ataques de roedores aos reflorestamentos com **pinus eliotti.** Pacas e ratos-do-banhado roiam a casca até uma altura média de 60 centímetros acima do solo. Um ano depois a árvore estava seca e morta.

Alguns estudiosos achavam até que os roedores talvez retirassem do **pinus** alguma substância afrodisíaca tamanha a insistência dos animais. Substância que seria muito semelhante àquela que os animais liberam para ativar seu sistema sexual e que se encontraria na seiva adocicada que escorre entre a casca e a madeira da árvore. Nenhum teste de laboratório, porém, tinha conseguido isolar o suspeitado afrodisíaco e as florestas eram arrasadas em questão de dias. Os animais, da mesma forma que o homem, também ficavam neuróticos quando forçados a viver, em grandes populações, num espaço pequeno demais e inadequado.

Mais uma vez culpa do desequilíbrio ecológico. No Jovanka Zôo restavam poucas áreas de matas nativas e heterogêneas, onde pacas e ratos-do-banhado tinham seu **habitat** natural. As pacas não conseguiam sobreviver exclusivamente dentro de reflorestamentos homogêneos. Suas incursões pela mata plantada — verdadeiros "desertos verdes" — eram rápidas e se limitavam a procura de alguma vegetação que lhes servissem de alimento. Mais ainda: estranhamente, nem pacas, nem ratos-do-banhado comem a casca do **pinus**, dai a impressão quando eles roiam, de que estavam precisando de algo muito mais vital ou, então, estavam apenas com raiva e procuravam destruir tudo aquilo que tinha vindo de longe...

O velho Capitão Piranha possuiu dois filhos; um tinha falecido na guerra da Coréia, o outro (fruto de união com bela índia brasileira com quem vivia), trabalhava com ele no interior do Pará, onde mantinham a firma de exportação. Viera à Manaus com a finalidade de aproveitar o cabelo de índias para a fabricação de perucas. Possuidor de tino comercial, como todo norte-americano, achava que seria um negócio altamente lucrativo. Quando ainda era extravagância usar cabeleiras postiças Serrasalmus já pensava na possibilidade de usar o forte cabelo da índia brasileira. O uso generalizou-se e começou a faltar perucas naturais, dai a idéia de exportar o cabelo indígena para a Europa e Estados Unidos como fazia com outras mercadorias.

O rosto vermelho-queimado, de Serrasalmus, bastante marcado pelas rugas e emoldurado por espessa cabeleira prateada, mostrava uma vida toda dedicada à viagens e aventuras.

Em sua mocidade derrubou matas nos Estados Unidos indo até o Canadá trabalhando sempre no ramo madeireiro. Mais tarde resolveu variar, foi ser vaqueiro no México, onde também não durou muito. Quando percebeu procurava cangurus na Austrália, para vender e acabou finalmente se transformando em caçador profissional na África.

Já havia escapado da morte várias vezes. Nas costas da Guiné onde pretendeu organizar um exército mercenário foi preso. Passou a receber a visita de uma linda mulher que levava sempre um guarda-chuva preto e sem que ninguém desse conta, saia sem ele. Cuidadosamente Serrasalmus preparava um plano: retirar todo o pano preto dos guarda-chuvas propositadamente esquecidos e improvisar uma batina. Fugiu da prisão vestido de padre.

Andou pela África justiçando, imitando Charles Linch, governador da Virgínia que inaugurou o sistema de fazer justiça pelas próprias mãos. Até que foi colocado num **tam-tam,** tronco oco de árvore em que a pessoa falece em poucos dias, de imobilidade absoluta, conforme o costume africano. Escapou por milagre o irrequieto norte-americano. O mesmo acontecendo no Irã. Nesse país, acusado de espião, foi submetido durante 90 dias a surras diárias, entremeadas de longas sessões de **felacca,** açoitamento das solas dos pés com chicotes feitos de arame e tiras de couro. Ficou com o corpo tão cheio de ferimentos causados pelas torturas que, durante quase dois meses, só conseguia dormir apoiando-se nas mãos e nos joelhos. E deu-se por feliz por não ter passado pela "mesa quente", uma chapa de ferro retangular, na qual os prisioneiros eram tostados ao aquecer o metal. Inúmeros foram os países percorridos pelo aventureiro norte-americano e sempre por pouco tempo. No Brasil, dentro da Amazônia, nas proximidades de Belém do Pará, onde atualmente vivia, o velho Capitão Piranha, pretendia ficar até o fim de seus dias. A não ser que o destino lhe pregasse mais uma peça, como sempre o fizera...

O grandalhão e vermelho Serrasalmus que era estudioso

naturalista, além de excelente químico, passou a última guerra mundial servindo no exército, no Serviço de Inteligência e no de Contra-Espionagem, dos Estados Unidos.

O encontro entre Serrasalmus e o grupo de empresários e ricaços manauenses era feito no palacete de Mahanarva Posticata,(*) um dos maiores latifundiários da Amazônia. Mahanarva era tão misterioso quanto sua origem, que uns diziam ser italiana, outros indu, nigeriana e até etíope. Era mulato claro, alto, esguio com profundas e marcantes olheiras, além de imberbe. Possuia acentuados trejeitos femininos, cabelos compridos e encaracolados. Olhos cor de cinza e a pele macilenta acinzentada e tons verdes de quem saia pouco durante o dia.

Era médico e bem sucedido explorador da miséria da região, trabalhando muito mais para laboratório do que para a raça humana. Paranóico servente da indústria farmacêutica, que vendia até amostra grátis de remédio. O maluco tentava implantar na região um costume da Nigéria, que era o e cortar o clitóris da mulher ao nascer, para que nunca sentisse o prazer no ato sexual, transformando a fêmea num simples objeto. Tal a ojerisa que o maníaco tinha pelo sexo feminino.

O frágil e rico amazonense agitava-se entre a sala e a cozinha orientando suas cozinheiras na preparação da maniçoba, espécie de feijoada amazônica, para aquela noite. A maniva, folha de mandioca, estava picada e fervida já há três dias. O prato para ficar bom, segundo Mahanarva que se achava um excelente cozinheiro, devia ser preparado sem pressa. Levava dias até. O excêntrico milionário, pedia que fosse colocado mais fiambre na panela, onde já estavam o chouriço, o bucho, o mocotó, o pé de porco, a banha de páio, o jabá, o toicinho...

Mahanarva Posticata além de riquíssimo julgava-se o homem mais poderoso da Região Norte. Sua obsessão era tornarse rei da Amazônia. Mas rei de verdade, tanto que certa vez propuzera à um embaixador dos Estados Unidos, de passagem por Manaus, que daria todo o seu apoio e inclusive parte de sua fortuna se os norte-americanos tomassem de uma vez a

(*) Nota do Autor — Mahanarva Posticata, ou Indicata, nome científico da praga de canavial, popularmente chamada cigarrinha.

maior região fluvial do planeta (já que florestal não era mais), e o colocassem ali como seu representante maior. Com apenas uma exigência: a de poder usar corôa!

Delicado como uma cigarra, o médico dormia pouco e vivia com duas pequenas caixas de "bolinha" no bolso, mas de formato e cores diferentes, para dormir e para não dormir, porque além de tudo ainda era míope e daltônico.

Em suas poucas horas de sono, sonhava constantemente com a mesma coisa (fazia parte de sua obsessão) e em tecnicolor. Alguns diziam que a espécie de visão colorida era devido ao chá de maconha tomado antes de deitar, mas o fato é que no sonho reprisado, ele estava sempre de túnica branca e corôa, montado sobre garboso cavalo cor de rosa, admirando a vasta planície amazônica. Nunca aparecia ninguém no sonho. Era somente ele e sua impecável túnica alva, o **pink-horse** castrado, como costumava dizer, e a verde planície, dentro do maior silêncio e passado remotíssimo.

Num de seus ataques megalomaníacos, dizia ser ele o verdadeiro Negus Neghesti (Rei dos Reis) da Abissínia e Eritréia, hoje Etiópia, e não Hailé Sellasié. Para Manaharva Posticata, o imperador que por mais de 50 anos governou aquele país, era um usurpador chamado Tafari Makonnen, que após tomar o lugar do pai do milionário amazonense e legítimo herdeiro do rei Salomão com a rainha de Sabá, mudou seu nome para Hailé Sellasié que queria dizer "O poder da Santíssima Trindade".

Portanto para o pretensioso Mahanarva Posticata, ele é que deveria ser o Rei de Sion, Imperador da Etiópia, Vitorioso Leão da Tribo de Judá, Eleito de Deus, Rei dos Reis e outros títulos que Sellasié como ditador da Etiópia e senhor absoluto de 25 milhões de habitantes, possuiu...

O "Grande Bastardo do Rei Salomão", como seus amigos chamavam Mahanarva pelas costas, vivia sempre sentado numa cadeira preferida, que era de ouro maciço com almofadas de veludo violeta, e constantemente acariciava um perfumado leão de estimação, ao som de músicas de Vivaldi.

Os acordes da música clássica preferida do "Iluminado dos Deuses e Defensor da Fé Cristã", pequeno senhor da grande Amazônia, invadia a sala, enquanto o velho leão domesticado se espreguiçava e abria enorme boca num bocejo prolongado, exalando forte e desagradável cheiro que contrastava com o externo perfume francês.

Seus amigos e apreciadores de suas pomposas festas rezavam para que ele não tivesse o mesmo fim de Selassié. A bordo de um reluzente Rolls Royce o imperador da Etiópia costumava comprar aplausos de seus miseráveis súditos com punhados de moedas que jogava pelas janelas do carro. Durante muitos anos acumulou fortunas as custas do povo esfomeado. Um dia teve de pagar bem mais caro pelo elementar direito de respirar: 15 bilhões de dólares foi a quantia que ele pagou aos integrantes do Conselho Superior Militar após a revolução, que o destituiram do cargo. Devolveu (ou morria) sob aplauso do povo, tudo o que acumulara durante mais de 90 anos...

As pessoas presentes naquele palacete ornamentado com ouro e mármores finos, e cuja área ajardinada enfeitada com plantas exóticas escondia a mais variada coleção de tartarugas da região, ficaram logo admiradoras do simpático norte-americano Serrasalmus Rhombeus. Também não era para menos. Homem de conversa interessante; sabia cativar o ouvinte e sua experiente vida, era repleta de perigosas viagens e de autênticas aventuras. Com ele, nas poucas horas em que o norte-americano passara com o grupo de homens de negócios, em Manaus, Mahanarva Posticata, o "Príncipe da Lua do Oriente" e seus amigos interesseiros haviam aprendido muita, coisa, já que Serrasalmus fôra figura importante do Serviço Secreto. Assim passou horas contando suas aventuras, sobre as guerras, sobre animais, armas desconhecidas e as novas descobertas no campo da biologia, enquanto o grupo de milionários, calado ouvia. O Capitão Piranha parecia um irapuru de plumagem desgraciosa, mas de gorgeio ondulante, magnetizador, ante uma platéia silente de cobras e panteras no meio da mata amazônica.

— Em todas as guerras, a partir das que vem narradas na "Iliada" e no "Mahabharata", até chegar ao segundo conflito mundial, que eu infelizmente participei — dizia o norte-americano Serrasalmus — o homem valeu-se da ajuda dos animais: do cavalo, elefante, jumento, ao pombo-correio!...

E prosseguia — todavia, a história das façanhas realizadas por esses companheiros de armas, de duas ou de quatro patas está chegando ao fim. A desmobilização quase total, levada a efeito nestes últimos anos, dos cavalos, dos jumentos, dos pombos-correio oferece por certo, seu aspecto patético. E sem dúvida alguma, não seria comentada senão tivesse provocado os protestos dos homens que durante as duas guerras mundiais, foram salvos graças aos animais que com eles se encontravam no campo de batalha. Ex-combatentes norte-americanos e soviéticos, inglêses e francêses, alemães e italianos tentaram várias vezes, obter das autoridades dos seus respectivos países a revogação da projetada desmobilização; outros apressaram-se em escrever aos jornais para lembrar os heroismos passados — em sua maioria não conhecidos — dos fiéis "companheiros de armas" já aposentados.

Durante a segunda guerra mundial, os estados maiores de alguns países (inclusive de países não beligerantes) demonstraram grande interesse pelos experimentos relativos, a armas secretas, constituidas por animais que nunca haviam sido utilizados em combate.

Por exemplo, a Marinha dos Estados Unidos nunca divulgou que pensava em se servir de fócas ensinadas para destruir eventuais submarinos inimigos. Para esse fim, muitas jovens fócas foram capturadas e transportadas para uma base secreta, onde um grupo de instrutores as habituaram a comer os peixes pendurados aos cascos dos submarinos. Essas fócas se houvesse necessidade, teriam sido postas em liberdade (com minas ao corpo), em águas frequentadas por submarinos inimigos. Aproximando-se dos barcos à procura de alimento, teriam funcionado como "torpedos vivos".

Já se cogita de "colonizar", futuramente, o mar. E neste sentido, é bem provável que os homens recorram aos golfinhos, assim como, na terra, vem fazendo, há milênios, com o cão e o cavalo. Por essa razão, os cientistas querem saber mais sobre tais peixes extremamente interessantes dotados de grande inteligência: enfim, "aproveitáveis".

Um dos problemas principais é entrar em comunicação com essas espécies marítimas de boa índole, capazes até de "compreenderem" de certa forma a voz humana. Eis a razão de tantas experiências que se realizam em várias partes dos Estados Unidos, as escondidas, com instrumentos perfeitíssimos e as técnicas mais avançadas.

Os golfinhos, por sua vez, "falam", isto é, emitem sons, articulados, uma parte dos quais pode ser ouvida pelo homem, pois, está incluída na escala, que nos é normal, das frequências acústicas. Alguns procuram repetir como podem a voz humana, porém deturpando os seus sons, como acontece e quando fazemos girar ao contrário uma fita registrada num magnetofone. Mas até aqui nada há que se possa definir extraordinário.

O mistério — ou, se quisermos, a autêntica magia — começa quando entre cientistas e golfinhos, se estabelece um diálogo, ou seja, uma forma qualquer de comunicação baseada, naturalmente, na exploração de instintos: um peixe como prêmio por um som, duas belas sardinhas por uma frase, um golpe de vara por um êrro e assim por diante. Linguagem e "reflexões', enfim: um sistema simples e eficaz.

Durante estes "diálogos", o golfinho é levado, pela sua natureza, a emitir sons de frequência muito alta, não audíveis pelo homem, que nesse caso não lhe dá nenhuma guloseima, nem lhe acaricia a grande cabeça. Então, o golfinho baixa o seu tom de "voz" e volta a pedir sardinhas usando frequência mais baixas e, portanto, audíveis: como se quisesse, a todo custo, comunicar-se com o homem, fazer-se compreender, conceder algo à nossa limitada capacidade de entender os sons. Por que? Com base em que mecanismo e relações? Tudo é incerto e vem sendo objeto de estudos. Eis porque se registram os sons dos golfinhos e se codificam seus ruídos nas memórias dos calculadores eletrônicos, com o objetivo de analizá-los e encontrar uma "chave" que permita uma relação mais evoluida entre o homem eo golfinho.

Outras observações completam tais estudos. Elas se baseiam em algumas observações recentes sobre o comportamento "social" dos golfinhos na sua vida comunitária, que é rica e complexa. Na Inglaterra, por exemplo, quando se transferia um golfinho de um aquário a outro, o pobre animal bateu com o crâneo na borda do vidro e ficou semidesfalecido, de barriga para cima, no fundo. Passado certo tempo, os outros golfinhos se reuniram em círculo, desceram ao aquário e, valendo-se do focinho, trouxeram à superfície o companheiro desacordado para fazê-lo respirar. Depois começaram a agitar suas caudas, até que ele voltou a si e recomeçou a nadar sozinho, imensamente satisfeito.

É evidente que os golfinhos tem um conhecimento "recíproco" de serem mamíferos e, portanto, a necessidade — em intervalos longos — de virem para tona para "tomar um pouco de ar". A autodomesticação e o prodigioso instinto de direção destes animais levaram alguns projetistas norte-americanos a conceber até (com muita crueldade) o golfinho-torpedo, que se dirige, qual inconsciente **Kamikase**, rumo aos navios inimigos, levando uma bomba a tiracolo...

Serrasalmus Rhombeus deu uma parada na palestra. Primeiro para encher novamente o copo e responder à pergunta de uma senhora fascinada com o brilho das pedras dos broches vivos feitos com insetos. Atendeu também a um fazendeiro de Mato Grosso. Este estava preocupado com o fato da raiva bovina estar se alastrando de maneira alarmante na sua região. Perguntava ao velho Capitão Piranha se lá para o lado do Pará, mais especificamente no Jovanka Zôo o fenômeno também já tinha sido registrado. A razão simples. Para os morcegos frugíveros não faltavam frutas, o mesmo acontecendo com os insetívoros. Como os morcegos hematófagos (os vampiros) o alimento rareava porque já não encontravam com facilidade animais silvestres (caçados sem limites que estavam) para sugar o sangue. Em consequência atacavam bois e cavalos...

O assunto morcego fez Serrasalmus lembrar do mais estranho e grandioso estratagema, também por certo não revelado pelo Departamento de Defesa dos Estados Unidos, cujo nome tinha sido "Operação Raio X". Era do seu tempo de combatente. Tratava-se de um dos capítulos mais empolgantes da história secreta da segunda guerra mundial. E representa uma prova de que as idéias mais fantásticas podem transformar-se em realidade. Como sempre ligada à animais, especialidade do Capitão Piranha que pôs-se a explicar aos silenciosos ouvintes:

— A "aldeia condenada" parecia dormir sob o sol abrasador do deserto. Na rua principal do pequeno povoado do Sul dos Estados Unidos, não havia ninguém. Uma calma estranha reinava ao redor das frágeis habitações, enquanto o ruido de um bombardeiro, que voava a grande altitude, tornava-se sempre mais próximo. Quando o aparelho se encontrou bem em cima do objetivo, a portinhola das bombas abriu-se, deixando cair um objeto de forma e dimensões estranhas: um grande cilindro branco, ligado a um para-quedas. Quando a "coisa estranha" se encontrou a cerca de 300 metros de altitude, um grande número de pequenos seres pretos saiu dela e se espalhou pelo céu. Chegando às proximidades da aldeia, os pequenos seres realizaram uma volta no espaço, desenhando um círculo e, em seguida, desceram sobre as casas.

Nos primeiros minutos, nada ocorreu. Logo em seguida, porém chamas brilhantes começaram a sair de uma das casas da aldeia. Outros sinais de incêndio foram surgindo nas habitações mais próximas e em breve tempo, toda a localidade transformou-se em um braseiro. A "Operação Raio X", plano de ataque realizado durante a guerra, como a mais original das armas secretas, obtivera, assim, desde suas primeiras provas — um êxito notável.

Do cilindro lançado pelo avião haviam saido os menores transportadores de bombas incendiárias: os morcegos sem cauda do México! Os telhados haviam sido invadidos pelos bichos à procura da escuridão. Alguns minutos mais tarde, as pequenas bombas incendiárias haviam transformado a aldeia em uma única e gigantesca fogueira.

As cidades japonesas, com suas casas de madeira e de papel, deviam ser submetidas — de acordo com o plano — ao mesmo destino.

Foi na tarde de 7 de setembro de 1941 — o dia de Pearl Harbour — que o dr. Lytle S. Adams, um cirurgião de Irwin, na Pennsilvania, idealizou a "Operação Raio X". O repentino ataque japonês surpreendera e enfurecera os Estados Unidos, que se preparavam para uma rápida desforra. Voltando com sua família de uma visita às grutas de Carlsbad, no Novo México (onde vira voar milhares de morcegos), o dr. Adams teve uma idéia genial. Por que — perguntou a si mesmo — não seria possivel lançar sobre o Japão nuvens de morcegos, cada um deles equipado com uma pequena bomba incendiária?

O cientista já via os animaizinhos precipitarem-se sobre os centros habitados do Japão, como aviões miniaturas. As casas, muito próximas uma da outra construida de material inflamável, seriam rapidamente consumidas pelo fogo. Os morcegos procurando instintivamente um esconderijo ter-se-iam refugiado nos telhados desas casas de madeira de papel. E ai teriam deflagrado as bombas incendiárias, provocando uma imensa cadeia de incêndios.

O dr. Adams, contudo, conhecia os obstáculos que deveriam ser enfrentados. Seria possivel capturar um número tão grande de morcegos? Poderiam eles transportar as bombas? Sobreviveriam a um lançamento à grande altitude? Eis as dúvidas que deviam ser esclarecidas. Certo de que sua idéia era realizável — de uma forma ou de outra — Adams embarcou para Washington. Junto ao Departamento de Defesa, seu plano causou verdadeira sensação.

O presidente Roosevelt foi posto a par de tudo, e a autorização foi rapidamente concedida. Sob a direção de Adams, um certo número de naturalistas — inclusive o próprio Serrasalmus, que contava a história para Mahanarva — iniciou a exploração de inúmeras grutas. Com o objetivo de individualizar as maiores concentrações de morcegos. Essas grutas achavam-se situadas, em sua maioria, no sudoeste dos Estados Unidos e no México setentrional. É nessas zonas que — entre depósitos de nitrato que cobrem o solo pegajoso — vivem e morrem, desde tempos imemoriais, inúmeras colônias de morcegos.

Na mesma ocasião, outros grupos de estudiosos realizavam experiências com diferentes espécies de morcegos, afim de servir de transporte das bombas incendiárias. As pesquisas demonstraram que alguns desses pequenos mamíferos podiam suportar uma carga pelo menos três vezes maior que a de seu peso. As primeiras provas foram realizadas com o enorme **Mastiff,** o morcego de maiores dimensões do continente americano.

Sua envergadura de asas, de mais de cinquenta centímetros, permitia-lhe transportar uma carga de dinamite de meio quilo. Esta espécie porém não era muito frequente.

Foi escolhido finalmente o morcego sem cauda do México, que pesa trinta gramas, mas possue a capacidade de transportar o dobro de seu próprio peso. Os morcegos sem cauda são numerosíssimos nas grutas e nas minas do Texas, do Arizona e do Novo México. Além do mais, sua captura não oferece dificuldade. A Marinha tomou parte na operação e se ocupou de quatro grutas do Novo México que passaram a ser vigiadas pelos fuzileiros navais. Largas grades permitiam aos morcegos entrar e sair à vontade. Quando as grades estavam fechadas por completo, mais de um milhão de morcegos podiam ser encerrados em uma única noite. Mas como transportá-los e mantê-los vivos? Alguns entendidos demonstravam que, diminuindo a temperatura era possível manter os morcegos naquele estado de inércia, que produz a hibernação, isto é, o sono hibernal de alguns animais de sangue quente, entre os quais se encontrava, exatamente o morcego.

No decorrer das pesquisas, alguns morcegos foram rigorosamente solidificados, como pedações de gelo, a uma temperatura de seis graus abaixo de zero. Quando eram "degelados" nada demonstravam ter sofridos. Morcegos submetidos a quarenta graus abaixo de zero continuavam vivendo durante muitos dias, utilizando as reservas de seu próprio organismo!

Não necessitavam, portanto, ser alimentados em intervalos regulares. Mas como lançar esses morcegos de uma grande altitude? De fato, eles não só deviam atingir o objetivo em boas condições físicas mas também deviam dispôr de tempo suficientemente para aquecer-se e para tornar-se aptos à voar. Enfim o invólucro escolhido para o transporte foi dotado de pequenos compartimentos semelhantes aos que se usam no transporte dos ovos. Esse invólucro podia conter de mil a cinco mil morcegos por vez. De uma sala refrigerada eram retirados os bichinhos, adormecidos. Em seguida colocados, cuidadosamente cada um em seu pequeno compartimento individual, com uma bomba de trinta gramas, dotada de um dispositivo especial para evitar a deflagração prematura. A bomba, que devia queimar durante oito minutos e produzir uma chama de 55 centímetros de comprimento era atada levemente ao ventre do animal, por meio de um colchete cirúrgico, e por um lacinho.

As provas haviam demonstrado que, quando o animal — descido sobre uma casa — encontrava acomodações em seu esconderijo, por instinto roia o laço e começava a explorar ao seu redor!

A destruição daquela aldeia cobaia, construida no deserto, havia demonstrado, de maneira irrecusável, a eficácia da nova arma secreta. Mas não foi esta a única demonstração dos morcegos-bombardeiros. Durante o período das provas, um grupo desses bichos equipados com suas bombas, fugira e encontrara refúgio em uma base aérea nas proximidades de Carlsbad, no Novo México. Após ter encontrado acomodações sob os telhados das barracas, os pequenos incendiários quiseram demonstrar que o dr. Adams e seus colaboradores não haviam trabalhado inutilmente!

As barracas arderam como tochas, e a maior parte da base ficou destruída, antes que fosse possível tomar qualquer providência.

Todavia em outubro de 1944 quando já se haviam gasto

dois milhões de dólares, e o projeto já tinha recebido todos os aperfeiçoamentos, o Departamento de Guerra determinou, repentinamente, a cessação de todas as experiências. A bomba atômica já pronta, tornava inútil a "operação Raio X"!

Se semelhante operação tivesse sido realizada, qual teria sido o prejuízo causado pelos milhares de morcegos-bombardeiros lançados sobre o Japão?

O dr. Adams afirmou secretamente na ocasião, que a nova arma teria causado um número tão grande de incêndios que quase todas as cidades do Japão seriam destruídas!

As provas revelaram que os morcegos ter-se-iam espalhados em um raio de cerca de trinta quilômetros do ponto em que se abria o cilindro em que viajavam. Por conseguinte, os incêndios que os minúsculos incendiários teriam provocado, seriam sem dúvida alguma, de imensa destruição!

Os morcegos-bombardeiros que com sua carga, pesavam pouco mais de sessenta gramas foram eficaz e potente arma, e, ao mesmo tempo a mais estravagante de todas as formas de ataque imaginadas pela ciência moderna!...

Mahanarva Posticata, cercado de ricos amigos, a tudo ouvia enquanto a seu redor discutiam-se sobre exportação de tabaco, borracha, castanha, cedro, curare, guaraná, erva-mate, raízes de timbó (para a fabricação de inseticidas), casca de quina, até folha de ipadu, que substituía a cocaina. Além do comércio de plasma sanguíneo e outros derivados de sangue. Eram contrabandeados em frascos com pasta de albumina e gamaglobulina. Compravam ou trocavam o sangue, isto é, tiravam-no as vezes da população, em troca de vacinas. O habitante da região, era uma cobaia explorada do cabelo ao sangue.

O rei da Amazônia, Mahanarva Posticata, enchia a boca ccm fumaça de seu cigarro apoiado em piteira de ouro, e balançava o uisque do copo, enquanto o norte-americano Serrasalmus Rhombeus prosseguia entre goles de cerveja gelada:

— O homem há tempos que vem soletrando o livro da natureza, aprendendo suas lições. E agora mais do que nunca, embora leve seus estudos a caminhos que não deve, a guerra por exemplo. Pesquisam desde a luz do vagalume até o fenômeno da orientação do pombo-correio. Recentemente exportei para os Estados Unidos 10 mil mariposas, somente para um laboratório. Entretanto esse laboratório não se interessava por insetos, e sim pela elétro-acústica. O sistema auditivo das mariposas é aproximadamente mil vezes mais sensível do que os nossos melhores microfones atuais, inclusive os utilizados em cardiologia para registrar os sopros do coração. Descobriu-se por exemplo, que algumas borboletas noturnas percebem os ultra-sons emitidos pelos morcegos à procura de presa e se defendem desse radar natural, permanecendo em imobilidade absoluta. Observando as reações de um besouro a uma fonte nova de iluminação, verificou-se que o inseto possui nos olhos um sistema para determinar sua velocidade. Por imitação, foi ideado, em um laboratório nos Estados Unidos, um novo indicador óptico de velocidade para os aviões.

É um paradoxo dificilmente imaginável, mas insetos, répteis, que esmagamos simplesmente com os pés, estão em vias de assumir importância ilimitada em nossa existência. Tornam-se nossos conselheiros e até nossos professores, a tal ponto que os primeiros cosmonautas russos tivéram de receber como companheiros de viagem uma arca de Noé: moscas, baratas e lagartixas.

Há muitos anos os sábios vem copiando a natureza. Reconheceram no morcego, de quem já falamos muito, o precursor do radar, pois aquele pequeno mamífero voador, através de guinchos, consegue identificar qualquer obstáculo, individualmente, no meio da gritaria de companheiros. E no poraquê, o nosso peixe elétrico, espantoso pelo poder de suas descargas, o ancestral dos geradores elétricos. A natureza adiantou-se ao homem em muitos milhões de anos, nos caminhos da técnica. Quando estamos muito justamente orgulhosos de nossos motores propulsionados a reação, que projetam os nossos navios cósmicos, não esqueçamos que desde a noite dos tempos a medusa comum se move exatamente segundo o princípio do foguete cósmico.

Obsérvando certos insetos os cientistas verificaram que tinham a capacidade para calcular a direção e velocidade de outro inseto menor que eles iam devorar. E com estranha precisão disparavam a lingua de maneira a ir encontrar no lugar onde ainda iria chegar o pequeno voador que escolhera para lhe servir de refeição. Repetindo esses circuitos, conseguiram os cientistas reunir nos satélites "Midas", aparelhagem que informa imediatamente se algum foguete foi disparado, qual a sua direção, onde vai chegar, indicando o local e momento.

As pesquisas científicas avançadas são muitas vezes conduzidas com a preocupação de copiar este ou aquele fenômeno da natureza. Realizamos grandes progressos no setor da navegação aeronáutica ou marítima, inspirando-nos na abelha, que sempre sabe encontrar a direção do sol, mesmo com o tempo encoberto; ou da simples mosca doméstica, que dispõe de maravilhoso sistema de orientação. Pode-se dizer que o giroscópio aperfeiçoado, adotado hoje pelos aviões de longo percurso, nasceu literalmente sob o escalpelo de sábios que dissecaram moscas domésticas.

Mas o mundo animal, infelizmente, é muito lento em consentir que lhe descubramos os segredos. Ainda não sabemos como a barata consegue distinguir diferenças de temperaturas da ordem de centésimo de grau. E até a nossa terrível cascavel — essa incompreensível obra-prima — sente a variação de temperatura de um milésimo de grau. Até hoje, nenhum grupo de laboratórios, mesmo o mais rico e mais aparelhado, conseguiu construir um termorreceptor que atinja essa ultrasensibilidade.

Assim surgiu uma nova ciência, a fim de recensear todas as informações que se possam colher sobre os animais, do ponto de vista das soluções adotadas pela natureza para resolver problemas que nossa técnica ainda não conseguiu superar. Essa nova ciência chama-se "biônica" (biologia eletrônica) que em poucos anos alcançou extraordinário progresso. Comporta duas espécies de programas: um interessa-se pelas lições que se podem tirar da vida animal; outro concerne à eventual combinação de certos animais com cérebros eletrônicos.

Suponhamos que temos necessidade de uma aparelho eletrônico dirigido permanentemente para determinada estrela, por exemplo Capela . A estrela Capela tem brilho determinado, por consequência irradiação própria de calor. Um telescópio focaliza Capela e concentra o calor da estrela na cauda de uma cascavel, que é extremamente sensível às variações de temperatura. Enquanto o telescópio estiver dirigido corretamente sobre Capela a cascavel não apresenta nenhuma perturbação; mas, se o telescópio se desviar, a cascavel manifestará mudança de atitude. Poderá ser um movimento do corpo ou simplesmente uma modificação de atividade de seu cérebro.

Em ambos os casos, aparelhos estarão em condições de registrar essas diferenças de comportamento ou de dá-las a conhecer ao homem. Chega-se dessa maneira à noção de um animal intercalado num conjunto de aparelhos de medição, e de um animal que sente melhor do que qualquer mecanismo artificial tal ou qual fenômeno que nos interessa.

Outro exemplo: os especialistas norte-americanos de navegação submarina estão-se esforçando, atualmente, por descobrir o segredo dos salmões, que percorrem milhares de quilômetros no mar para chegar à foz do rio que os leva às suas núpcias tradicionais. É certo que a sutileza dos salmões está relacionada com a extraordinária finura de seu olfato.

No dia em que nossos submarinos forem dotados artificialmente com essa espécie de detetores, teremos resolvidos definitivamente o problema de cruzeiros de longo curso nas profundezas oceânicas. Mal podemos imaginar até onde nos levará a cooperação entre nossas máquinas e o animal. Talvez se chegue até à criação de "máquinas inteligentes", cujos elementos constitutivos não seriam mais circuitos eletrônicos, mas conjuntos de substâncias químicas, como aquelas que se formam o organismo vivo.

Essa perspectiva de "máquinas vivas" foi evocada, simultaneamente, por sábios norte-americanos e russos. Em lugar de encher uma série de 10 salas, os cérebros eletrônicos articiais, destinados à previsão dos fenômenos metereológicos para um ano, poderiam caber em duas mãos, ocupando apenas o volume de um cérebro humano...

Um pequeno parênteses foi aberto durante a descrição do norte-americano, é que empregados do anfitrião milionário de Manaus, começaram a servir como abertura, fritadas de aviu aos convidados e como entre eles havia um italiano que não conhecia o prato, foi preciso uma explicação de Mahanarva Posticata, já que a cozinha era seu passatempo:

— O dia em que o mundo descobrir este manjar dos deuses, verá como o minúsculo crustáceo tem propriedades rejuvenescentes. Este pequeno camarão é abundante na superfície das águas, depois das primeiras enchentes dos rios amazônicos, especialmente na região da foz do Tocantins e do Santarém, e de tal forma, que em certos lugares chega a engrossar a água. Pescam-nos com panos finos, mosquiteiros, lençóis, toalhas etc. Éste que você experimenta pela primeira vez é o famoso Aviu de Cametá , procedente dos arredores da cidade do mesmo nome. O aviu fornece outros saborosos pratos amazônicos, na forma de sopas e guisados.

Novos goles de cerveja gelada, desta vez acompanhados de mais aviu, proporcionaram um pequeno descanso ao velho Capitão Piranha, que logo voltava a falar atendendo a insistentes pedidos:

— Segundo carta que recebi recentemente, um dos mais interessantes projetos norte-americanos, referem-se aos "Homens-voadores", sempre baseado nos animais, como vocês observam — dizia com satisfação, já que animais e guerras, eram assuntos que ele conhecia muito bem.

Os Estados unidos possuem atualmente um grupo de pilotos equipados com reduzidos sistemas propulsores individuais que podem decolar e pelo ar a grande velocidade, a considerável altitude e durante longo tempo. Esta revelação foi feita em caráter sigiloso na carta. Diz ainda esse meu conterrâneo em sua missiva, que a experiência foi mostrada a eles, do Serviço Secreto, por meio de um filme, onde apareciam homens voando sozinhos ou em formações, sobre rios e pontes.

Viam-se também no filme, os homens em meio das copas das árvores de uma floresta, e até sobre montanhas. As vezes, carregavam cabos elétricos, outros participavam de salvamentos, no mar, subiam a helicópteros em pleno vôo etc.

O sonho que, desde Ícaro, povoa a imaginação dos homens: poder deslocar-se individualmente no espaço, tornou-se realidade. Graças ao ininterrupto trabalho de engenheiros norte-americanos durante seis anos, pode-se agora sobrevoar estradas repletas ou "saltar da torre Eiffel ao Arco do Triunfo".

Os sistemas propulsores exibidos no filme, já eram bem variados. Uns compreendiam uma estrutura metálica fixada às costas do homem-voador. Este acionava dois pequenos comandos aos lados de sua barra de direção. Outros poucos mais volumosos, poderiam ser qualificados de "bicicletas voadoras". Um deles parecia mesmo uma verdadeira poltrona.

É verdade que já se viram demonstrações do assento voador. Mas tratava-se tão somente de "saltos de pulga", que o piloto penosamente conseguia realizar.

O que foi exibido pelos técnicos norte-americanos era a realidade concreta dos deslocamentos individuais no espaço.

A técnica estava concluida. Os homens-voadores das revistas ilustradas, das histórias em quadrinhos, para crianças já existia!

Mais de 4 000 vôos já tinham sido efetuados com a ajuda desses aparelhos. O filme mostrava vários homens no ar, vestidos com escafrando vermelho e azul, evoluindo sozinhos ou em formação. Viu-se como um deles passou, a mais de 100 quilômetros por hora, sob a ponte de um rio. Como o espaço era reduzido, afundou resolutamente na água, para ressurgir, como uma bala, alguns metros mais longe.

Outro, carregado com um rolo de fios elétricos nas costas, colocou em poucos minutos uma linha telefônica. Um terceiro socorreu um homem que se afogava, um quarto sobrevoou a pequena altitude as águas de uma catarata.

As imagens mais espetaculares foram as de dois homens que sobrevoavam e também voavam entre árvores de um bosque, como dois pássaros, o que dava bem a idéia da maneabilidade dos aparelhos. Os homens, como que brincando, voavam entre troncos e ramagens, recobrando bruscamente a altura, subiam e desciam, para finalmente pousarem num campo aberto...

A madrugada há muito que já tinha aparecido. O pequeno e valioso estoque de insetos na forma de broches vivos, distribuidos na festa, tinha sido a sensação da noite.

Entre abraços e fortes apertos de mão, Mahanarva Posticata e o grupo de amigos despediam-se do interessante norte-americano Serrasalmus. O "Grandalhão" como já o conheciam em Manaus voltaria no dia seguinte para as imediações de Belém, onde morava, porque estava preocupado. Seu segundo filho e único que restava, andava ultimamente com idéias loucas na cabeça; pretendia lutar no Vietnã!

O jovem era piloto civíl e tinha muita prática de selva, o que seria útil naquele palco de guerra.

— Sei muito bem que o Pentágono, vai enviar para lá brevemente, mais de 150 mil homens de reforço, sendo a maior parte composta de negros. Trata-se de uma divisão inteira, além de 25 mil homens de unidades de apoio! — dizia o químico e veterano soldado ao se despedir. — Essa guerra está cada vez pior. As tropas sul-vietnamitas empregam hoje, um gás fornecido pelo Estados Unidos, que produz violentas náuseas. É uma experiência nova, o tipo não é mortal, apenas incapacita temporariamente as tropas não permitindo ao inimigo combater. O gás está contido em cápsulas que são lançadas pelos helicópteros. A utilização destes gases, conforme declarações de meus conterrâneos, quando os rebeldes se encontram misturados com as populações inocentes, é muito mais humano que a de bombardeios aéreos com gasolina gelatinosa **napalm**, ou de artilharia. Seus efeitos sobre o organismo humano — que podem chegar até a uma sensação de angústia, segundo a mistura de gases utilizados — são apenas temporais. Pelo menos isto é o que mostram as primeiras experiências feitas sobre cidades do Vietnã do Norte...

Serrasalmus tinha razão, a guerra estava cada vez pior. A destruição das lavouras e dos animais, inclusive com o emprego de produtos químicos, fazia com que o povo vietnamita fosse aos poucos, voltando à processos primitivos para conseguir alimentação. A pesca era agora uma das suas principais atividades, já que outras eram vedadas pela guerra que há anos infestava o sudeste asiático. Crianças com o que ainda podiam obter, procuravam saciar sua fome para talvez, cair ante o impacto de uma granada...

O dono do Jovanka Zôo achava que a família (ele lutando quatro anos na segunda guerra mundial e o filho mais velho, morto na Coréia) já tinha pago preço muito caro nas batalhas. Além disso Mavutciním, seu filho, era brasileiro, nada tinha com o conflito asiático...

Ao sair da mansão da Mahanarva Posticata, o velho norte-americano Capitão Piranha, talvez por lidar e falar tanto sobre animais, ou por estar com o andar cambaleante e o esqueleto desmontado pela bebida, parecia um pesado gorila. Falava sozinho, enrolado, o homem, único animal da escala biológica que bebia sem ter sede, num rugido baixo, pelas ruas rumo ao hotel, como se ainda estivesse cercado de ouvintes:

—... ao contrário do que ocorreu com o homem, o nível mental do chimpanzé, com o correr dos séculos regrediu acentuadamente... Os chimpanzés e os gorilas eram "mais humanos" na antiguidade... Outrora travavam combates armados com outros animais e os atacavam com porretes e pedras. Subiam às árvores e deixavam cair pesados galhos sobre os seus inimigos. No entanto, atualmente, no seu estado natural, já não recorrem à nenhuma arma, dai a conclusão de que os grandes quadrumanos regrediram mentalmente...

O homem há tempos
vem soletrando o livro
da natureza, aprendendo
suas lições.

Ilustração: Rigsil.

Ilustração: Rigsil.

Que progresso é esse
que mata os rios, assassina os pássaros
e pinta de negro o céu azul?

"Um dia, quando tiver esgotados suas melhores energias na busca científica e tecnológica de um deus mecânico qualquer, o Homem voltará a procurar a paz e a beleza do seu próprio ambiente. Encontrará, então, um deserto árido e sem vida, como resultante final de sua própria estupidez e de sua lastimável ignorância".

NADA QUE O HOMEM FAZIA CONTRA A NATUREZA FICAVA SEM RESPOSTA. CADA CRIME TINHA SUA PUNIÇÃO.

O ar quente procedente do Saara entrava no Brasil pela Amazônia, onde se enriquecia de umidade, levando chuvas para o centro e o oeste do país. Se tal ar não fosse enriquecido com a umidade proveniente das árvores, da Amazônia, ele prosseguiria quente e seco, ampliando a desertificação do Brasil, originada nas irresponsáveis devastações levadas a cabo no Nordeste.

Naquela floresta tão velha, tão cheia de mistérios múltiplos, tão densa de segredos, onde no verão chovia todos os dias e no inverno, o dia todo, Mavutcinim nascera entre paneiros e xerimbabos (*), como seu pai gostava de dizer.

Quando moço um dos sonhos do aventureiro Serrasalmus era conhecer a Amazônia, maior reserva natural da humanidade. Numa de suas viagens pelo mundo conheceu um velho marinheiro grego que se tornou seu amigo inseparável e que antes de morrer deixou para o norte-americano um mapa já bem roido pelo tempo. Nele o marinheiro fez uma série de anotações sempre com a esperança de um dia visitar o lugar. Tempos depois com a morte do amigo, Serrasalmus de posse do mapa partiu para o Brasil, rumo ao local onde o velho marujo dizia haver ouro e prata com fartura. Uma serra toda de ouro e prata!

(*) Nota do Autor — Paneiro, cesto de vime com asas. Xerimbabo, animal de criação. Termos muito usados na Amazônia.

Tratava-se como o norte-americano Serrasalmus Rhombeus veio a saber depois que aqui chegou, das Minas dos Martírios, isto é, de um mapa que se supunha levaria a essa mina, cuja lenda surgiu entre 1648 e 1706 com a "Bandeira" de Antonio Pires de Campos, o "Velho". Bartolomeu da Silva, o segundo Anhanguera, ainda muito jovem e que com ele esteve lá, confirmou. Através dos séculos a notícia das lendárias Minas dos Martírios chegou a nossa era, sem entretanto fixar a localidade em seu ponto exato.

Dai as incertezas, uns julgavam-nas apenas lendas, outros como verdadeiras. De uma ou de outra forma elas arrastam para o sertão ousados exploradores, muitos dos quais encontraram a morte na empreitada. Serrasalmus como aventureiro dos bons, reuniu um grupo de conterrâneos e partiu baseado em seu velho mapa, para as selvas do Pará, mesmo sabendo que a sua situação geográfica era uma verdadeira incógnita.

Seu mapa mandava subir o rio Cuiabá, subir a serra da Canastra, atravessar outro rio, e seguir o curso da água durante determinados dias. Deixando o rio deveria continuar por terra até alcançar um novo rio tão grande quanto o Cuiabá. Novas indicações, grandes caminhadas, cansativas subidas, lagoas e finalmente o rio indicado. Na margem oposta, segundo o mapa do velho marujo grego, deveria existir uma colina onde se acumulavam grandes blocos e pedras soltas. Essas pedras estavam de tal forma colocadas naturalmente, que davam a impressão de formarem as figuras dos instrumentos causadores dos martírios de Cristo. No meio das pedras grandes, grossas pepitas de ouro esperavam os felizardos descobridores!

Depois de muito caminhar e nada de mina, o único tesouro que o norte-americano encontrou foi uma bela índia de 16 anos chamada Maici, pertencente ao grupo dos tiriós, povo da língua Caribe que vivia no Norte amazônico, na divisa com as Guianas. Seu grupo nômade, estava deslocado lá para as bandas do interior da selva do Pará.

O encontro do norte-americano com a jovem e frágil índia, foi durante uma dança em que os índios entoavam cantos propiciatórios a uma boa colheita e caça. Grupos de 5 ou 6 homens dirigiram-se ao centro da aldeia e sobre um tambor cavado no chão começaram a bater cadenciadamente com os pés, fazendo-se acompanhar sempre de canto. Alguns traziam maracás, feitos de pequenas cúias, contendo sementes e munídos de cabo. Findada a primeira parte, comeram alguma coisa rapidamente e iniciaram novos movimentos em volta do tambor. Jabutis amarrados junto ao instrumento constituiam a principal atração.

Em volta deles se realizava a dança, na qual os participantes se dispunham em círculos, os homens ocupando a perifería e as mulheres o centro. Um dos passos mais característicos dessa dança era feito trançando-se as pernas, durante o movimento. O canto cadenciado, havendo uma espécie de contracanto respondido por todos os dançadores.

A noite, depois de novas refeições, acompanhadas de caxiri, bebida alcoólica, começava uma dança imitativa e simbólica. Cada canto tinha o seu "dono": o gavião real, o galo da serra, o jacamim e os peixes, a ariranha etc. Os gestos e os movimentos eram mais ou menos convencionais e imitavam aqueles animais nas suas atividades.

Aquilo para Serrasalmus tinha sido o paraíso. Muita comida, em especial peixe curimatã na brasa, coberto com folha de bananeira e suco de limão, preparado por ele e principalmente muita bebida alcoólica. Além disso ficaria com a bela Maici. A festa com danças e cantos, durou mais ou menos seis dias e finalizou com matança geral dos jabutis, ao som de instrumentos de percursão e businas feitas de casca de árvores.

Terminada a festa do **Vanáno,** organizada em períodos em que havia fartura de alimentos como jabuti, frutas, pesca etc. Serrasalmus partiu com Maici. O obstáculo que era sua língua, do grupo Caribe, foi aos poucos se desfazendo. No princípio fôra um problema para o grandalhão norte-americano, pois a língua usada por Maici era constituida de monossílabos, com marcada tendência à aglutinação provavelmente influenciada pela fala do homem branco.

Seus hábitos eram de um modo geral pacatos e a bela índia, embora sempre arredía se prestava a colaborar em qualquer trabalho proposto por Serrasalmus, que iam desde pequenas agriculturas até caçadas. Maici era muito habilidosa, e engenhosa até no fabricar a farinha de mandioca que consumiam.

Serrasalmus encantou-se de tal maneira pela moça, quase menina, que largou tudo: mapa das lendárias Minas dos Martírios, ferramentas, e até os próprios companheiros. Estes prosseguiram e nunca mais ninguém soube deles, enquanto Serrasalmus resolveu ficar garimpando em companhia da doce Maici.

Depois de algum tempo isolado da civilização o grandalhão norte-americano começou a aparecer nos lugarejos mais próximos, sempre acompanhado da bela Maici, já agora com um forte bebê no colo: Mavutciním.

O nome fôra dado pela mãe. Mavuticiním queria dizer Deus do sol, da lua, do raio e do trovão. O primeiro homem, o primeiro índio a surgir. Divindade suprema protetora dos xinguanos. Espírito cultural portador de todas as tradições das tribos e de todos os fenômenos atmosféricos.

Mas para seu pai, ele era Mavis,(*) seu pequeno passarinho, pois, para um norte-americano a pronúncia era difícil.

A bela Maici, acompanhava Serrasalmus mas não gostava da civilização, nem de suas roupas nem de suas comidas. Era o oposto de sua primeira esposa Samantha, loira, forte, falava muito e vestia-se bem. Roupas a índia passou a usar porque era obrigada, mas suas refeições eram as mesmas e especiais: beiju, feito de farinha de mandioca, e mel com castanha do Pará. Carne quando comia, muito pouco e sempre sem sal sem gordura e sem tempero nenhum. Ovos de tartaruga quando tinha, peixes e frutas completavam sua alimentação. Nos lugarejos, se por acaso eles parassem para comer, Serrasalmus tinha que pedir para ela mandioca e batata doce assadas, milho cozido, amendoim ou frutas como caju, melancia, mamão, abacaxi ou banana. Só comia o que tinha aprendido quando criança e assim foi pelos anos afora. Nunca conseguiu (embora tivesse tentado e experimentado de tudo) achar alguma coisa deliciosa que não fosse composta por aqueles alimentos da sua dieta natural.

Já Serrasalmus o contrário. Tinha se adaptado inteiramente aos costumes da região. Como o tacacá era um prato popular e famoso por ser grande remédio contra a ressaca, tornou-se de seu inteiro agrado. Onde o tacacá era servido em cúias o norte-americano tomava em grandes goles enquanto o

(*) Nota do Autor — Mavis (mêi'viss), em inglês uma espécie de tordo: gênero de pássaro cuja plumagem de fundo branco encardido é salpicado de manchas mais ou menos pretas.

camarão e a erva jambu eram comidos com os dedos. A mistura de tucupi, gema de tapióca, sal e pimenta, que formavam o tacacá, mais o jambu e camarão seco, servidos quente, um dos pratos prediletos de Serrasalmus.

Maici pertencia a uma tribo em que os chefes e alguns privilegiados praticavam a poligamia da qual as esposas não se queixavam, por ser uma das maneiras de dividirem os encargos caseiros. Mas, como Serrasalmus não era índio, nem chefe e eles não viviam coletivamente, isto é, com várias famílias instaladas em malocas, qualquer olhar do norte-americano dirigido a outra mulher recebia logo a censura delicada da índia.

Um risco luminoso na noite tropical amazônica transformava o passar da jaquitiranabóia(*) num monstro terrível e caudaloso. A luminosidade que dela emanava devido à irradiação da fosforescência lhe transmitia alucinantes dimensões. Fazia calor dentro do tapiri(*) e ao sair, a índia procurava mostrar ao seu companheiro branco, como a noite apareceu. No terreiro da simples morada construida pelos dois, a dócil Maici apoiava a cabeça do grandalhão norte-americano no seu colo e em sua fala mesclada tentava explicar a lenda que havia aprendido desde pequenina:

Fôra no início do mundo. Naquele tempo não havia noite, só dia. Não havia animais e todas as coisas falavam. A filha da Cobra Grande casara-se e seu marido queria que ela viesse para seu lado, mas ela dizia que não, enquanto não chegasse a noite. Como o marido dissesse que não havia noite, ela explicou que o seu pai, Cobra Grande, tinha a noite no fundo da água. Ele que a mandasse buscar pelos seus criados. Ele mandou. Os criados chegaram à casa da Cobra Grande e disseram a que iam. O pai da moça deu-lhes um caroço de tucumã,(*) bem fechado, dizendo que ali estava a noite guardada:

— Levem-no, mas não abram, senão, tudo se perderá.

Os criados voltaram de canoa, mas ouviam um barulho dentro do caroço de tucumã, um barulhinho de grilos e sapos que cantam a noite. Quando estavam já longe, fizeram um foguinho no meio da ubá(*) e derreteram a cera que fechada o

(*) Nota do Autor — Jaquitiranabóia, inofensiva cigarra. Tapiri, palhoça de pau-a-pique coberta de pindoba, folha de palmeira. Tucumã, nome comum a várias palmeiras. Ubá, canoa.

caroço. E de repente, tudo escureceu. As coisas que estavam espalhadas pelo rio se transformaram em patos e peixes; o paneiro se transformou em onça; o pescador e sua canoa se transformaram também em pato: da cabeça dele, a cabeça e o bico do pato, da canoa, o corpo do pato e dos remos, os pés do pato.

A moça disse que era noite e que ia dividir o dia da noite. Enrolou um fio e fez o cujubim,(*) pintando-lhe a cabeça de branco com tabatinga(*) e as pernas de vermelho com urucum.(*) E disse-lhe:

— Você cantará para sempre quando a manhã vier raiando.

Enrolou outro fio, sacudiu-lhe a cinza em cima e disse-lhe que ele seria inhambu, para cantar nos diversos tempos da noite e de madrugada. Desde então, os pássaros marcam as horas do dia e da noite. Quando os criados curiosos chegaram de volta, foram transformados em macacos. Dizem que a boca preta e a risca amarela que os macacos tem no braço são o sinal do breu que fechava o caroço e que escorreu sobre eles quando o derreteram...

O tempo foi passando e Serrasalmus negociando com seus compatriotas transformou-se no Capitão Piranha. Adquiriu grande área no interior do Estado do Pará, onde montou sua firma de exportação, chamada Jovanka Zôo. Num lugar privilegiado, beira de rio, mas sem enchentes e sem necessidade de se construir jiraus, as famosas marombas.(*) O zôo, apesar de bem situado e organizado, era o oposto do sonho do filho, que idealizava um parque para abrigar variada gama de magníficos exemplares da flora e fauna nativas, numa área ainda a salvo da fúria devastadora. O filho do Capitão Piranha sonha-

(*) Nota do Autor — Cujubim ou cujubi, ave da família dos Cracideos. Tabatinga, terra argilosa de várias cores. Urucúm ou urucu, fruto de cuja polpa é extraída uma substância que serve para tingir. Também conhecido por arnoto e açafrão, bem como o popular pó vermelho e condimentoso chamado colorau. Marombas, espécie de currais flutuantes, construídos com troncos de árvores, capazes de proteger os animais contra o afogamento, mas não contra sucuris e piranhas.

va um parque de verdade, não de papel, criado apenas no Diário Oficial.

Mavutciním cresceu, terminou o grupo escolar em Belém do Pará. Passou a fazer o curso ginasial no Makenzie Colege, em São Paulo. Cidade em que tirou o brevê em aviação e completou seu curso de língua inglêsa. O resto do que sabia foi-graças ao seu esforço e sua inteligência privilegiada. Estudava e lia muito.

Acompanhava o pai, mais por obrigação, pois não gostava nem um pouco daquele tipo de serviço. Animais para ele tinham que viver ao ar livre e não em cativeiros. Desde criança ajudava os empregados de seu pai, no Jovanka Zôo, no tratamento aos animais e nas plantações. Dos bichos ele conhecia todos os hábitos, desde os animais nacionais aos estrangeiros. Sabia por exemplo que a girafa adorava brotos de algodão, que o antílope africano era louco pelas folhas de fumo, que os abutres costumavam cavar a terra em busca de vermes e que o leopardo não desdenhava um bom prato de pernas de rãs. Pela expressão facial de um macaco sabia quando ele estava alegre ou triste. O chimpanzé sempre foi um bom ator. Quando alargava os beiços e mostrava os dentes cerrados, o bicho não estava sorrindo, estava aborrecido. Quando alegre limitava-se a abrir bem a boca; quando inconsolável então, cobria o focinho com as mãos, numa expressão de pesar. Mavutciním sabia também que o elefante, apesar de enxergar e ouvir pouco, mas de um olfato excessivamente desenvolvido, é que era o verdadeiro rei dos animais e não o preguiçoso leão que preferia comer carne estragada a dispender energia para procurar outra.

Como sabia também a importância dos insetos para a manutenção do equilíbrio ecológico, a exemplo da abelha, com extrema importância na fecundação do maracujá e dos besouros, tão importantes na fecundação de várias plantas.

O jovem possuia um pequeno laboratório para suas pesquisas. Em plena selva o ambiente era ideal. Ali ele procurava descobrir o sentido do magnetismo que os animais possuiam. Há muito que os zoólogos sabiam que determinados animais agiam como se tivessem uma bússola interna. Lagostas, caramujos, abelhas, peixes, anfíbios, tartarugas, ratos, morcegos e principalmente aves migratórias sempre foram capazes de voltar ao ponto de partida, mesmo que tivessem sido transportados por vias tortuosas, sem ver o caminho, a lugares onde nunca haviam estado antes. Uma experiência feita por Mavutcinim demonstrava que os seres humanos também dispunham dessa capacidade animal — que alguns estudiosos atribuiam a uma leitura inconsciente das forças do magnetismo terrestre.

No rústico campo de testes já tinham saido resultados satisfatórios de várias pesquisas. Como de dia ele não tinha tempo, era na escuridão da noite quando se acendia uma lampada e centenas de insetos voavam na sua direção, que ele estudava mais. O fenômeno da atração dos insetos pela lâmpada ele conhecia bem. Tal atrativo se devia à emissão infra vermelho de hidrocarbonatos aquecidos pela vela ou lâmpada e os insetos que se aproximavam a ela eram machos que desejavam acasalar. Se agrupavam ao redor da luz, enganados pela emissão infra vermelho, semelhante à que emitem as feromonas da fêmea, libertadas da extremidade do abdomem. Essas feromonas eram estimuladas à luminiscência por influência da radiação de baixa intensidade azul e ultra violeta da noite.

No laboratório sem muito recurso era resolvido ou pelo menos tentado ser resolvido grande parte dos problemas da região. Muitas vezes seu excessivo amor a toda a forma de vida, quem atrapalhava nos testes. Como no caso dos morcegos de uma caverna próxima ao Jovanka Zôo e que estavam ameaçando os outros animais. Foi com grande tristeza que ele conseguiu terminar suas experiências mas só o fez para salvar vidas mais importantes. Usando uma rede fina, Mavutcinim capturou alguns morcegos que estavam contaminando o Zôo. Polvilhou em suas costas um pó a base de **diphenadione**, elemento anticoagulante e fatal para os pequenos mamíferos voadores. Como os gatos, os morcegos tem o hábito de se lamber, além de se coçarem uns aos outros, como os macacos. Resultado: um só vampiro determinou a sua e a morte de vários outros.

O filho do velho Capitão Piranha sem ser botânico, nem ecólogo, conhecia os problemas de conservação da flora e da fauna como poucos. E vivia sempre as turras com o pai para que mudasse de negócio. Sonhava o Jovanka Zôo um "santuário"(*) e não uma imensa gaiola de compra e venda.

(*) Nota do Autor — "Santuário" é o termo que os zoólogos usam para designar uma área cercada para preservar e desenvolver a fauna selvagem.

Somente num ano, caçadores amigos de seu pai, que Mavutcinim chamava de predadores incendiários, com a desculpa de que iam criar jaguatiricas e maracajás, como se criavam **minks** na Europa, haviam aprisionados ou assassinados na Amazônia, dois mil porcos do mato, três mil veados de todas as espécies, duas mil onças, mil e quinhentas antas, inúmeros gato do mato e outras caças menores, como guarás, pacaranas, preguiças, lontras, ariranhas e tatus. Por causa dessa caça predatória até os pobres tamanduás quase não existiam mais na região. A matança incluia aves, animais e peixes protegidos, iam do pintassilgo ao peixe-boi...

No Jovanka Zôo chegava o fruto de algumas horas apenas, de pesca. Dois peixes. Só dois peixes, que produziriam mais de uma tonelada de alimentos! Caso único nos rios do mundo inteiro! Aprisionados e mortos. Uma piraiba de mais ou menos 500 quilos e um magnífico exemplar de peixe-boi, de quase 600 quilos! Aproveitariam ao máximo, mas mesmo assim grande quantidade teria que ser jogado fora...

Do jeito que as coisas caminhavam, dentro de poucos anos, pelo menos mil espécies de animais e vegetais não existiriam mais no Brasil. Seriam exterminados pela caça profissional, pelo uso irracional dos recursos naturais e pela poluição do ambiente em que viviam. Isso tudo desgostava o jovem Mavutcinim, que lutava muito pelo equilíbrio da natureza, já considerado por ele quase perdido. A Amazônia era o planeta Terra, morrendo por obra e graça dos seres inteligentes que o habitavam.

Os rios e lagos da Amazônia, já vítimas da pesca predatória comum em regiões mais populosas do país, começavam a sofrer as primeiras consequências da falta de proteção e sobretudo de fiscalização oficial. Em alguns deles os peixes simplesmente desapareceram. E Mavutcinim cansava de reclamar pelo menos duas providências: proibição das redes com malha excessivamente fechada, que retiram da água até os filhotes e determinação das épocas certas para a captura dos diferentes peixes.

O outrora abundante tambaqui, peixe que fornecia o óleo com o qual os amazonenses fabricavam a manteiga de tambaqui , utilizada com fartura na cozinha e para fins de iluminação, estava cada vez mais raro nos lagos. Suas margens eram habitadas por pescadores que, após algum tempo de fome — o peixe constituia sua alimentação principal — simplesmente iam embora.

No caso, eles mesmo eram responsáveis pela extinção: jogavam amplas redes sobre as águas, esperavam que elas alcançassem o fundo barrento e as retiravam imediatamente. A operação provocava a chamada suspensão coloidal — turvava a água com uma sujeira que acabava matando os peixes por asfixíia. A pior, uma modalidade de captura, mais destruidora que todas as demais: alguns caboclos, por preguiça de pescar, usavam bombas que, ao explodirem, dizimavam tudo quanto existia embaixo da água.

Quando deviam fazer ao contrário, cultivar a água, como há 12 mil anos o homem começou a fazer com a terra, quando descobriu que poderia viver dos lucros e não só do capital. Alimentar a humanidade com peixes, no futuro, do jeito que fazem, é tão absurdo quanto tentar acabar com a fome no mundo através de tigres ou águias.

O tambaqui era a ligação entre o peixe e a floresta. Um dos mais característicos peixes da Amazônia. Ficava nas várzeas, igapós e florestas inundadas de janeiro a junho, alimentandose dos frutos de plantas nativas que caiam das copas sobre a água. Quando começava o período da vasante, começava seu trabalho. Com as águas cada vez mais rasas, o tambaqui retornava para onde podia nadar — o leito dos grandes rios — e ali esperava por nova cheia. Longe das árvores frutíferas, sua sobrevivência só era garantida pelas reservas de gordura que acabava de acumular. Mais que uma troca circunstancial de **habitat**, essas viagens de ida e volta entre as árvores, nas cheias, e o leito dos rios, na vazante, tinha uma importante função ecológica.

O tambaqui, como a pirapitinga, o bacu, o pacu, o matrinxão, o aracu e outros peixes amazônicos, enguliam inteiros os frutos das plantas retirando-lhes os nutrientes sem destruirlhes a semente e, portanto, a capacidade germinativa. As águas carregavam as sementes eliminadas e, em locais às vezes muito distantes, nasciam novas árvores.

A relação dos peixes com a várzea amazônica era importantíssima, e seu estudo ecológico poderia ajudar como conservar e explorar a Amazônia de forma adequada. Quando as árvores das várzeas eram substituidas por plantas, como por exemplo o arroz, muitos peixes perdiam sua fonte de alimento, com isso reduzia a diversidade dos peixes e diminuia o potencial econômico da mais rica fauna fluvial do mundo.

A Amazônia possue milhares e milhares de quilômetros de rios e lagos. Milhares de lagos com dois, três mil metros de comprimento por mil, dois mil de largura. São viveiros naturais de peixes, que precisam apenas ser potencializados, sua capacidade piscosa precisa ser multiplicada e não arrazada como estão fazendo.

Nós conhecemos o boi há mais de dez mil anos, e ele pesava 40 quilos. Hoje temos boi com mais de uma tonelada de carne. Por que não racionalizar o mamífero aquático da Amazônia chamado peixe-boi? Um dos mais antigos mamíferos de que se tem notícia, e que depende virtualmente da várzea, onde come capins aquáticos. Esse primo longínquo do elefante, uma raridade biológica, o peixe-boi, da mesma forma que o tambaqui, é capaz de ficar até seis meses sem comer.

Se temos peixes **in natura** com mais de 500 quilos, sem nenhum cultivo, sem nenhum preparo genético, o que não alcançariamos com estudos a respeito? O homem já tem conhecimento ictiológicos, biológicos e genéticos para isso, mas, se aparece um com tal idéia, surgem mil para destruir.

A cultura dos peixes deve ser estudada e não deixada apenas a critério da natureza, que já fez muito em nos ter dado tal presente. Uma vez potencializada essa verdadeira riqueza natural, ai sim a Amazônia poderá abastecer o mundo, mesmo que a população for de 50 bilhões de pessoas. Mas será difícil porque os governos nunca se interessaram pelo desenvolvimento de uma piscicultura racional na região e a ganância aliada a ignorância acabarão por transformar o Jardim de Deus, num deserto a mais no planeta.

A natureza é constituida de uma associação de animais e de plantas que mantém entre si relações alimentares e assim subsistem. Uns produzem os alimentos, outros consomem, e outros ainda decompõem, formando como que uma cadeia em que todos os elementos são importantes, na sustentação do equilíbrio ecológico. O rompimento de um elo dessa cadeia provoca o que se chama de desequilíbrio ecológico. Era o que estava acontecendo no Brasil. Mais especialmente na Amazônia. Na natureza todas as espécies são importantes e não devemos nunca procurar exterminar de vez nenhuma delas, por mais que nos possa parecer detestável no momento.

Até o desprezivel mosquito é importante: sua larva serve de alimento aos filhotes dos peixes que desovam no banhado. Os adultos alimentam andorinhas.

Na ilha de Marajó, a onça pintada foi brutalmente caçada porque comia os bezerros. Mas ela passou a comer os bezerros porque os fazendeiros destruiram seu alimento natural que eram as capivaras. Com a destruição das onças, as poucas capivaras voltaram a se multiplicar, e sem o processo de seleção natural (morte das mais fracas e doentes) que a onça se encarregava de fazer. Resultado: capivaras doentes passaram virus para o rebanho, que por sua vez mataram milhares de bezerros. Muito mais do que as onças conseguiriam matar em cem anos.

Nuvens de grilos invadiram determinados lugarejos do Nordeste. A população matava por dia milhares de insetos que surgiam sem que ninguém soubesse de onde. Pela manhã eram queimados aos montes e todas as noites o fenômeno se repetia. A causa? Era o extermínio maciço de sapos e rãs para a venda de suas peles e carnes. O homem acabava com os inimigos naturais dos insetos, que assim proliferavam em quantidades desmedidas. Por que o centro da cidade de São Paulo (onde as poucas pombas existentes fazem ninhos com clipes de escritório) amanheceu com as ruas cheias de mariposas gigantes? Falta de passarinhos. Mais uma vez o homem tinha interferido no equilíbrio ecológico e estava pagando caro por seu impensado ato.

Por que existem milhares de cupinzeiros no Brasil central? Porque o tamanduá-bandeira considerado um comedor de formiga, está se estinguindo. Ele não come somente formiga, como erradamente se pensa. Noventa e oito por cento de sua alimentação são os cupins. A formiga pode tomar conta do Brasil? Sim. A formiga saúva, grande depredadora de plantações e que tem como inimigos naturais as aves, o tatu e o tamanduá. Nas revoadas dos içás, as aves devoram 80 por cento das formigas. Quando as saúvas que restaram infiltram-se no solo para fazer o novo formigueiro, os tatus fuçam a terra e comem mais uma parte, com a ajuda de algumas aves rasteiras. Depois de construido o formigueiro, o tamanduá se encarrega de comer mais uma parte das formigas. Com a destruição, pelo homem, das aves, dos tatus e dos tamanduás, cria-se o desequílibrio e as saúvás proliferam.

Para a maior parte dos colegas de seu pai, estrangeiros

que também negociavam com animais na Amazônia, faltava inteligência, pois na ânsia de ganhar dinheiro fácil e rápido não percebiam que a caçada excessiva acabaria destruindo também suas fontes de renda. Agiam como os antigos seringueiros brasileiros, que ansiosos por dinheiro a curto prazo, no passado, chegavam ao cúmulo de derrubar a árvore, de onde tiravam todo o latex de uma só, ao invés de sangrá-la periodicamente.

Os estrangeiros diziam à Mavutcinim que certos bichos não eram importantes para a floresta. Eram inimigos do homem. E acabavam perguntando: — Que utilidade tem o jacaré ou o urubu?

— São seres criados pela natureza, portanto com razão para existir. Um é o trator da selva; com seu corpanzil desajeitado costuma abrir valetas por onde se escoam as águas, além de gari dos pântanos. E o outro faz o serviço do lixeiro nas matas — costumava responder Mavutcinim, ao cínicos, ignorantes e sem escrúpulos negociantes. — O jacaré não é um monstro que deve ser exterminado, como muita gente pinta, nem uma praga a ser eliminada. Ele é realmente o único inimigo controlador da piranha (outro lixeiro), peixe que quando em número exagerado transforma os rios em armadilhas mortais. Como o jacaré é basicamente necrófilo (chega a enterrar a carne de sua vítima para que ela apodreça) as garças e colhereiros, e isso pode ser visto com frequência, pescam sossegadamente diante de suas mandimbulas, enquanto o controlador na natureza espera algum filhote de pássaro doente, cair do ninho entre os galhos que pendem sobre o rio. Seus ataques são de preferência aos seres doentes impedindo assim a propagação de epidemias. Isso se observa não só com peixes mas com as lontras e garças. Suas fezes servem de alimento para os peixes e além disso é um defensor da vida aquática, os peixinhos quando perseguidos se aproximam do jacaré, que invariavelmente só abocanha o atacante. Este perito em funções ecológicas vive de olho em tudo que é estranho ao ambiente, dai seu furioso ataque aos cães ladradores e mesmo ao homem.

E Mavutcinim ia mais longe com as explicações aos estrangeiros que só pensavam no lucro que os pobres animais lhes proporcionavam:

— A Tchecoslovaquia precisou importar 10 000 cobras, das mesmas espécies que habitavam suas terras, para combater os ratos. Caçadores e lavradores, no passado, exterminaram as cobras e os roedores multiplicaram-se descontroladamente, destruindo as lavouras. Os mesmos tchecos compraram raposas dos russos. As raposas da Tchecoslovaquia haviam sido caçadas pelos criadores de galinhas. Só depois é que notaram que as raposas não comiam apenas galinhas, alimentavam-se também de aves selvagens que depredavam as lavouras.

Alemanha e Itália, por sua vez, depois de exterminarem as formigas vermelhas de suas florestas, descobriram que eram elas que combatiam certos insetos destruidores de árvores. Acabaram importando formigas vermelhas e a Alemanha agora multa quem destruir formigueiros!

A China tentou acabar com os passarinhos que destruiam os arrozais. Conseguiram, pois cada moleque ganhava por pássaro que apanhava. As pequenas aves foram perseguidas sem cessar, depois que descobriram que obrigando-as a voar sem descanso, por meio de ruido continuo, estourava seu coração. Foi pior, sem os pássaros a destruição dos arrozais foi bem maior. Os passarinhos além do arroz devoravam um pequeno inseto que na ausência de seus inimigos naturais aproveitaram para acabar com as plantações.

Na Europa agora se imita a natureza. Para estabelecer o equilíbrio biológico, atraem a vida selvagem e criam condições para sua sobrevivência. Colocam caixas de madeira no tronco das árvores para os pássaros fazerem seus ninhos. Controlam rigorosamente a caça. Hoje o número de veados, por exemplo, é grande nas florestas alemãs: uns dez espécimes em cada 100 hectares. O equilíbrio biológico envolve também infinidade de microorganismos que vivem nas plantas, solos e animais. Pouco se sabe sobre o papel de cada ser vivo nesses ambientes. Mas quando alguns animais são exterminados o equilíbrio é rompido e a floresta pode perecer, atacada por pragas contra as quais não tem defesa.

O Brasil ainda tem condições de salvar a sua fauna. Não podemos fazer como outros paises que só tomaram medidas para preservar seus animais quando várias espécies já haviam desaparecido. Temos que criar mais parques e controlar os caçadores principalmente os profissionais. Inclúo nisto tudo, meu pai e os senhores que são colegas de profissão dele!

Os caçadores riam da observação do jovem defensor dos animais. Para eles pouco importava que a caça profissional estava proibida no Brasil desde 1967. E que o governo proibira também a exportação de peles silvestres para tornar a proteção da fauna mais efetiva. Embora num absurdo típico brasileiro, com a caça profissional proibida a própria Sudam (seria Superintendência da Devastação da Amazônia?) financiava com incentivos fiscais um curtume, que obrigava a matança de 280 000 jacarés por ano!

Para os caçadores estrangeiros pouco importava que apesar da proibição, quase 50 000 pessoas viviam ainda da caça profissional na Amazônia. Para eles pouco importava se o cervo-do-pântano, espécie que vivia no Pantanal de Mato Grosso, maior veado do continente sul-americano, corria o risco de desaparecer nas próximas décadas. Os profissionais exportavam-no vivo ou somente a pele.

O índio era o único que caçava com sabedoria e eficiência. Os caçadores caboclos (que não sabiam ler, mas conheciam a cotação de todas as peles) quando para alimentação preferiam, por ignorância, a carne da fêmea e com isso dificultavam a reprodução do cervo-do-pântano. E o progresso fazia o resto: rebanhos de gado bovino introduzidos na zona do Pantanal, transmitiam doenças que os liquidavam de vez...

Mal o jovem acabara de falar, chegava ao Jovanka Zôo, pilhas de peles de ariranha e grande quantidade da perfumada madeira pau-rosa, para serem exportadas afim de satisfazer a vaidade de quem queria ter um casaco de peles raras ou um extravagante perfume, contribuindo para mais uma destruição da natureza.

Sem contar com alguns corpos minúsculos de beija-flores, para adorno, juntando aos inúmeros embalsamados que constavam num armário. Mavutcinim cansava de explicar que por menor que seja um ser, pode provocar desequilíbrio ecológico. Era o caso do beija-flor, a que ele volta e meia citava, ágil agente de polinização. Vai de flor em flor, morto, centenas de plantas deixam de florescer. Impossibilitadas de se reproduzirem, as plantas rareiam. O indício de fotossíntese diminue. O ar recebe menos carga renovadora de oxigênio.

O que falar então da derrubada irracional das árvores? As florestas tropicais ainda existentes sobre o globo estavam diminuindo à razão de uma cidade de Nova York — ou seja, 480 quilômetros quadrados — a cada quatro dias. Inquietante informação, que parecia não assustar nem preocupar ninguém na região. Quanto da massa florestal ainda de pé vai assistir à entrada do século XXI? Quanto chegará até lá das grandes florestas da Amazônia, da Indonésia e do oeste africano, que representam praticamente a metade da cobertura vegetal do planeta?

Num raio de 300 quilômetros de Manaus, já não se encontravam exemplares de pau-rosa, e nas proximidades de Belém também já estavam se tornando raros, perseguidos por vorazes comerciantes que exportavam seu óleo, em barris, para os fabricantes de perfumes finos. No Pará, os homens avançavam pela floresta, localizavam reservas de essências, instalavam nas proximidades uma usina móvel e somente se mudavam quando esgotavam toda a área.

Como não havia replantio e considerando que um pau-rosa demora quarenta anos para se tornar adulto — prazo excessivo para quem tem preocupações mais imediatamente rentáveis — é fácil prever o que acontecerá muito em breve...

A derrubada irracional de uma floresta, poderá trazer como consequência, a degradação do solo, a alteração dos regimes de água e de chuva; tornando inútil, economicamente, uma região inteira, como a Amazônia. E no Brasil estava se derrubando um milhão e meio de árvores, por dia!

A derrubada da selva amazônica provocaria uma desertificação do local e a comprovação estava na área Bragantina, que fica ao Norte de Belém, na zona de Bragança. No começo deste século, era uma floresta amazônica densa e intrincada. E se resolveu então derrubar a aquela magestosa mata nativa para o plantio de pasto, criação de gado, que teria um plantel capaz de abastecer Belém de carne bovina. No primeiro ano, o capim cresceu extraordinariamente, foi uma euforia muito grande. No segundo ano, o capim já apareceu menor; no terceiro, muito menos e no quarto e quinto, não deu mais nada.

Hoje essa área é deserto puro. As fazendas todas das multinacionais e dos empresários do Sul, que foram, graças a incentivos fiscais, para o Sul do Pará, Norte de Goiás, Norte de Mato Grosso, estão também reduzidas a desertos.

A floresta amazônica é sustentada não por uma camada espessa de terreno fértil, mas por uma tênue camada chamada na linguagem técnica, de biomassa, variando de 10 a 25 centímetros, não mais do que isso. Nesta camada há microorganismos que ainda não foram classificados, ainda não foram identificados. Há vegetais e animais, num trabalho simbiótico, formando um verdadeiro laboratório, que desdobra toda a matéria orgânica que cai da árvore: folha, galho, fruto. Tudo é desdobrado e reassimilado, além de sais, de minerais que vem em estado de poeira, e tudo mais que a chuva capta e desce para o solo.

O calor, a umidade na pequena massa, que é recoberta de um folharal, mantendo uma unidade, faz com que a vida seja intensa nesse laboratório natural, desdobrando tudo que a raiz torna a reassimilar. Os vegetais sintetizando matéria orgânica e os microanimais e desdobrando matéria orgânica. Fenômeno onde se destaca a bactéria chamada **risóbium.** Bactéria que tem a propriedade de sugar o nitrogênio do ar. Ela tira nitrogênio do ar, e se fixa na raiz das plantas e fabrica nitrogenasso, quer dizer, fabrica adubo natural.

Isso na Amazônia acontece em grande quantidade e não é só com relação ao nitrogênio, com outros elementos químicos que não conhecemos, mas sabemos que existem. Então quando se derruba a árvore, porque a árvore não é nada mais nada menos na Amazônia, do que um recurso da natureza para proteger essa biomassa, a camada de fertilizante natural simplesmente desaparece.

A natureza faz com que as árvores sejam copadas, na Amazônia, justamente para deter o impacto pluviométrico. A chuva bate forte e, se não houver a cobertura das folhas, o grande folharal, a água bate e leva essa biomassa e tira o laboratório responsável pela alimentação daquela planta de 40, 50 metros de altura. Uma vez cortada a árvore, o solo fica exposto ao impacto da chuva. Em dois, três ou quatro anos ele está lavado. É só areia. Porque a Amazônia é resultado de um levantamento sísmico do Terciário. É o resultado de um fundo oceânico interior, que era contido pelo maciço goiano, que são terras antiguíssimas, pelo maciço central brasileiro e por uma cordilheira que existia anteriormente à Cordilheira dos Andes.

Era um mar interior, um Mediterrâneo que existia. Esse Mediterrâneo, com o cataclisma, com o movimento todo, subindo. O fundo de oceano, quando aflorou, surgiu com um **planctum** fitozoológio é fitogeológico que, graças ao calor da área equatorial que estava situado, começou a elaborar a floresta, que foi crescendo ao sabor de milhões e milhões de anos, foi se arrumando.

A natureza, a consciência cósmica, ajeitou a selva amazônica, ninguém sabe como. E o homem agora se acha com "inteligência" capaz de modificar o equilíbrio que foi organizado em milhões e milhões de anos. E isso apesar das experiências já acontecidas, demonstrando que a Amazônia repele os insultos da homogeneidade, pois a vocação dela é heterogênea. Isto é, ela detesta árvore da mesma espécie, plantada uma juntinha da outra, bem arrumadinha. Por que? Ninguém sabe, é um segredo cósmico. O fato é que toda vez que a mão do homem fez isso, principalmente com as seringueiras, se constatou a presença de um fungo chamado **microciclo ule** que dizima, destrói estômagos das folhas, acaba com o fenômeno fotossintético, que é responsável pela elaboração da seiva e, portanto, do latex, da borracha. No Sudeste da Ásia existe também o **microciclo ule**, porém sem a virulência do **microciclo ule** da América do Sul. Por que ninguém sabe.

O erro do homem é tentar humanizar a Amazônia. Quando o certo seria ele tentar se amazonificar, para poder tirar alguma coisa da região. Porque o índio vive 90, 100 anos, sem doença? Por que o índio não tem malária? E qualquer civilizado que for para o interior amazônico acaba pegando essa doença? Simplesmente porque o índio se amazonificou, ele se integrou àquele complexo, quer dizer, ele não tentou humanizar a Amazônia, quando lá chegou para conseguir algo.

Esse é o segredo da região. Então não se pode derrubar árvores a torto e a direito como estão fazendo. Os desertos existentes na Amazônia são todos resultantes da derrubada da árvore, que expõe o solo à lixiviação, nome técnico para a lavagem pluviométrica da chuva...

Mavutciním era um estudioso dos problemas ecológicos. Procurava desde moço, convencer o pai a mudar de ramo de negócio, justamente para corrigir e evitar as distorções, indicando ao velho Serrasalmus Rhombeus, a melhor maneira de convivência com a dadivosa natureza amazônica e a medida e o sistema adequados de exploração dos recursos naturais, sem esgotá-los de vez. A seu ver, o homem estava preparando sua própria extinção ao destruir o equilíbrio da natureza, devastando as florestas e matando os animais de forma irracional.

O jovem brasileiro cansava de explicar ao pai (e este era

inteligente químico e naturalista, portanto não era um homem afastado do problema, era sim antes de tudo um ambicioso), parte da cadeia natural: o gavião (consumidor quartenário), que come as cobras; a cobra (consumidor terciário) que come as rãs e os sapos; rã ou sapo (consumidor secundário) que come os grilos; o grilo (consumidor primário), que se alimenta do vegetal, que é o elemento produtor de alimentos da natureza.

O Nordeste poderá se tornar um deserto. Minas Gerais desaparecerá como suas montanhas estão desaparecendo. A Serra do Mar poderá ruir e asfixiar São Paulo por gases venenosos. A erosão poderá fazer desaparecer as férteis terras do Norte do Paraná. O Pantanal mato-grossense poderá tornar-se um imenso e estéril cerrado. Até o rio São Francisco poderá secar, e a Amazônia com seus fabulosos rios poderá um dia transformar-se numa área quente e insuportável! Depois do desmatamento e de duas excelentes colheitas, a terceira será medíocre e em seguida virá o final. A água arrastará o que existe de terreno fértil e a Amazônia se tornará um deserto.

Já nota-se isso na ilha de Marchanteria, num afluente do rio Solimões, que teve sua área acrescida de mais de dois mil hectares, nos últimos anos. Consequência direta das devastações que estão ocorrendo no Acre e na Colômbia, que obrigam o rio Solimões a carregar muito mais terra, detritos e pedaços de madeira.

Colaborará para esse deserto, mais rapidamente, o errado sistema de grande parte da população que ainda queima o chão para plantar. Comodismo fatal, que acaba com o humus da terra. Pequenas queimadas que as vezes coincidem com a época de reprodução das aves do campo que fazem seus ninhos no chão. Os filhotes morrem, as aves vão embora. Com a posterior semeadura, elas voltam para comer as sementes e morrem envenenadas pelos inseticidas usados na lavoura, quebrando mais uma vez a cadeia alimentar, o relacionamento entre espécies através da alimentação.

Com relação aos incêndios das grandes áreas, o estrago é total. Alia-se a essas devastações a poluição dos rios e da atmosfera. A monocultura e o uso de inseticidas, funcionando como agentes diretos de destruição da fauna, assim como as árvores exóticas que não pertencem a nossa escologia e que não abrigam e nem alimentam a fauna, onde irão parar as matas brasileiras outrora tão magestosas e fartas?

Nada que o homem faz contra a natureza fica sem resposta. Cada crime tem sua punição. Assim como os grilos que se tornaram praga no Nordeste, os gafanhotos e os besouros que invadiram Minas Gerais ou as lebres de Santa Catarina, são frutos de desequilíbrio ecológico provocado pelo homem, agindo contra a fauna, as derrubadas irracionais das matas apresentam também seus castigos. A ausência de cobertura florestal permite que os ventos atinjam o gado, que passa a perder peso, produzido pela doença **toca** ou meningite do boi como costumam dizer os pecuaristas. Nos pastos a praga das cigarrinhas aumentou com a quebra do equilíbrio. Nos cafezais surgiu a doença **phona** atacando com maior rapidez que a **ferrugem.**

As secas e as enchentes, a fraqueza do solo, a erosão e a redução das águas dos rios, são os preços que o homem paga pela destruição da cobertura florestal. Na cidade, alteração do ar, a poluição, transformam o ambiente e dificultam a sobrevivência humana.

Esta é uma previsão lógica e científica das consequências do mau aproveitamento que o homem faz da natureza. Uma de cada quatro árvores do mundo está na Amazônia. Se todas forem derrubadas, o planeta morrerá por asfixia!...

Mas o ser humano parecia não estar muito interessado no assunto. No mundo prosseguiam, além das queimadas gigantescas da Amazônia, poluição das águas no Japão, testes atômicos no Pacífico, assassinato de baleias no Atlântico Sul, matanças de focas no Canadá, chacina de animais no Pantanal brasileiro e envenenamento por agro-tóxicos espalhados pelo mundo, num violento roteiro da morte...

Novo dia surgia. O sol estava nascendo e no Jovanka Zôo a anta lançava alguns dos seus característicos assobios para o gavião pinhé, que andava de ronda, viesse sem cerimônia catar e comer a carrapateira. O maior de todos os nosso animais selvagens é perseguido por um número incrível de carrapatos e o gavião pinhé, se não tem no carrapato seu prato de resistência, mostra por este ácaro, um apetite ilimitado. Assim ambos lucravam, a anta ficava com o lombo vazio de carrapatos que lhe causavam desgostos pela vida e o pinhé com o estômago cheio, o que lhe causava grande alegria de viver.

No curral, um pouco afastado dos outros animais, uma

vaca mutilada, com as tetas comidas pelos peixes, esperava tratamento. Mais uma vítima das insaciáveis piranhas que multiplicavam-se perigosamente, graças ao extermínio dos jacarés, seus predadores naturais.

Ao longe o som dos machados dos empregados num toc-toc infernal denunciavam a devastação. Enquanto Mavutciním que gostava de ser chamado de preservacionista e não de ecólogo, ainda deitado filosofava: as árvores incomodam algumas pessoas, porque elas atraem duas das mais lindas coisas do mundo: as aves e as crianças...

Na madrugada, a natureza dava mais uma de suas sábias lições, dentro da silenciosa floresta, certinha, homogênea, que cercava a casa, já que Serrasalmus mandara cortar as árvores primitivas e centenárias do coração da selva para em seu lugar plantar outras, mas exóticas como a **gmelina arborea** (pronuncia-se melina), árvore originária de Burma, na Ásia. Suas folhas começaram de repente a serem atacadas por lagartas, para desespero do químico Serrasalmus que andava a procura de um antidoto, porém, a própria natureza resolveu salvá-las. Logo cedo um tipo de vespa começou a atacar as lagartas para em seu lombo depositar os ovos. Vinham depois as larvas que se encarregavam de devorar os restos da praga, salvando assim as árvores que vieram de fora.

Mas porque essa estranha idéia de cortar árvores no coração da selva para plantar outras no mesmo lugar? É que para os objetivos do Jovanka Zôo, segundo a opinião de Serrasalmus, a madeira nativa não servia. E acabava dificultando sua exportação para a fabricação de papel.

Ali, a floresta primitiva, compunha-se de aproximadamente 200 espécies diferentes. Alguns técnicos defendiam a tese de que ela não era adequada para a fabricação de celulose porque não tinha homogeneidade. Eram fibras de tamanho, cor, densidade e consistência diferentes e suas resinas eram também de qualidade e concentração diferentes. Era impossível industrializar esse monte de lenha porque cada lote de matéria-prima exigiria uma regulagem especial do equipamento e dosagens diferentes de elementos químicos necessários para o cozimento dos cavacos. — Celulose se faz com apenas um tipo de madeira — repetia constantemente o velho Capitão Piranha, como profundo conhecedor, que pelo menos se julgava ser.

Porém nem todos pensavam assim. O Instituto de Pesquisas Amazônicas (IMPA), com sede em Manaus, chegou à conclusão de que a qualidade da celulose produzida com madeira da mata heterogênea, era praticamente a mesma da que provinha de florestas homogêneas. Independentemente, porém da praticabilidade da conclusão do INPA, o Jovanka Zôo optou pelo desmatamento e pela implantação de florestas homogêneas. O Jovanka Zôo era uma empresa, e como tal via apenas o lado lucrativo. Seu dono sabia que uma floresta natural levava mais de 50 anos para se recompor, enquanto as florestas de árvores especiais, em menos de 15 anos estavam prontas para o corte...

O astro-rei acordava outros animais do Jovanka Zôo. A preguiça-de-coleira, o tatu-canastra, o gavião pega-macaco, a arara azul-pequena, o curió, o tamanduá, a lontra, os colibris e as tartarugas. Enjaulados, eram animais tristes. Nos seus ambientes naturais os animais selvagens não se mutilavam, não atacavam os próprios filhos, não sofriam de úlceras de estomago, não sofriam de obesidade, não matavam a não ser para comer, não sofriam desvios sexuais nem ficavam neuróticos. Presos numa jaula os animais passavam a ter um comportamento estranho, igual ao do homem na cidade grande.

Um empregado colocava um macaco prego, ao mesmo tempo em que cobria a gaiola onde estava a macaca, para a procriação no cativeiro. Uns 15 ou 20 minutos no escuro eram suficiente para o acasalamento. Enquanto outro empregado examinava numa jaula, ao lado, restos de enxofre queimado e outro gás sulfuroso que havia deixado durante a noite a fim de espantar os morcegos.

A índia Maici tentava alimentar com mamadeiras duas oncinhas que foram abandonadas pela mamãe-onça, logo após o nascimento. A sobrevivência sem o primeiro leite materno, era praticamente impossivel. Numa falha da natureza, porque uma das oncinhas ao nascer com a pontinha dos dentes aparecendo tivesse ferido a teta da onça, esta negou de imediato o leite e o calor de seu corpo. O problema não era só carinho mas sim, a falta de colostro, o leite amarelado e grosso que a mãe segrega logo após o parto e que é essencial para garantir a imunidade dos mamíferos nos primeiros meses. Se a onça tivesse abandonado os filhotes depois de uma semana ou dez dias, não haveria problema, mas quando não beberam o colostro, isso significava uma condenação sumária. Dai a pronta intervenção do pessoal e os cuidados especiais da índia.

Alguns homens matavam antas e caitetus para que mais tarde na mata fossem jogadas dentro de uma disfarçada jaula onde as onças seriam atraídas, terminando aprisionadas. Outros preparavam as armadilhas para a captura das aves. O aprisionamento dos pássaros canoros ou não, nas matas era feito de muitas formas, algumas até perversas. Iam da colocação de alimentos embebidos em remédios dopadores, armadilhas de bambu, alçapões, pios artificiais, sofisticadas fitas magnéticas com gravações de pios, até o uso de redes. Também era muito usado o processo da vara de visgo: o pássaro pousava, ficava preso na armadilha, e quanto mais se debatia, mais se feria. Sua retirada era feita horas depois, com limpeza à base de óleo comum de cozinha.

As redes de nylon tipo "japonês" que facilitavam terrivelmente a captura de aves vivas merecia um capítulo a parte. Em determinados meses elas eram estendidas, bem abertas, sobre as árvores onde os pássaros chegando em bando fugindo de ventos mais frios e procurando um clima ameno, se enroscavam aos milhares. Os pássaros eram então mortos, limpos, salgados e temperados. Em grandes barricas eram depois exportados como "fina iguaría". O mais chocante era ver sabiá vendido por quilo e comido como qualquer outra carne. Num contraste marcante com o tempo de Gonçalves Dias quando escreveu "Minha terra tem palmeiras onde canta o sabiá"...

No final havia milhares a menos na fauna amazônica — já tão devastada pelos inseticidas que estavam acabando também com os pássaros.

Com menos pássaros, os insetos se multiplicavam em rítmo mais intenso, exigindo mais tarde inseticidas para a proteção das lavouras do Jovanka Zôo. Muitos insetos acabavam desenvolvendo resistência contra a maioria dos inseticidas, exigindo doses cada vez maiores ou novos e mais violentos venenos, que o norte-americano Serrasalmus estava sempre disposto a produzir.

Uma das maiores discussões entre pai e filho, foi quando o velho Capitão Piranha soube que numa fazenda da Amazônia tinham sido mortas 60 mil marrecas que deram mais de 30 toneladas de carne, e quiz importar da Ilha de Marajó um canhão de marca francesa **Saint Etienne** destinado a atirar em bando de marrecas, usando cartuchos especiais.

— Não há fauna que resista a esse massacre — disse o filho no auge da discussão. Tendo o pai desistido da idéia, ao mesmo tempo que lembrou ao filho que assim tinha sido extinta no século passado, na América do Norte, a pomba migratória, a ave mais numerosa que se conheceu no mundo. Contra ela foram empregados canhões e metralhadoras...

As jaguatiricas andavam de um lado para outro nas jaulas do Jovanka Zôo, como animais raros, já que eram os últimos exemplares encontrados nas imediações; tantas tinham sido as matanças desses belos animais, por caçadores. Mantinham ainda o porte altivo, as pobres vítimas de uma caçada cruel, estúpida; derradeiros espécimes da nossa família zoológica. Em apenas um ano tinham sido abatidos 400 000 felinos na região, que iam desde onças pretas, pardas e pintadas aos maracajás açu e pintados. Logo teriam que fazer como os russos e poloneses que conservam junto a última reserva florestal e animal européia, como é o caso do bisão guardado como jóia rara, espécie desaparecida no continente europeu. Os poucos bisões que existem são conservados com todo cuidado em parques, onde outrora havia sido centro de caça dos reis poloneses.

Na Amazônia, apesar de proibido, as autoridades assistiam de braços cruzados a chacina da fauna selvagem. A caça implacável de animais para o comércio de peles era uma vergonha para o nosso país. Ficava-se perplexo, no estrangeiro, não só ante o fato de os fiscais do governo deixarem livres os autores da matança das qualidades mais preciosas das nossas florestas, dos campos e dos rios, como a atitude dos funcionários em permitirem a exportação das peles — produto da tentativa de extinção de toda a vida animal.

Mavutciním protetor das matas virgens e dos animais que as povoavam era um dos primeiros a acordar. Geralmente dava uma olhada em seu pequeno avião, para ver se estava tudo em ordem. Afinal de contas, ele fazia parte, além da selva e dos animais, das coisas que o jovem mais gostava. Esse cuidado em revisá-lo constantemente era necessário, pois, seu avião representava o único meio rápido naquele mundo verde onde quase tudo era monótono e vagaroso. Demorado até para chegar nos mapas. Graças a seu companheiro alado, que várias vezes usou para jogar sobre a mata milhões de sementes de açai, a saborosa frutinha típica do Norte, Mavutciním descobrira um enorme rio com cerca de 400 quilômetros de comprimento por 250 metros de largura, que desaguava no Tapauá, um afluente do Solimões e que não constava nos mapas. Foi através de seu minúsculo aparelho voador que Mavutciním descobrira inúmeros erros na localização de vários acidentes geográficos, em nosso mapas. O pico Rondon, por exemplo, estava 40 quilômetros fora de sua real posição, segundo os atuais mapas brasileiros. E a ilha de Marajó que descobriu não ser praticamente uma ilha — apenas um humilde igarapé a separa do continente, bem a oeste! Muitos desses erros nos mapas da Amazônia eram velhos conhecidos de Mavutciním e outros pilotos que sobrevoavam constantemente a região.

Na linda manhã, Mavutciním tomava seu café enquanto alguns caboclos empregados do Jovanka Zôo tomavam banho de manacá. Na Amazônia o manacá goza de propriedades milagrosas, tanto na medicina popular como na magia. Na medicina figura como depurativo de grande energia. Nas coisas mágicas, através de banhos, figura como o maior afugentador do caiporismo. Para os sertanejos supersticiosos o banho de manacá traz sorte, antes da saida para a caçada ou pescaria, garante fartura numa ou outra atividade, por isso os homens do Jovanka Zôo não dispensavam aquela água onde se viam algumas flores claras, róseas e roxas, já que a missão daquela manhã, era a caçada de tartarugas, conforme ordens do patrão Serrasalmus.

Alguns preparavam a caldeirada de peixe e farinha, outros juntavam macacheira (mandioca) com farinha, arroz e carne, enquanto o índio Umbé, lugar tenente do velho Capitão Piranha ao mesmo tempo em que se coçava ajeitava na cinta o que ele chamava de **parabellun**, por sinal de espantoso poder de penetração. Na verdade tratava-se de uma pistola automática **Magnum 45**, arma de mão mais poderosa do mundo. O índio colocava no tanque da arma uma bala cônica de aço, capaz de varar um trilho de ferro. Não satisfeito pegou também sua **Winchester 44**, rifle chamado papo-amarelo e regulou pausadamente com apenas o olho que lhe restava, a alça de mira. Traçou um semi-círculo parando exatamente na direção da cabeça de Mavutciním, e baixou a arma. Embora mira telescópica fosse um trambolho nas matas da Amazônia, vivia enroscando em tudo, no caso de Umbé facilitava, pois o índio, além de ter apenas um olho não enchergava bem. Um pequeno saco com balas de aço, um punhal e uma velha borduna, completavam seu arsenal. Sua pontaria era muito boa, pois vivia exercitando em animais. Treinava mais nas pobres preguiças que desgraçadamente ficavam ao alcance de seu olho e já havia matado atoa centenas delas. Exercitava-se também abatendo as fêmeas de macaco quando amamentavam filhotes, não só para aprimorar a pontaria como para aproveitar as crias. Monstruoso método adotado para vários animais, cuja captura de um exemplar implicava a morte de outro, a mãe.

Umbé era um caiapó degenerado. Os caiapós, que na verdade se chamam cralaú, compreendem a grande família formada pelos djorés, gaviões, paracanãs, gorotirés, curnatiras, surinís, craós, suiás, paracatiras e acás; habitam zona imensa em Mato Grosso, Goiás, Pará e Maranhão. Feroses e magníficos combatentes, senhores absolutos da região; corajosos ao extremo, contrastavam com a covardia marcante do já civilizado Umbé.

Num passado distante os caiapós não demonstravam tamanha animosidade para com o civilizado, mas tantas foram as perseguições e matanças que acabaram tornando-os arredios, embrutecidos e violentos com os brancos. Os abusos, principalmente em relação as mulheres craós famosas por sua beleza, e que atraiam as atenções dos aventureiros, despertou na raça o ódio ao civilizado e também sua inclinação a maldade, que agora se exteriorizava até com os próprios índios de outras tribos.

Umbé nascera numa tribo em que se transmitia de pai para filho a raiva aos civilizados e o ódio era acrescido pelo avolumar das narrativas. Era o índio-caôlho, um pária da raça; bastardo proveniente de cruzamento, por isso desde criança fora repudiado. O verdadeiro, o genuíno cralaú, sempre distanciou-se soberbo de qualquer contato com outras raças. O robusto Umbé possuia forte cabeça, rosto largo onde enormes orelhas furadas pendiam sem as curtas taquaras, que já há muito deixara de usar.

Os caiapós atravessavam os lóbulos das orelhas com taquaras de tamanho pequeno, e no lábio inferior, previamente perfurado, encaixam uma rodela de madeira que dão o nome de **cacúa** Esta rodela sempre é aumentada conforme o número de pessoas que o índio mata em tocaias sinistras ou em combates. Pela extensão da madeira fincada de modo tão atrós no lábio inferior, é portanto por onde se calcula o valor pessoal, junto a tribo.

Umbé se não fôra pelo fato de ter sido raptado quando criança, deveria ter uma rodela no lábio, de pelo menos o tamanho de um prato, tantas foram as mortes causadas e quase sempre a traição, pelo sujo e frio pistoleiro índio. Não se sabia bem ao certo se ele havia sido abandonado pelos pais, por não ser um puro caiapó ou se tinha sido raptado, durante briga entre tribos, já que os caiapós e outros índios da Amazônia, usam até hoje esse hábito. Não só o fazendo com as crianças, para criarem em suas tribos, como também com as mulheres, que buscam nos vilarejos marginais aos grandes rios. Impiedosos com o sexo masculino, os índios poupam o feminino, mesmo sendo criancinhas que mais tarde se tornarão mulheres. Desta união é que surge a bastardia dos párias posteriormente desprezados ou relegados a condição de simples trabalhadores manuais.

Como Umbé não havia sido criado pelos caiapós, conservava apenas como costume da tribo, o lábio furado quando criança, tendo um furo não muito grande, mas o bastante para deixá-lo com feio aspecto. Possuia o rosto, a cabeça, assim como quase o corpo todo, cheio de cicatrizes parecendo um enorme loteamento, verdadeiro mapa do inferno. De beiçola murcha, caida, furada, enorme cabeçorra onde pendiam orelhas também furadas; aquele índio forte aparentava uns 50 anos. Para completar a má catadura havia perdido um dos olhos e o tempo murchara a cavidade. Certa vez numa pescaria com vara e forte chumbada, Umbé bêbado demais pegou um enrôsco, mas ao invés de puxar a linhada de lado para que o chumbo lhe passasse ao lado da cabeça, não o fez e sofreu grave consequência. A pescaria estava boa e em dado momento, o anzol enroscou-se numa tranqueira, no fundo do rio. O índio tonto, pendia e fazia força para desenroscá-lo. Tanto puxou para si que o anzol se desprendeu de súbito e com a visão retardada pelo alcool, não teve tempo de virar o rosto. A chumbada veio com tanta violência e bateu exatamente sobre um de seus olhos, vasando-o. A pesada massa acertou parte do supercílio, enquanto o restante do chumbo e o anzol penetravam na menina dos olhos.

Umbé guardava ainda algumas palavras da linguagem caiapó como **côoti** quando se referia ao tacape que era a arma principal dos seus ancestrais e que ele covardemente usava, além de revolver, carabina e punhal. Mas, o que lembrava bem era a linguagem calapálo, pois tinha sido criado por estes últimos. Criado por pouco tempo. Quando mocinho abandonou os calapálos que o chamavam de Umbé (rato) pelo seu hábito de roubar. Foi se aproximando de alguns civilizados até virar quase um deles.

Para caçar não havia melhor. Além de ser um arsenal humano, de cor marron-esverdeado mimetizava-se de forma incrível com o ambiente onde se encontrava. Num campo raso era capaz de ficar horas imóvel, como transformado em tôco de arbusto carbonizado ou em casa-cupim suspensa, quando na mata. Por onde andava quase não deixava rastros e os ouvidos substituiam muito bem a falta de um dos olhos e a miopia do restante. Não era insensível à dor como um puro cralaú, mas manhoso, matreiro, covarde e tão armado como o mais porco dos civilizados.

Os cralaús autênticos eram mesmo insensíveis a dor. Conseguiam quase um estágio de permanente anestesia, graças à terrivel prova do **maraquê** , que Umbé não havia conhecido porque passara aquele período já fora de sua tribo. Procedem da seguinte forma: quando o índio atinge a puberdade é dividido em duplas, ou seja, dão-lhe um companheiro de prova. Conduzidos em lugares especiais da floresta, buscam as casas de marimbondo. Um dos rapazes trepa pelos galhos e arranca com as mãos, o perigoso ninho atirando-o ao companheiro que se encontra embaixo. Ambos são tremendamente picados pelos insetos enraivecidos e quase sucubem à dor e à ação da peçonha contida na picada. São em seguida tratados, após a convalescência, regressam à mata e repetem, sob olhares vigilantes, a mesmíssima façanha apenas invertendo a posição. Asseguram que após esse estágio apavorante, nunca mais sentem a dôr física. Dai a sua belicosidade e impetuosidade, aliada a crueldade, quando atacam.

Funcionando ou não o tratamento, o fato é que os caiapós situam-se entre os mais perigosos habitantes das selvas. Só os paratintins e os pacaás novos, aqueles do Pará e Amazonas e estes do Território do Guaporé, é que se lhe podem igualar.

Mesmo os temidos xavantes ficam muito aquém, em ferocidade, dos índios caiapós.

Quem convenceu Umbé a fugir da tribo calapálo que o criava foi um aventureiro. Acabou arrastando-o para tão longe, o índio terminou indo até quase a divisa da Colômbia, onde tornou-se um **chiclero.** Durante anos e anos extraíu o líquido branco das árvores parentes daquelas que forneciam a borracha. Logo que o líquido esfriava era embarcado a bordo de primitivas canoas de tronco escavado. De rio em rio, através de perigosas viagens o líquido agora transformado em massa alcançava Cartagena. Dali um cargueiro o transportava aos Estados Unidos, onde era tratado e perfumado com menta, formando fitas de vários quilômetros de goma de mascar.

Quadrilhas, contrabando, assassinatos a bordunadas, punhaladas, tiros e outras coisas daquele mundo verde de fronteira fizeram com que Umbé voltasse as matas do Pará onde encontrou-se com Serrasalmus, o velho Capitão Piranha e passou a serví-lo como um nojento capacho. No Jovanka Zôo o índio caolho e sarnento já estava há muitos anos e de lá não pretendia mais sair, mesmo porque se saisse seria preso. Acompanhou o crescimento de Mavutciním mas não gostava nem um pouco do filho do patrão. Tivera vários atritos com ele e esperava como um lobo velho, o momento oportuno para um ajuste final. Definitivo e se possivel a bordunada, como a sua especialidade e preferência.

Os últimos preparativos estavam sendo feitos no Jovanka Zôo, para a caçada às tartarugas e sua carne saborosa, um dos motivos pela qual era muito procurada. Sua captura se fazia de várias maneiras por isso enquanto alguns caboclos faziam vistorias na sararáca (flecha) outros cuidavam do itapuá (arpão). Caniço e rede também entravam juntamente com a tralha naquele corre-corre em busca dos animais que viviam habitualmente nos igarapés(*), comendo pequenos animais, inclusive peixes, e alguns vegetais.

Uns queriam trazer o maior número de iurára-açu (fêmea) outros preferiam o capitari (macho). O pensamento também variava seus pratos e enquanto enguliam em seco sonhavam aquela beleza de carne assada na própria casca que servia de assadeira, ou moqueada. No tucupi , isto é, fervida no molho de mandioca cozida ou colocada em mixira , refogando-a na própria banha. Dos miúdos faziam-se o guisado conhecido por sarapatél ou o paxicá guisado feito do figado e carnes gordurosas do peito com um pouco de farinha dágua. Seus ovos, de onde se fazia até uma espécie de manteiga. E finalmente a delícia das delícias: sopa de tartaruga. Iguaria fina até em Londres, Nova Iorque e Paris!

Algumas horas de viagem por entre igaparás(*) e igapós(*), estavam quase chegando ao lugar desejado. Quatro eram os barcos, o de Mavutciním ia na frente, com pouca coisa, pois pretendia apanhar as tartarugas vivas e colocá-las num curral especialmente feito no Jovanka Zôo, para posterior aproveitamento. E o espaço no barco era reservado para que os pobres bichos não viessem a sofrer muito com o calor, amontoados uns sobre os outros. Já que tinha que caçar as tartarugas por ordem do pai, pretendia pelo menos não maltratar muito os animais.

Mavutciním há muito lutava para acabar com o sofrimento na captura dos bichos que iam para o Jovanka Zôo. A caça ao jacaré, por exemplo, onde o índio Umbé tinha doentio rancor pelo sáurio, e quando os pedidos eram urgentes, era feito com requintes de sadismo e em total impunidade e flagrante desrespeito à lei.

A captura feita por meio da chamada bóia (anzól de metal onde se colocava uma isca), que era abocanhada pelo animal e se fixava no palato, por onde o jacaré puxado, quando de porte pequeno ou seguro para ser envolto pela rede, se o animal fosse grande.

Os jacarés eram então amordaçados (a isca permanecia no interior da boca lesando o palato) e suas patas fortemente amarradas atrás das costas numa posição anti-anatômica e cruel, ficando inchadas pelo edema formado proveniente da compressão das cordas. O chocante espetáculo dos animais imobilizados de maneira tão bárbara, era encarado com a

(*) Nota do Autor — Igarapé, estreito canal natural entre duas ilhas, ou entre uma ilha e a terra firme. Igapará, canal largo, braço amplo de rio. Igapó, mata cheia de água, isto é, trecho de floresta onde a água, após a inundação dos rios, fica estagnada durante algum tempo.

maior naturalidade pelo dono do Jovanka Zôo e seus empregados. Assim os jacarés eram remetidos aos restaurantes, ou ficavam nos mercados, a vista do público, sem água ou alimento por 15 dias ou mais.

O barco, onde Umbé a toda hora se coçava e ajeitava o saco com balas de aço e as armas, era o último. O índio caolho e piolhento esperou o momento da pausa total no movimento oscilatório. Entre o impulso dado pela hélice e a reação do volume da água deslocado produzia a imobilidade. A proa subia e baixava. Entre os dois movimentos o barco mantinha durante um segundo, um nível perfeito. O atirador disparou. O alvo um grande papo amarelo .(*) Estava dormindo, os olhos fechados, de repente apareceu-lhe na cabeça um furo vermelho de onde jorrou sangue...

Mavutciním ouvindo o estampido olhou para trás e ainda viu quando o sáurio deu um salto e caiu dentro da água. Era o maldito índio-caolho atirando atoa nos pobres animais! O bicho pesado sacudia a cauda com tremenda fúria, formando um novelo de espuma e virando de costa agitava a pata num adeus agônico. Mavutciním teve vontade de fazer o mesmo com Umbé. Chegou até a pegar na arma, enquanto o enorme jacaré já de papo para o ar, era levado pela correnteza, fervilhando de piranhas. O índio se coçava, olhava e gargalhava.

Era mais um que morria. Como se não bastassem 1,5 milhão de peles de jacarés que o Brasil tinha exportado em dois anos! Jacarés que comiam as piranhas, sem este controle natural, elas se multiplicavam e passavam a comer outros peixes.

Para o índio assassino o jacaré era um simples animal destruidor. Atacava gado e gente. Comia tudo o que chegava ao alcance de sua enorme bocarra, nada mais. Para Mavutcním, um ser criado por Deus ou pela Natureza, portanto devia existir razão para estar ali. Nova bala de aço, ia de encontro ao alvo. Umbé encolheu os ombros. Apontou a carabina para um curuá (*) que dormitava na praia e fulminou-o com mais um certeiro disparo, enquanto dois tingas (*) e um açu (*) fugiam apressados...

Os barcos finalmente pararam, naquela imensa solidão do sertão, como um palco paradisíaco de tão belo. Apenas um defeito possuia, que impedia de ser realmente um paraíso. Eram as presenças de algumas bizogó (*) e lambe-olho (*) além de nuvens de mosquitos piuns (tão minúsculos que eram capazes de passar através do furo de uma agulha) que atormentavam os homens com suas dolorosas picadas.

Inúmeras as aves e animais vistos. Porém, todos eles relativamente pertos um dos outros na área. Eram separados pela prossêmica, a "comunicação das distâncias". Teoria desenvolvida baseada nas diversas reações manifestadas pelos animais, de acordo com a distância que os separa. A distância entre dois animais limita ou estimula os vários tipos de relacionamento entre eles. Se um veado está a 117 metros de uma onça, ele a ignora, mas se a distância entre os dois for menos de 117 metros, ele entra em estado de alerta. Quando o espaço entre a onça e o veado for de 80 metros, os dois entram em estado de agressão, e cada um passa a agir conforme seu instinto: um atacando e o outro se defendendo.

Umbé coçava o peito, não queria ficar ali porque achou que numa passagem do rio, viu o que lhe pareceu ser resto de aldeiamento caiapó. No tempo das grandes chuvas os índios recolhem-se às vastas malocas que a selva esconde, mas nos tempos secos tornam-se andarilhos e o medo do sarnento índio-caolho, era encontrar cara a cara com os autênticos caiapós. Drama que a civilização não tinha conhecimento, porque a vastíssima distância abafava. O que um rapaz civilizado e meia duzia de caboclos não temiam, um ex-índio, nascido naquele mundo verde e armado até os dentes, tremia apavorado só em pensar: encontro com os caiapós...

Havia muita calma naquele pedaço de paraíso cercado de águas claras. Um dos poucos lugares em que a poluição ainda não chegara. Estava cada vez mais difícil encontrar um rio livre de poluição em qualquer dos cinco continentes. A água não escapava também à ação devastadora do homem. O despejo de agentes químicos, de esgotos domésticos e outras agressões faziam com que rios famosos de todo mundo passassem a ser inimigos. Não só os rios, como outras fontes de água potável, poços, lagos, minas, igualmente envenenados.

Doença não tinha naquele trecho de selva, porque não tinha estrada. De febre amarela, hepatite, leishmaniose, malá-

(*) Nota do Autor — papo amarelo , curuá , tinga , açu , tipos de jacarés. Bizogó e lambe-olho , tipos de moscas de picadas dolorosas.

ria, febre negra, não havia o menor sinal. E a explicação simples: ao penetrarem em áreas pioneiras as estradas provocavam o micro-movimento ecológico. Todas as condições de vida que existiam num estado selvagem e natural sofriam bruscas transformações, as maiores das quais eram perceptíveis, como o desmatamento por exemplo, e outras que só seriam sentidas a longo prazo, como modificações no microclima e na microfauna.

O surgimento de doenças novas tornava-se possível a partir dai: virus que estavam alojados em árvores, e que sedentários por causa da densidade da floresta, começavam a emigrar, alojando-se em larvas, borboletas, animais. E através deles chegavam aos homens, inteiramente sem defesa para os tipos.

Os arbovirus como eram chamados, podiam manifestar-se tanto imediatamente como a longo prazo, na mesma área ou também muito distante dela. E os mosquitos os maiores portadores das doenças. Desde os borrachudos, carapanãs, piuns, minúsculos insetos, que não só deixavam marcas desagradáveis e incômodas, como eram capazes de transmitir doenças novas e mortíferas.

Felizmente a equipe comandada por Mavutciním levava mosquiteiro para ser adaptado a rede, porque a noite o movimento dos pernilongos era demais. Muito mais atormentador do que de dia.

O grupo foi dividido em dois. Umbé coçando a cabeça, mais preocupado com piolhos e índios do que com tartarugas, dirigia-se com três homens e dois barcos para um lado, todos armados com arpões, flechas, anzóis e mais o arsenal do chefe. Mavutciním ficava também com três ajudantes e dois barcos, e redes para apanhar as tartarugas vivas. Era o melhor sistema a ser utilizado naquele aglomerado de lagos, cuja profundidade não era superior à altura das redes. Estenderam a rede, no meio do lago, prendendo uma corda em cada extremidade dela, amarrando-as a arbustos na margem. Mavutciním e seus companheiros batiam a vegetação marginal, sob as quais estavam escondidas as tartarugas, obrigando-as a nadar para o meio do lago onde estava a rede. Findo o trabalho da "batição", os homens apanharam as pontas das cordas e começaram a puxar a rede, lentamente, para que a chumbada não se erguesse, possibilitando com isso a fuga dos quelônios. Ao mesmo tempo que a arrastavam, iam fechando-a na margem.

Uma enorme sucuri enroscada num galho foi fugindo pesadamente enquanto Mavutciním e seus homens continuavam a puxar a rede, indiferente aos movimentos da cobra. O maior perigo naquele mundo de água e mato não era apresentado pelas feras, pela cobras, mas sim pelos insetos, mosquitos e principalmente formigas, verdadeiro terror das florestas. Em face delas fugiam as onças, as queixadas e até o mais temível dos índios, porque nessa hora suas flechas e bordunas de nada lhes serviam.

As formigas picavam continuamente, pois a rede estava repleta delas, mas mesmo assim Mavutciním e os caboclos continuavam conduzindo-na. Um potó,(*) num vôo rasante, rapidamente posou no braço de Mavutciním, que também mostrando a mesma ligeireza do inseto, balançou o braço jogando-o na água. O sertanista sabia que quando o inseto caminha sobre a pele não ocorrem as lesões características. Estas surgem quando o potó é esfregado ou comprimido sobre a pele. O princípio irritante está em todo o corpo, atingindo a mais alta concentração na hemolinfa, que é o sangue do inseto.

Se a margem fosse limpa toda a rede seria conduzida para a praia, o que facilitaria a colheita das tartarugas, mas como a margem do lago era coberta de vegetação, o esvaziamento da rede teve que ser feito dentro do próprio lago. Para tanto, fechada a rede, enquanto alguns caboclos mantinham as cordas das bóias suspensas, Mavutciním saltava para dentro do círculo formado pela rede e com rápidos mergulhos, ia apanhando os exemplares. Assim foram fazendo de lago em lago e em poucas horas havia uma grande quantidade de tartarugas no barco e o que era importante: todas elas vivas.

Enquanto isso os homens de Umbé usavam todas as armas inclusive arco e flecha. Um barco saia a procura do trajeto das tartarugas que faziam sua migração em busca das praias propícias à postura, o cabôclo ia atento para ver se descobria acima da superfície da água, uma cabeça ou encrespamento suspeito, acompanhado de um leve sombreado.

(*) Nota do Autor — Os Estafilinídeos formam uma família muito característica de besouros. Certos Estafilinídeos do gênero Paederus são conhecidos do povo pelo nome de potós, e apresentam uma substância cáustica que provoca coceiras e ulcerações no homem. As vezes extensas, rebeldes ao tratamento.

O arco vergado, feita a pontaria a flecha foi lançada e com certeira pontaria o ferro se fincava no casco da presa. A tartaruga ferida, fugia rapidamente, com profundo mergulho mas inutilmente. Iniciou-se então uma manobra de destreza e agilidade, com o pescador puxando e cedendo a linha até cansar o animal que, esgotado, foi conduzido para a borda do barco. O caboclo cravou-lhe um pequeno e forte arpão, recolhendo-o para dentro, onde o conservou de costas, com as patas amarradas.

Os bons resultados desta pescaria dependiam da habilidade do pescador porque se a tartaruga conseguisse meter-se entre a cerrada vegetação marginal não mais poderia ser retirada. Era um sistema habilidoso sem dúvida, mas moroso e de pouca produtividade. Além do inconveniente de matar a caça. No outro barco, do piolhento índio-caolho, o sistema também de pescaria, se é que se podia chamar assim a captura das tartarugas, só que em vez de flecha se utilizavam apenas de um comprido arpão. Pescavam as tartarugas, vasculhando com todo cuidado e atenção. A localização do animal feita pelas borbulhas de ar que em pequeninas bolinhas, alcançavam a supefície. Arpoada, imediatamente procuravam colocá-la dentro do barco.

Umbé agora coçando a perna, não atirava em caça nenhuma como seu costume, porque tinha recêio que o estampido atraisse caiapós. Ele desconfiava que os beiços-de-páu estavam por perto. Eram momentos de silêncio quase absoluto, a natureza parecia estar em descanso. O índio-caôlho matreiro velho, colocava em função todos os seus sentidos. Já que o filho do patrão escolhera aquele maldito lugar ele tinha que aguçar bem o ouvido, para perceber tudo o que se passava ao seu redor. Eram esses sentidos que lhe governavam a vida na floresta; que o faziam saber onde a caça se encontrava; onde estavam seus inimigos; o que ele devia fazer. Esses sentidos lhe dirigiam os passos, os dedos e a carabina que estava sempre em suas mãos.

No silêncio de santuário da grande floresta, um dos caboclos de Umbé, aproveitava para iscar seu anzól. Era a mais delicada de todas as modalidades de caça às tartarugas, porque a tartaruga era muito ladina e arisca, além disso o anzól utilizado não devia ter farpa. Profundo conhecedor de seus hábitos o pescador usava como isca pedaços de palmito, raizes de mandioca, ou banana verde e aproveitava os igarapés de águas tranquilas onde as tartarugas se concentravam. No meio de folhas de várias plantas, inclusive a vitória régia, cujos bulbos constituiam o petisco preferido dos quelônios.

O anzól ficava a meio palmo do fundo, depois de ter medido cuidadosamente a profundidade com uma vara, sem agitar a água. A linha era curta e ligada a uma vara de pouco mais de um metro, que era posto de bubúia , isto é boiando, a beira da canoa e sempre ao alcance das mãos do pescador. Se este o mantivesse seguro, transmitiria ao anzól os mínimos movimentos e até mesmo seus levíssimos estremecimentos nervosos seriam suficientes para alertarem a arisca e desconfiada presa. Umbé quando usava o sistema, preferia uma simples bóia em vez de caniço, a qual prendia uma linha que a mantinha segura, é que devido a sua tremedeira, pois andava sempre bêbado e com medo de alguma coisa, punha com frequência a perder a pescaria.

O caboclo com toda a calma naquele silêncio absoluto, aguardava os sinais da presença das tartarugas, assinaladas pelo aparecimento das pequenas bolhas de ar na superfície da água. Com atenção redobrada, o pescador esperava um repuxo do caniço, produzido pela "bocada" do animal. Rapidamente, era só levantar a linha, dando pequena sacudidela fazendo com que o anzól se prendesse a parte superior da boca da tartaruga. Dai por diante, tinha que manter a linha aprumada e tensa, porque qualquer afrouxamento da mesma possibilitaria a fuga da presa que instintivamente, nadava verticalmente para cima, tentando libertar-se do anzól. Era ai que a agilidade do pescador se fazia sentir ao recolher a linha mais depressa do que o nadar do bicho, inclusive no final, ajudando-o com as mãos a embarcar no barco...

No fim do dia encontraram-se os quatro barcos, bem antes do previsto porque Umbé, sempre se coçando, insistia que os beiços-de-páu estavam por perto. A quantidade de tartarugas presas pela equipe de Mavutciním era muito maior do que as capturadas pelos homens que foram com o índio-caôlho, com a vantagem de sempre, as da primeira equipe estavam todas vivas. Umbé coçava as costas, tremia e insistia que deviam voltar para o Jovanka Zôo, mas Mavutciním fazia pé firme: iriam acampar ali e somente sairiam no dia seguinte, pois teriam que aproveitar a madrugada seguinte para a viração .

O sol estava quase fugindo da calmaria. Uma garrafa de cachaça foi passada de boca em boca para um gole reconfortante antes da preparação do jantar. Depois de examinarem bem a lagoa os homens aproveitaram para um banho coletivo, com exceção de Umbé que era um porco, não tomava banho para não matar sua criação de piolhos e com medo de enferrujar suas armas. As tiradas eram sempre as mesmas. Enquanto nadavam nus, de barriga para baixo, alguém gritava brincando:

— Piranha a vista!...

E ato contínuo todos viravam de costas. De repente, um outro emendava:

— Candiru(*) no seu bubu!...

Novamente a leva de nadadores virava de posição, sob risos e gritos...

Finalmente o jantar estava pronto. Mavutciním preferiu um tucunaré pescado minutos antes, assado no espeto, com limão e pimenta murupi cheirosa e forte. Outros enchiam uma panela com água até a boca e iam despejando cebola, tomate, pimenta e coentro, para a caldeirada de tucunaré. Um dos homens, de apetite mais avantajado espremia num prato o caldo todo de um limão e espalhava grãozinhos de pimenta murupi. Em seguida colocava farinha de Uareni,(*) e em cima despejava conchadas de caldeirada.

Umbé preferiu desenrolar sua manta de pirarucu seco no sol. Assou na brasa, desfiou e misturou com leite de castanha e farinha de Uareni.

A lua enorme e a calma maior ainda; só perturbada de vez em quando pelo cantar de uma ave noturna. Não fosse o fato de estar ali junto deles seis empregados do Jovanka Zôo, Umbé teria matado Mavutciním naquela noite. Já há muito que o índio-caolho havia prometido dar um banho de piranha (*) no filho do patrão. Só esperava a oportunidade.

(*) Nota do Autor — Candiru, minúsculo peixe hematófago que sedento de sangue penetra nos orifícios do corpo humano. Uareni, região do Amazonas que produz farinha de grãos amarelos, grandes e desiguais. Banho de piranha , termo usado no sertão, quando um indivíduo é jogado amarrado, num rio, para que as piranhas o devorem em poucos minutos.

Umbé com medo de caiapó não dormiu a noite inteira. Ascendeu um fogo e ficou ouvindo se os índios se aproximavam. Era tanto o medo do renegado que esqueceu que os silvícolas dificilmente andavam a noite, pois, tinham receio de espíritos que vagavam pelo espaço. Se o fizessem seria de madrugada. No improvisado acampamento o resto do pessoal dormia, cansado que estava, e sem se importar com caiapós. Enquanto que para o índio-caolho, qualquer barulhinho feito por pequeno animal noturno, era selvagem espreitando ou cobra surucucu cujo bote significava a morte...

Nas primeiras horas da manhã quando todos se levantavam, todos menos um, o índio-caolho que catando piolhos pelo corpo, no escuro, não pregara o único olho a noite inteira. Um vento frio vindo talvez dos Andes, acompanhado de cerração, anunciava curta queda de temperatura. Dentro de pouco tempo deveria surgir nas praias grande quantidade de quelônios para desovar. Centenas e centenas de tartarugas gordas e ovadas. Um dos caboclos aprontava a flecha sararáca o que foi imediatamente impedido por Mavutciním. A viração deveria ser feita na mão, para total aproveitamento, isto é, todos deveriam apanhá-las vivas.

Os grupos foram novamente divididos. Mavutciním ficou em companhia de três caboclos, enquanto Umbé e os três homens restantes seguiam mais além.

Os viradores, a espreita, aguardavam que as tartarugas aparecessem. Ei-las finalmente que surgiam em massa compacta. Antes o macho havia marcado na areia a área da postura, formando uma espécie de enorme leque que imediatamente foi invadida por grande quantidade delas. Mavutciním e seus homens saindo das sombras da quase noite, foram virando as tartarugas de costas. Como algumas eram muito grandes, os caboclos viravam-nas usando um pau curto como alavanca. De barriga para o ar, as tartarugas procuravam, em vão fugir, agitando freneticamente as patas e a cabeça.

Quando rompeu o dia, a praia estava repleta de tartarugas. Mavutciním escolheu então um bom número delas e amarrou suas patas. Seriam carregadas vivas, nos barcos com destino ao Jovanka Zôo, de onde seriam enviadas aos currais especiais de reserva e posteriormente aos mercados. O restante por ordem de Mavutciním foi novamente desvirada e portanto colocadas em posição de fuga, o que imediatamente fizeram.

Enquanto isso em outro local, os homens sob as ordens do covarde e assassino Umbé agiam de modo diferente. Ficaram de olho nos quelônios que deixavam o rio em busca das praias mais altas, onde livres das enchentes, pretendiam depositar seus ovos. Agrupadas as centenas, talvez milhares, aproximavam-se da praia escolhida, estacionando na sua redondeza. Nessa ocasião, duas delas galgaram a praia, examinando-a cuidadosamente, retornando rapidamente ao rio, de onde saiu um pequeno grupo de umas vinte, encabeçando um verdadeiro exército de tartarugas. Se as primeiras que sairam tivessem notado algo de anormal, retornariam, e com elas todas as demais. Porém, como tudo parecia estar bem, subiram na parte alta da praia, onde começaram a abrir as covas para a deposição dos ovos. Tais covas eram cavadas com as largas patas e de preferência quando a manhã estivesse ainda escura.

Por infelicidade daqueles pobres animais, o número aparecido nas praias sob as vistas dos homens de Umbé era bem maior do que o surgido para Mavutciním e seus caboclos. Profundos conhecedores dos hábitos de postura das tartarugas, os homens, escondidos entre arbustos, aguardavam o início da escavação dos ninhos. Os bichos estavam entretidos no trabalho quando o negro Boca de Alpargata um dos observadores, julgando ser o momento propício para o ataque, acordou repentinamente o índio-caolho que dando folga aos piolhos, roncava sentado. Este num ataque de fúria esbofeteou o homem que o tirara do melhor dos sonhos ou de um pesadelo e automaticamente correu em direção das tartarugas, com borduna na mão, passando a dar porretadas em todas elas, com raiva incontida. Ante o espanto de seus homens, Umbé gritava:

— Caiapó eu mato... eu mato muito caiapó... —e desancava o pau nos pobres quelônios, como que pretendendo se vingar dos índios que não tinha coragem de enfrentar. Enquanto seus homens, não se atrevendo a censurar o chefe, procuravam virar algumas tartarugas de pernas para o ar. Nessa posição os animais não podiam locomover-se. Os homens faziamno mais com dó dos bichos, como que protegendo-os ante o histerismo covarde do índio...

— Seu filho duma puta... você é o mais repugnante e covarde de todos que já encontrei... — era Mavutciním que juntando o índio-caolho pelo peito até rasgar-lhe a camisa incardida gritava bem alto na sua cara. Os seis caboclos correram para apartar, mais ou menos na mesma ordem, três para cada lado. Mavutciním tinha ido ao encontro de Umbé e o restante dos homens, quando deparou com a cena que o deixara chocado: as praias do lado do índio maldito estava coalhada de tartarugas mortas, com pedaços de ovos, carnes e sangue por todos os lados. Uma cunhamuçu , famosa pelas carnes tenras e as mais apreciada de todas, quase sem cabeça e algumas iurarcuassus mutiladas e amassadas procuravam ainda, guiadas pelo instinto, o leito do rio...

Em nova praia deserta não muito longe dali, outras tartarugas longe dos seres humanos cumpriam seu papel na arte da reprodução. Prontos os ninhos, neles depositavam, cada uma, de 80 a 100 ovos, após o que os cobriam com areia, socando-a com o corpo para assentá-la, tal como a encontraram. Finda a postura, retornavam às águas por um caminho oposto ao anterior. Os ovos, aquecidos pelo calor do sol, ao fim de um mês quebrariam e as tartaruguinhas, instintivamente, abandonariam os ninhos, também à noite, para alcançarem os rios, evitando assim, grande número de predadores.

Os barcos foram carregados com as tartarugas vivas, todas amarradas com cipós nas patas e de vez em quando Mavutciním mandava que se jogasse água sobre elas, para refrescar um pouco do calor bárbaro que estava fazendo. Algumas delas, mortas, também seriam levadas para o Jovanka Zôo. Foram salgadas e moqueadas. Rapidamente os homens prepararam um pequeno almoço: o virado de tartaruga, petisco chamado mixira , que foi reforçado com miúdos assados na própria casca.

Cheios os barcos, seguiram como vieram, isto é, dois na frente comandados por Mavutciním e dois logo mais atrás, comandados pelo índio Umbé, que agora mais amuado do que nunca, coçava embaixo do braço. Examinados os motores, em cada barco piloto foi amarrado o outro que seria puxado. Quatro barcos, oito homens, muitas tartarugas e grandes latões onde Mavutciním mandou que se colocassem todos os ovos quebrados na carnificina feita pelo índio-caolho. Não serviriam para a manteiga, porque havia mistura de areia e sangue, mas dariam um ótimo combustível para as lamparinas.

O sol estava escaldante e os barcos voltavam pelo caudaloso e imponente rio, enquanto Umbé arrancava trapos do corpo. Era o que restava da camisa rasgada por Mavutciním. Ficou somente de calção como que exibindo a forte musculatura e os piolhos. Sobre a pele, a correia da carabina atravessada no peito; na cinta o punhal brilhando, o **parabelun** dependurado e o saco com balas de aço. Ao lado, bem próximo ao banco em que sentava, descançava sua borduna avermelhada ainda pelo sangue das tartarugas.

Não havia o menor sinal de chuva no céu, mas os animais avisavam que ela viria. As andorinhas voando muito baixo indicavam isso. O mesmo acontecendo com as moscas se agrupando, varejando inquietas. O índio-caolho cujo pavor pela água era notório, começou a ficar preocupado quando virou um tatu amarrado, que havia caçado. O bicho suava embaixo do braço. Era sinal evidente de chuva.

O rio muito largo e correndo sobre o leito arenoso era viveiro natural de peixes. Suas águas deslizavam mansamente, não oferecendo maiores dificuldades à navegação, mesmo para embarcações pequenas. Havia poucos bancos de areia e o único problema o banzeiro . Em ocasiões de ventos fortes e constantes, a superfície do rio encrespava-se e formavam-se os banzeiros , ondas de meio metro ou mais de altura, que facilmente viravam as avoadeiras como eram chamadas no local os barcos a motor dos tipos que estavam usando.

Pintados, piraibas, filhotes, matrinxãos, enorme a variedade de peixes que viviam naquelas águas. Sem falar nas piranhas, algumas como pratos; vorazes, atrevidas e insaciáveis, constituindo sério perigo para o homem ou animal que desprevinido, adentrava as águas para beber ou banhar-se.

Mavutciním vinha pilotando e conversando com um companheiro puxando o cordão de barcos. Amarrados ao seu, vinha outro barco com mais dois caboclos. Logo atrás vinha o de Umbé, também motorizado, rebocando o último e contendo em cada um deles duas pessoas. Só que agora na volta, o índio-caolho, como não dormira na véspera, passou o comando da pilotagem ao negro Boca de Alpargata que o acompanhava. O calor apertava cada vez mais e o sono de Umbé, também.

Com um sorriso nos lábios, coisa que nunca fazia quando acordado, o índio sonhava que havia aprisionado Mavutciním. Juntamente com seus homens, amarrara nú o filho do patrão, com os braços esticados para cima, tendo duas talas de madeira em volta do corpo, que iam dos pés às mãos. Jogou a corda sobre um forte galho de árvore que sombreava o rio e pendurou Mavutciním, amarrado pelos pulsos. Umbé com o punhal fez uns cortes nas solas dos pés do jovem, e foi descendo-o devagar para as piranhas...

Numa curva do rio eis que se ouve um baque na água. Era o índio-caolho que adormecido caíra do barco em movimento! O piloto de seu barco, o mesmo que levara bofetada quando acordou o chefe do grupo, no início da viração , afobado ou de propósito, desligou o motor repentinamente, o que dificultou a volta para apanhar o índio que se debatia na água.

Com a carabina atravessada nas costas, revolver, saco de balas e punhal na cinta, Umbé encontrava dificuldade para nadar, ao mesmo tempo que dava urros de dor. Mavutciním manobrou com rapidez seu barco e voltou para salvar o índio-caolho que gritava cada vez mais forte. A água em sua volta estava tinta de sangue e todos sabiam que aquilo significava piranhas!...

Os barcos chegaram finalmente ao Jovanka Zôo, com tudo molhado pela chuva que não conseguiram evitar. Os animais mais uma vez estavam certos em anunciá-la antes das nuvens. De dentro de um dos barcos o homem desmaiado e ensanguentado foi retirado, nú e pela segunda vez na vida (a primeira foi quando nasceu) sem arma nenhuma junto ao corpo. Tudo havia ficado no rio: carabina, **magnum 45,** punhal e o saco com balas. Sua borduna, a única arma que restara, jazia no fundo do barco, abandonada, quando seu corpo saiu carregado por Mavutciním e os caboclos.

Na cabeça leves escoriações. No rosto as piranhas quase que não haviam tocado, a não ser pequenas mordidas sem consequências maiores. No tronco e pernas, lesões também sem muita importância, se bem que algumas mordidas causaram cortes relativamente profundos. Mas, Umbé tinha perdido alguns piolhos e três dedos do pé, que foram dilacerados, e o que era mais importante, havia perdido totalmente os testículos! Dai os urros enquanto lutava contra as piranhas!...

Para hospital da cidade mais próxima ele não queria ir, seria preso logo que curassem seus ferimentos; era elemento procurado pela polícia. A solução foi encaminhá-lo, atendendo à sugestão de um dos caboclos, à casa de compadre do próprio Umbé, conhecedor de ervas e por ter muita prática daquilo, pois vivia castrando porcos...

A quase-noite tentava silenciar as vastas florestas pluviosas da Amazônia que representavam a maior reserva de oxigênio fotossintético ainda existente no mundo. E possivelmente um quarto do ar respirado no planeta, provinha dos milhares de quilômetros quadrados de vegetação tropical daquela região, onde o maior inimigo era a ignorância, seguida de perto pela ganância. Grandes matas naturais estavam sendo reduzidas a campos improdutivos graças ao desconhecimento dos exploradores e descaso das autoridades.

No Jovanka Zôo, Serrasalmus Rhombeus aprontava a pelada para o embarque de grande quantidade de pau-ferro, com outro nome de madeira, para ludibriar a fraca fiscalização, ao mesmo tempo em que providenciava grande compra de arroz. De tanto chacinar gaviões, o resultado foi que as rolinhas (alimento tradicional dos gaviões), comeram a safra de arroz do Jovanka Zôo.

Alguns homens descansavam da atribulada viagem, separando os ovos das tartarugas. Eram brancos, esféricos, do tamanho dos botados pelas galinhas, porém, recobertos por uma película mole ao invés de casca. Enquanto o negro Boca de Alpargata aproveitava somente a gema dos ovos, que era muito farinácea, para cozinhar (a clara por ser gelatinosa, não se prestava ao cozimento), comentava com a mulher, ao mesmo tempo em que ria sem um dente na boca:

— Maninha, a pira espocô os bago de Umbé. Ele garrô co as duas mãos o saco das bala, que queria tanto, e acabô deixano o otro na reta!...

Nada que o homem faz contra a natureza fica sem resposta. Cada crime tem sua punição.

Ilustração: Rigsil.

"E quando as próprias ratazanas fugirem finalmente para o mar, ao Homem — o maior de todos os destruidores — restará apenas a triste e melancólica alternativa de destruir a si mesmo".

A DESTRUIÇÃO ERA AGRAVADA COM O ENVENENAMENTO PELA POLUIÇÃO INDUSTRIAL, INSETICIDAS E OUTROS PRODUTOS QUÍMICOS.

— Você sabia que os negros de Angola não comem carne de zebra temendo que seus filhos nasçam listados?

Aquela voz forte cortou o calor do meio dia. Na floresta não havia barulho algum. As folhas se imobilizavam nos ramos e estes estavam como pedras, parados. Enquanto, sob o abrigo imperava um frescor ocasionado pela cobertura de sapé. Fora, o sol a pino torrava as plantas e ressecava o solo.

Era o químico Serrasalmus e suas manias de contar curiosidades ao filho Mavutciním, enquanto preparava a mistura de inseticidas agrícolas e fungicídas.

Auxiliava-o o novo lugar tenente, um gateiro(*) acreano forte, chamado Marráio. Substituia o índio que havia perdido armas e sacos no rio. Não era covarde como Umbé nem vivia tão armado como o jagunço índio-caolho; andava apenas com uma garrucha. Mas, possuia espetacular pontaria. Marráio com um rifle 22 nas mãos ascendia um palito de fósforo a alguns metros de distância. Não usava projéteis de aço como Umbé; preferia as balas de chumbo, tanto para sua carabina 22 como para a garrucha que usava cartucho 36 e bala 44. Divertia-se colocando um machado com o corte para frente, entre duas bexigas cheias. Atirava com a garrucha, bem no meio do corte do machado. A bala de chumbo abria-se em dois peda-

(*) Nota do Autor — Gateiro, caçador profissional de onças e felinos menores. Vive também do comércio de peles.

ços e estourava as duas bexigas ao mesmo tempo. Completava seu "arsenal" uma roncadeira, espécie de cuíca feito de lata e couro de macaco, cujo som grave era produzido para atrair onças.

Marráio, mestiço de caboclo com índio, o tipo do brasileiro que se tivesse sido aproveitado nos esportes e convocado para as olimpíadas, faria bonito. De resistência fora do comum, em corrida de fundo era simplesmente espetacular. na canoagem então nem se fala, usava o barco desde que nascera. Por certo colocaria no bolso muitos russos e canadenses, especialistas nesta última modalidade.

Seu avô, no passado fizera parte da expedição do **cow-boy** e estadista, coronel Roosevelt, pai do presidente Franklin Delano Roosevelt, por terras de Mato Grosso. Andava o militar e escritor caçando quando ao atirar num papagaio, acertou num...rio. Os adeptos do puxa-saquismo logo correram para homenagear o míope caçador, espantado por ter descoberto ali pertinho, um rio tão profundo e largo. Plantou-se então no local um marco comemorando a "grande" façanha: a descoberta de um novo curso de água na floresta e que foi logo batizado de Rio Roosevelt. Inúteis foram as declarações dos caboclos auxiliares da comitiva, entre eles o avô de Marráio, que afirmavam insistentemente ser aquilo o velho Aripuanã, volumoso e conhecido afluente do rio Madeira!...

— Outro tabu interessante, não apenas de Angola, mas de outras regiões africanas — prosseguia o norte-americano Serrasalmus, viajante e aventureiro, em explicações para o filho — é o do negro não tocar no leão depois de morto. (Existem exceções como os **Skinners**, arrancadores de pele). Se assim o fizer, o negro deverá oferecer sua esposa à três homens diferentes, para não estar sujeito a ser vítima de feitiçaria.

O cheiro forte da composição química que o grandalhão Capitão Piranha manipulava, sob o olhar distante mas contínuo, do filho, havia espantado o pequeno sagui que vivia sempre trepado em suas costas. O bichinho correu e subiu num dos pés de eucalíptos plantados perto da casa, como inseticida natural para espantar os transmissores de malária. O cheiro dos eucalíptos fulminava ou pelo menos espantava os mosquitos.

— E agora mais um conselho: se algum dia você for à

África caçar leão, saiba que encontrando um casal, o primeiro tiro deve ser dado na leoa! Nesse caso o leão, regra geral, fugirá após o estampido, largando a companheira. Caso contrário, isto é, se o leão for atingido primeiro, a leoa, furiosa atacará imediatamente o caçador. E o ataque da leoa, meu filho, é ainda mais rápido e fulminante que o do leão!

Mavutciním que saboreava um caldo de cana acompanhado de salada de frutas, em baixo de uma enorme sumaumeira, a certa distância da mortífera composição que o pai preparava, parou enojado com o cheiro.

O filho lembrava do início das experiências que o velho Capitão Piranha e outros norte-americanos fizeram com o **orange**, chamado também de **agente laranja**, conhecido hoje tecnicamente como **herbicída 2, 4, 5 — T**, contendo dioxina e mais impurezas. Era um outro preparado norte-americano em que o pai também colaborara, como químico e proprietário de terras, fazendo testes nas matas da Amazônia. Tornara-se depois de algum tempo, num terrível agente desfolhante químico, usado em larga escala no Vietnã, pelos norte-americanos, como criminoso herbicida antiflorestal. O **orange** quando de sua experiência nas matas amazônicas, provocou além do evidente protesto de Mavutciním, não só a destruição da flora e da fauna, como também, das plantações próximas às matas submetidas a esse processo químico, poluindo além disso rios e lagos, dada à sua violenta ação tóxica.

Mais para cima do Pará, já em território colombiano tinha sido elevado o número de mães que sofreram abortos ou deram a luz a crianças prematuras ou disformes, com pés torcidos, lábios luporinos, línguas perfuradas ou portadores de microcefalía (cérebros anormalmente pequenos), provocados pelo uso na agricultura, do elemento químico **agente laranja.** Além do indício mais significativo da intoxicação pelo pesticida como os casos de hepatomegalía, desmesurado crescimento do figado. O que quer dizer que o orgão foi obrigado a trabalhar demasiadamente para desintoxicar o organismo da criança.

Muitas mulheres no Vietnã, sofreram problema semelhantes. E os cientistas provaram que não se tratava de ingestão de drogas e sim que as vítimas residiam em áreas expostas ao pesticída. A contaminação era direta ou pelo consumo de alimentos poluídos. Na Amazônia, os colombianos usavam nas plantações de arroz e algodão herbicída contendo o **2, 4, 5 - T,** que inicialmente provocou a morte por intoxicação, dos peixes, posteriormente atingiu porcos, galinhas e outros animais domésticos da região, até chegar aos seres humanos.

O desfolhamento químico **agente laranja** passou a ser usado no Vietnã, as toneladas, pelos norte-americanos, como violenta arma de guerra. Ela era fabricada nos Estados Unidos com uma dioxina o **Teratogênico** 700 vezes mais potente que a Talidomida. Na Europa e Estados Unidos a **Talidomida** provocou o nascimento de centenas de crianças disformes e uma multimilionária ação judicial contra seus fabricantes.

Os Estados Unidos possuiam milhões de galões do herbicída, como não podiam usar no país, estava proibido, as empresas norte-americanas **Research Institute Inc.**, fundada pela família Rockfeller em 1950, e a **Blue Spruce International**, vendiam para o Brasil, Venezuela, Colômbia e outros países que formavam a Amazônia. Mas, isso tudo era provisório, porque em Franco da Rocha, a 33 quilômetros da capital paulista, nas proximidades de uma área habitada por 10 milhões de pessoas e no meio dos mananciais de água potável da Grande São Paulo, teríamos logo a dioxina brasileira! A Dow Quimica já preparava o **Tordon 155**, herbicida na base de dioxina. De onde poderá surgir uma tragédia nas mesmas proporções ou maior, do que a gerada pela dioxina em Seveso, na Itália, quando a população da cidade foi intoxicada por uma nuvem capaz de entre outras desgraças, provocar deformações genéticas, causada por acidente numa indústria química.(*1).

Pai e filho conversavam, sempre sob o olhar atento do sagui assustado e afastado pela violenta mistura de pesticida que o velho preparava. Um possante rádio fazia o fundo musical, onde era mais fácil ouvir-se **cumbias** ou **merengues** colombianos do que o samba brasileiro. Era uma emissora de Cuba, a Rádio Havana, a melhor captada na Amazônia brasileira. Em seguida vinham a Voz da América, dos Estados Unidos, a BBC de Londres, Rádio de Moscou e até a Rádio de Pequim. Transmissões e emissoras de Brasília, São Paulo e Rio de Janeiro eram raras e captadas com muita dificuldade.(*2).

Foi através de uma delas que Mavutcinim ficou sabendo que um navio, o iugoslavo "Cavtat" tinha afundado com mais de 900 tambores do tóxico de chumbo tetraetila a 4 milhas de Otranto, uma histórica cidade do litoral italiano. E das dificuldades de resgate dessa carga, a 90 metros de profundidade, que logo converteram o acidente num longo pesadelo para os conservacionistas italianos. Sobretudo porque o chumbo tetraetila, que se apresenta sob a forma de um óleo incolor é empregado como antidetonante na gasolina, afeta as enzimas e altera o metabolismo celular do organismo humano.

As deformações e a ferrugem se encarregaram de proporcionar o devido vazamento dos tambores cuja primeira consequência foi a contaminação com chumbo tetraetila das minúsculas plantas que vivem no leito marinho. Depois os peixes se alimentaram de organismos envenenados e começaram a reagir a seu elevado poder tóxico. Sua capacidade de reprodução definhou produzindo espécimes extremamente enfraquecidos. O chumbo tetraetila afetou o organismo humano que consumiu moluscos, crustáceos e peixes envenenados, ou mesmo de quem se expoz a banho em praia contaminada.

Na Inglaterra uma das grandes produtoras mundiais de chumbo tetraetila, a empresa britânica Octem, admitiu publicamente que uma carga idêntica a do "Cavtat" jazia nos porões de um barco naufragado em data e local não relevados. Enquanto no Brasil mais precisamente em Santos, o navio "Itapagé" despejou no mar 500 toneladas de cinco tipos diferentes de inseticídas altamente tóxicos. Tal carga teria se mis-

*(*1) Nota do Autor — Alertado sobre o perigo, o governo de São Paulo posteriormente proibiu em todo o Estado a produção e manipulação de qualquer produto cuja composição entrasse a dioxina. Se permitisse que esse produto continuasse à venda, qualquer pessoa poderia fabricar o agente laranja, citado, poderosíssimo veneno lançado às toneladas no Vietnã, cujas terras só voltarão a ser férteis nos próximos 20 anos ou quem sabe, num século.*

*(*2) Somente depois de muita reclamação é, que foi inaugurada a transmissão em ondas curtas da Rádio Nacional de Brasília para a Amazônia. Onde as populações situadas naquela região passaram a contar com nova opção em termos de programação radiofônica, não sendo mais obrigadas a uma audiência exclusiva de emissoras estrangeiras.*

turado num dos porões do "Itapagé" por ocasião de um tempestade ocorrida no canal da Mancha, tornando-se imprestável. Então seu comandante não hesitou em lançá-la ao mar — e na costa brasileira —, pois, no seu entender, "tratava-se de solução mais prática e barata".

Os hidrocarburetos lançados ao mar por navios petroleiros (100 a 200 toneladas em média, por navio) completavam a matança de peixes, plantas e aves numa proporção assustadora. Segundo as últimas pesquisas a vida nos mares diminuiu nos últimos tempos, de 30% a 50% até uma profundidade de 500 metros. A concentração de altos índices de arsênico no Báltico levou a descoberta de que, há quarenta anos foram lançadas ali 7 mil toneladas daquela substância em recipientes de concreto. Quantia que bastaria para matar o triplo da população mundial. Era a natureza covardemente assassinada. A aproximação do colapso total de nossas fontes básicas de vida: o solo, a água e o ar.

Entre as mensagens transmitidas pelas possantes estações de rádios estrangeiras, de vez em quando surgia no receptor uma ou outra nacional. Como a daquela tarde quente em que era a vez da Rádio Rio Mar. A emissora advertia os caçadores de couros de que a lancha "Flora e Fauna", de fiscalização do IBDF - Instituto Brasileiro de Desenvolvimento Florestal, estava subindo o rio e que as remessas ilegais deveriam ser suspensas. Milhares de peles de jacarés, onças, porcos-do-mato aguardavam a mensagem que era repetida várias vezes, num programa dedicado a região e que a Rádio Rio Mar, do Estado do Amazonas, auxiliando dizimar a fauna, mantinha numa frequência especial. A voz chegava fraca no Pará, mas dava para entender: "Atenção moradores de Lábrea, a lancha do IBDF já desceu para Manaus, podem descer os couros..."

Sob o olhar cada vez mais assustado e espirros do sagui, Serrasalmus continuava:

— Mas como eu ia dizendo — juntando um pouco de **DDT** que caia do pacote e que misturava com outros tóxicos — participei certa vez de um safari enorme. Foi uma das maiores caçadas da minha vida. Eu e outros companheiros norte-americanos matamos 3 búfalos, 1 leopardo, 2 leões, 1 rinoceronte, 1 elefante e me parece que uns 2 tigres, que beleza! Infelizmente era o mês de junho e se aproximava o frio em Angola. Nesse mês a temperatura lá é terrivel, desce a vários graus abaixo de zero, sabia?...

De uma coisa Mavutciním sabia, seu pai como todo bom caçador e pescador, em relação aos tigres estava mentindo, ou confundia as coisas. Cometia o mesmo erro de Edgar Rice Burroughs, criador de Tarzan, que nunca estivera na África e consultava a biblioteca pública de Chicago para escrever. Rice certa vez falhou na pesquisa, e usou um tigre, Sabor, como herói de uma de suas histórias — sem se lembrar de que os tigres só existem na Ásia. O cientificamente chamado **Panthera Tigris** , maior felino existente sobre a Terra, chegando a pesar 300 quilos, tem seu **habitat** na Malásia, Sibéria, Mandchúria e Índia.

— É já ouvi falar a respeito — respondeu Mavutciním mais por educação, pois não estava interessado nem um pouco no assunto. Estava sim, era preocupado com a química que o pai cuidadosamente mexia e remexia sempre acompanhado do olhar desconfiado do pequeno sagui.

Aquela mistura que o Capitão Piranha preparava. Aqueles pós de várias cores eram facas de dois gumes. Transformavam-se em adversários muito mais perigosos que os caçadores. invisíveis agentes químicos que estavam destruindo não somente os insetos, mas toda a forma de vida! A aplicação incontrolada de produtos químicos, principalmente através de aviões, visando proteger as plantas das pragas, acabava atingindo pássaros, peixes, o gado e o ser humano.

O **DDT** estava destruindo duas mil espécies de pássaros brasileiros, trezentas da Europa, quatrocentas dos Estados Unidos (onde já estava proibido seu uso) e setecentos da África. Em alguns Estados do Brasil, das duzentas e cinquentas espécies que existiam, no começo do século, restavam apenas vinte. Morriam no Brasil milhares de aves envenenadas por misturas de inseticidas agrícolas e fungicídas.

Para combater as pragas dos algodoais de uma cidade de Goiás, foi utilizada certa vez, 60 000 toneladas de inseticidas, em poucas semanas, desequilibrando bruscamente a ecologia da região. Milhares de pássaros que comeram lagartas envenenadas, morreram; pessoas se intoxicaram e até longiquos pastos foram alcançados e contaminados.

O uso indiscriminado de inseticidas clorados **(DDT, Endrin, Aldrin, Dieldrin, BHC)** e fosforados **(Panation)**, de alta toxidade, no combate às pragas, ia acabar desenvolvendo a resistência dessas mesmas pragas e envenenando todas as lavouras da Amazônia. Os resíduos eram facilmente arrastados pela água (matando os peixes) e ventos, contaminando a fauna e a flora, numa cadeia que acabava atingindo o organismo humano.

Isto era o que Mavutciním, que não pretendia enriquecer dentro de um cenário de natureza devastada, tentava explicar ao pai:

— Para os pássaros que se alimentam de insetos, que por sua vez se alimentam das folhas borrifadas com inseticidas como esse que o senhor está preparando, o **DDT** age como verdadeira pílula anticoncepcional!

Enquanto o velho Serrasalmus parava com a mistura e ia lavar as mãos, o filho prosseguia. Sua voz parecia atravessar imensas solidões. Percorria centenas de léguas da bela e terrível vastidão de terra sem uma só habitação. Penetrava nas florestas virgens, alagadiços e campinas, grutas profundas e rios caudalosos, como num éco agradecido, um grito selvagem ou um urro de fera:

— Eles passam a por ovos sem casca, ou com a casca muito fina e não geram filhotes. Resultado: em pouco tempo, é o fim da espécie. Pode-se medir a saúde de uma cidade pelo número e variedades e pássaros que nela vivem. As aves são os termômetros de vida humana. Na sua terra temos um exemplo: Detroit, o maior centro industrial automobilístico dos Estados Unidos, está praticamente sem aves de espécie alguma, devido a inseticidas e poluição do ar. Infelizmente temos no Brasil um Estado que já vai para o mesmo caminho: São Paulo, onde apenas o pardal resiste, na capital!

Os pássaros as vezes voltam em quantidade maior para cidades grandes como São Paulo, não devido a uma consciência ecológica e sim porque as lavouras das cidades do interior estão piores. Tão cheias de inseticidas, a ponto deles preferirem apesar dos pesares, uma pequena praça que contenha grandes árvores, mesmo que totalmente enfumaçadas.

Mavutciním que havia projetado um sistema de espantar os pássaros das plantações, sem causar danos (uma espécie de revolver que detonava pólvora a intervalos peródicos apenas assustando), tal seu cuidado com as aves, prosseguia:

— Até fertilizante na sua pátria, mata! E é isso que vocês norte-americanos querem continuar aqui, quando são proibidos. Não faz muito tempo, cerca de dez mil pássaros, a maioria melros e estorninhos, morreram após ingerirem fertilizante numa plantação de trigo perto de Newbung, no Estado de Nova Yorque, quando o tempo frio impediu que a química fosse devidamente absorvida pelo solo. Os pássaros comeram os grãos, confundindo-os com as pedras que costumam engolir para ajudar a digestão.

O **DDT** já estava proibido nos Estados Unidos, logo depois foi o **Aldrin**, o **Dieldrin** e outros venenos, pela Agência de Proteção do Meio Ambiente, privando um grande laboratório de faturamento anual de 10 milhões de dólares, por seus efeitos nocivos, inclusive para o ser humano. Enquanto que a porcentagem de **DDT** encontrada no leite de muitas mães brasileiras era três vezes superior ao mínimo estabelecido pela Organização Mundial de Saúde!

Como os grupos que produzem essa fábrica de veneno, são muito fortes, representam grandes trustes internacionais, não é qualquer governo que consegue diminuir a produção. As firmas que o produziam para o mercado norte-americano, voltaram então suas atenções para as regiões menos desenvolvidas, onde o **DDT** ainda era utilizado em larga escala.

Mesmo em dose menor, há sempre perigo. Quando se trata de agentes carcinogênicos, mutagênicos ou teratogênicos, não tem sentido argumentar em favor de doses mínimas permissíveis. Sabemos que o câncer é desencadeado em nível molecular e que, para isso, basta um só foton de raio ionizante, uma só molécula de substância ionizante ou só virus. Defender as doses mínimas permissíveis é algo assim como se as autoridades proibissem o uso pelo público de canhões e metralhadoras, mas permitissem o divertimento em via pública com revolvers e garruchas...

Mavutcínim prosseguia a explanação como evitar a extinção total e que era uma ameaça verdadeira, embora pouco considerada. Inseticida, fumaça, gás carbônico, mas, por acaso seu pai, que era químico e um homem inteligente; vivido e viajado, uma espécie de sabetudo do reino animal, não conhecia o problema? Claro que sim, e era justamente por isso que eles volta e meia discutiam. Para Mavutciním o homem estava se matando ao destruir, violentamente, a natureza.

O desequilíbrio ecológico, atingiria de vez a raça humana fazendo-a desaparecer.

Foi interrompido pelo velho Capitão Piranha:

— No Brasil os inseticidas são considerados um "mal necessário" à erradicação da malária, do mal de Chagas e outras endemias. Você sabe muito bem, meu filho, que o **DDT** é indispensável em regiões onde existem certas patogenias transmitidas por mosquitos. A própria Organização Mundial da Saúde recomenda seu emprego, na falta de soluções mais satisfatórias. Portanto não espere proibição nenhuma por parte das autoridades de seu país. O Brasil não é nenhuma Suécia e está ainda na fase da malária...

O filho quiz retrucar, naquele debate em plena selva, em torno da livre comercialização e aplicação de inseticidas, numa prática cada vez mais difundida entre os agricultores e apontada como a principal causa de contaminação do ambiente rural brasileiro. Mas o velho não lhe deu folga:

— O Brasil está ainda na fase da formiga... Não se pode proibir o uso do **Aldrin** ou do **Dieldrin**, armas consideradas indispensáveis no combate à formiga e às pragas do solo, nem outros inseticidas que impedem a devastação de colheitas inteiras. Sua proibição resultaria em queda brusca da produção agrícola e consequente **deficit** de alimentos...

Mavutciním aproveitou a deixa para mais uma vez atacar as qualidades dos venenos que o pai chamava de defensivos agrícolas:

— Considero uma obcenidade o que sucede entre nós. Qualquer analfabeto pode entrar numa loja e adquirir o mais pernicioso inseticida, fungicida ou herbicida, sem dar satisfação a ninguém. E passa então a matar junto aos insetos, peixes e aves. Através de aviões, passa a contaminar matas e rios numa orgia desenfreada. Com uma desculpa esfarrapada como a sua de que é um mal inevitável.

Mavutciním já tinha visto trabalhadores tão despreparados que mantinham dentro de seus casebres estoques do produto de grande periculosidade ao alcance de crianças. Presenciara também colonos desentupirem com a boca os pulverizadores e outros que chegavam ao absurdo de provarem os venenos para sentir qual o forte e o fraco!...

— Já disse a você que a Organização Mundial da Saúde, recomenda o uso de inseticida em regiões doentias. E o Brasil é um foco de verminose, sarna, esquistossomose, doença de Chagas, anemias e não sei mais o que. Portanto quando preparo esta composição que você chama de veneno, estou é fazendo um bem para sua pátria.

— Comparo a destruição biológica maciça provocada durante as pulverizações de **DDT** nos pântanos ou numa plantação, ao procedimento absurdo de um grupo de policial que para matar alguns bandidos, resolvesse bombardear uma cidade. Por certo, quando a cidade estivesse arrazada, os bandidos estariam mortos. É algo semelhante a isso o que se faz hoje para combater pragas na agricultura ou para erradicar os anoféles em pântanos e lagoas.

O jovem tinha razão porque até para plantar exageravam demais na Amazônia. Havia "fazendeiros" e "agricultores" que não conheciam nem o tipo de solo comprado. Tinham pressa violenta, não consultavam técnicos, agrônomos e só não colhiam de avião, porque o resto era feito. Compravam as terras e em seguida mandavam aviões lançarem produtos químicos desfolhantes para facilitar o desmatamento. Depois novos vôos para lançar as sementes das pastagens e pronto. Aguardavam o resultado obviamente também de avião, onde só não eram arremessados o gado e os peões, mas eram transportados pelo ar.

É claro que existiam na região as formas tradicionais de plantio, feitas com calma e sabedoria, mas já estavam se tornando raras. Assim como existiam também outras fórmulas de controle de praga, mas, trabalhosas. Para o futuro a discussão entre pai e filho cessaria, pois cientistas, ecólogos, já faziam por exemplo, a esterilização dos machos. Criava-se em laboratório a espécie que se queria combater e produziam-se enormes quantidades de machos esterilizados, porém não impotentes. Isso se obtinha com determinadas dosificações de raio X ou com certas substâncias químicas. Os machos estéreis eram abandonados nas regiões infestadas. Cada fêmea que se acasalava com um macho estéril produzia ovos estéreis. Com aplicações subsequentes, chegava-se rapidamente a níveis aceitáveis na população das pragas.

Havia também maneira natural para evitar o problema. As **Tagetes** (cravo-de-Tunis), por exemplo, libertavam em suas raizes uma substância que afugentava insetos. Se alternadas com tomateiros em solos infestados, protegiam-nos da praga.

Milho e girassol formavam associação positiva: a intercalação a cada oito metros de uma fileira de girassol atraia as lagartas do milho, enquanto este crescia livre.

Mas para o velho Capitão Piranha só existia uma maneira era através da química, de venenos e por isso o filho sabendo que os pesticidas empregados na agricultura de países tropicais eram transportados pelas correntes marinhas, indo contaminar até os alimentos dos ursos polares do Ártico e das focas do Antártico, voltava a falar:

— Devemos pelo menos condicionar a venda dos mais tóxicos, à apresentação de receita de engenheiro-agrônomo, de modo a orientar o agricultor sobre como, quando e em que quantidade aplicá-los. Muitos problemas seriam evitados se a aplicação disso que eu considero veneno e que o senhor chama de "defensivos agrícolas", fosse entregue a empresas e entidades oficialmente habilitadas.

— Tai um bom negócio — disse o velho Serrasalmus enquanto parava um pouco com a mistura de pós — você poderia organizar um departamento nesse sentido e apresentar o projeto ao governo do país da malária.

Por dentro o norte-americano sorria. Sabia que os progressos mais significativos, entretanto, só seriam realmente conseguidos quando o pais dispusesse de estudos mais aprofundados acerca das plantas que cultivava, sobre seus solos, climas águas, e finalmente tivesse condições de avaliar os verdadeiros efeitos ecológicos de produtos que usava sem conhecer.

— Prefiro a malária — voltou o filho rapidamente — os resíduos de alguns hidrocarbonetos clorados atingem níveis inaceitáveis no organismo humano. Hoje graças ao incansável trabalho de pesquisadores, sabe-se que existe estreita conexão entre a presença desses resíduos e a incidência de cancer em seres humanos. Cientistas provam, que nos exames patológicos feitos em portadores de leucemia e câncer no figado, foram encontrados de duas a três vezes mais resíduos de **DDT, Aldrin, Dieldrin** e afins, do que os exames realizados em vítimas de outros males!

— Por isso que prossigo com minhas experiências! — Concluiu o defensor dos inseticidas; entendido em mercúrio, chumbo e bifenilos clorados. — Um dia ainda vou descobrir um "defensor agrícola", inofensivo aos seus peixes, pássaros e a nós todos. E o mundo ficará livre dos insetos...

O filho, brasileiro, achava que o pai como todo **gringo**(*) gostava de fazer experiência, ou algo que não prestasse, sempre no quintal alhêio.

Mavutcinim mostrava inclusive exemplos. Matava a cobra e mostrava o pau. O **hexaclorofeno** comprovado como prejudicial à saúde e proibido nos Estados Unidos, era largamente usado em pastas de dentes e até em creme de barbear, loção anticaspa, talco antisséptico e sabonete germicída, no Brasil. Os norte-americanos não podiam fabricá-lo na sua terra, em produtos de higiêne bucal, porque ficara provada que o **hexaclorofeno** quando absorvido pela pele e pelas mucosas, podia atingir o sangue, provocando "efeitos secundários indesejáveis". Então o que faziam os norte-americanos? Fabricavam e vendiam no Brasil. Lá, na sua terra, era proibido seu uso, especialmente pelas crianças, aqui não...

E assim o jovem brasileiro mostrava ao pai uma lista enorme de produtos que iam desde pó para refresco que a Saúde Pública proibia nos Estados Unidos, por ser nocivo, e que os norte-americanos fabricavam aqui, prejudicando nossas criaças, até certo tipo de lente de contato. Era sempre o povo brasileiro servindo de cobaia, em experiências perigosas e de sucesso duvidoso. O tipo de lente de contato que o Conselho Federal de Medicina dos Estados Unidos desaprovou por ser considerado prejudicial, era vendido abertamente no Brasil.

— Somos um campo de experimentação e de cobaias humanas a bel-prazer dos trustes internacionais de drogas. — dizia Mavutcinim — Aqui já foram testados e existem 55 mil espécies de remédios contra apenas 6 mil dos norte-americanos e menos de 3 mil da Suécia!

Além dos medicamentos fabricados em laboratórios norte-americanos, no Brasil, como **Polimagma** e **Karmicin**, que provocam surdez, **Panalba** e **Albamycin-T**, por não ter sido comprovada a eficácia que alegam e devido a efeitos tóxicos. **Wins-**

(*) Nota do Autor — Gringo, corruptela de green (verde) e go (andar, ir). Grito que os mexicanos davam para mandar embora norte-americanos de farda verde que invadiram o México, no passado. Hoje, designação depreciativa dada ao norte-americano, nos países de língua espanhola.

trol, receitado para abrir o apetite e reduzir fadiga, mas que provoca nanismo nas crianças. **Provera** que causou tumores mamários. Também foram proibidos e retirados do comércio dos Estados Unidos: **Efrenol** e **Hycathone**, por terem causado câncer em cães e degenerescência do figado e uma série de outros remédios, com venda livre no Brasil.

Até para aperfeiçoarem o que nos Estados Unidos eram chamados de "os inchupáveis", ou seja, a aplicação de **silicone** nos seios das mulheres mais formosas do mundo, as atrizes de cinema, quem primeiro serviu de cobaia foram as índias da Amazônia. Dentro do maior sigilo, até hoje os norte-americanos não divulgaram nada.

Nas imediações do Jovanka Zôo os norte-americanos fizeram experiências com várias índias e especialmente com uma bela de traços finos e longos cabelos negros, a qual chamavam de Iracema,(*) nome que nunca foi de indígena.

As injeções de **silicone** líquido para aumentar o seio e eliminar rugas do rosto iriam se transformar, de artifícios mágicos, em uma nova forma de pesadelo para a mulher. Tempos depois de aplicada, a **silicone** apresentaria efeitos nocivos, desde a descoloração da pele (caso de Iracema) até gangrena. Algumas morreram e foram realizadas mastectomias (operação para extrair câncer do seio) em outras.

O **silicone** aplicado nas índias, embora afirmassem ser médico, era de teor industrial e pouco a pouco ia interferindo na circulação do sangue. Produzia inchações e era resistente ao raio-X, tornando quase impossível detectar o câncer.

Olhando algumas índias que com o passar dos anos de aplicações apresentavam algumas lesões abertas ao redor dos olhos e da testa, um médico norte-americano, praticante marginal da medicina dizia à Serrasalmus, referindo-se à Iracema, em cujo local da aplicação a circulação estava ficando estagnada. Parava a circulação. Morriam finalmente as células e a pele caia:

(*) Nota do Autor — Iracema não é nome índigena, como muita gente supõe. E sim, um anagrama de América, composto por José de Alencar que era perito na elaboração desse passatempo.

— Acho que nós já pusemos mulheres demais na pedra do sacrifício de modo que não precisamos mais fazer isso. É como criar um pântano!...

Outra vergonha foi o uso do DIU na Amazônia. O DIU-Dispositivo Inter-Uterino, foi condenado por cientistas reunidos em Nova Yorque.

Proibiram seu uso porque chegaram a conclusão de que dentre 100 mulheres que controlaram a natalidade usando o DIU, 64 demonstraram anomalias e 5 tiveram casos transformados em câncer!

O que fizeram então os norte-americanos? Vieram terminar suas pesquisas usando mulheres da Amazônia!

Não é segredo para ninguém, que conhece a Amazônia, e principalmente para nós que a conhecemos bem, o trabalho dos "pastores do diabo". Nome dado para eles, pelos caboclos da região. Não é exagêro de sertanejos analfabetos, pois tem a confirmação de pessoas importantes, como a de professores da Faculdade de Medicina da Universidade Federal de Goiás. Afirmam estes médicos, que 99% das mulheres de Estrêito, na Amazônia maranhense, tinham recebido a aplicação do DIU. Também em Imperatriz e Carolina na mesma área, penetrou a campanha de contrôle da natalidade, promovida pelos missionários presbiterianos norte-americanos. Campanha condenada pela Assembléia Legislativa do Maranhão, por não respeitar a liberdade de cada um decidir o que lhe convém e, dentro das características de campanha quase compulsória, constituir crime de genocídio. E este autêntico genocídio na Amazônia, não foi publicado em jornais dos Estados Unidos nem da Europa.

É clara política dos Estados Unidos promover o contrôle da natalidade nos países subdesenvolvidos e em desenvolvimento. É sintomático que, no Brasil a **USAID** tenha cortado todas as verbas destinadas a programas de saúde, raciocionando que não adianta melhorar o nível de saúde da população sem simultânea baixa do índice de natalidade. Em outras palavras, a doença e a morte prematura funcionarão como efetivo e natural contrôle da explosão demográfica.

Raciocinam, os defensores do contrôle sistemático e compulsório da natalidade, que não tem significação gerar filhos para viverem famintos e miseráveis, e todo o mundo concorda com isso. Mas — raciocinam outros, em termos não mais familiares mas nacionais — não é o número de filhos que determina a fome e a miséria. Num país potencialmente rico como o Brasil, o que provoca a miséria e a fome é a exploração interna e externa; são as diversas formas de neocolonialismo. Dentro de um tal raciocínio, uma grande população funciona como pressão para obter as mudanças desejáveis. Também, um dos fatores essenciais para um país tornar-se grande potência é população suficiente para ocupar todo o seu território, todo o espaço nacional. Os outros fatores são: grande espaço geográfico; grandes riquezas minerais e grandes áreas agrícolas; mercado interno suficientemente importante e técnica avançada.

Mavutcinim que defendia a varejo o que o pai destruia por atacado, tentava convencê-lo de que o pior virus que infestava a Amazônia, era o "**Homus Norteamericanus**", que o velho Capitão Piranha ajudava a alastrar. Pois levava muitos deles para lá, mesmo comprando terras a poucos cruzeiros o hectare e vendendo a seus compatrícios, com lucros de 700%! Esse virus sim, a tudo destruia. Ele era o maior responsável pelo saque, predação e crimes que iam do controle da natalidade até ao projeto de um grande lago amazônico, somente de interesse dos Estados Unidos. Promovia desenfreado contrabando e alienação de terras brasileiras, através de missões com geólogos em vez de reais pastores e que por sua vez portavam contadores **Geiger** em lugar da Bíblia. Enchia a cabeça dos fiéis que para alcançar a salvação e o caminho do céu deviam falar inglês, e impedia o nascimento de crianças numa terra que pedia braços: uma das maiores regiões florestais e fluviais do planeta! Despovoada e improdutiva num mundo que assistia à exploração demográfica e de consumo!

Tudo isto com um só objetivo: a desnacionalização de toda aquela rica porção de território nacional, até hoje não ocupada efetivamente pelo Brasil!

Todo estrangeiro na selva amazônica somente pensava em lucro rápido. Todos se serviam da Amazônia, ninguém queria serví-la! A ordem era extrair, caçar, destruir, extrair... Arrasar por derrubada usando machado, trator, fogo ou avião soltando desfolhante. Ninguém pensava em termos de ensinar agricultura, como ter saneamento, habitação decente ou noções sobre saúde e educação do povo. Oitenta por cento das comunidades não tinham vida social-jurídica organizada. A maioria dos casais não tinha registro civil de casamento, portanto não existiam legalmente esposa, marido e herdeiros. A terra em sua maioria, não tinha proprietários legais. A questão de terras se agravava devido a inexistência de títulos de posse por seus proprietários. Algumas questões eram resolvidas através de ajustes amigáveis, outros levavam anos e causavam até mortes. A venda ilegal de terra, por norte-americanos que iam aos Estados Unidos negociá-las com seus patrícios, complicava mais a situação. Pois, a maioria dos compradores era composta de caixeiros-viajantes do sindicato internacional do crime, que chegavam portanto metralhadoras, depois de terem passado pelo Vietnã. As colonias de estrangeiros que existiam na Amazônia eram "fechadas", quase não conviviam com os nativos e desta maneira não ensinavam seus conhecimentos.

Prejudicavam em tudo. Os estrangeiros apoiavam e reforçavam a ação predatória sistemática que levava o Brasil a vários perigos: as desmedidas derrubadas das matas, as queimadas, responsáveis pelo empobrecimento do solo e pela destruição de toda forma viva, transformariam a Amazônia num grande deserto, com quebra irreparável do equilíbrio ecológico e destruição da fauna, da flora e das culturas. Não somente destruiam a vida nos rios, como iam para o futuro, tornar inúteis as hidrelétricas!

Cientistas que percorriam agora a Amazônia, não eram como aqueles do passado distante, que a estudavam para o bem da humanidade. Alguns eram sórdidos faunicidas, mais sanguinários do que as feras. Notadamente os modernos especialistas norte-americanos que pesquisavam na Região Norte e conseguiram a **Taquiflexil**, droga derivada do curare. Doutores que se vangloriavam em "desenvolver métodos que produzissem fundas cicatrizes mentais e nenhuma lesão física". Técnicas modernas de torturas foram inicialmente preparadas na selva brasileira e posteriormente usadas no Vietnã pelos homens dos Estados Unidos, com visível esforço em não deixar marcas incriminatórias nos "pacientes". Injetava-se no prisioneiro vietnamita uma dose de **Taquiflexil**, feito com o poderoso veneno curare dos índios da Amazônia. Produzia uma terrível agonia causada por dolorosa contrações musculares, que se não houvesse estrita supervisão médica, a injeção seria fatal.

Em seguida o prisioneiro era depositado numa tenda de

oxigênio onde ficava por algumas horas. Recebia em seguida uma dose fraca de pentotato de sódio capaz de produzir o relaxamento total e uma euforia semiconsciente que o interrogador, habilmente, capitalizava.

Os cientistas amigos do Capitão Piranha, que vieram dos Estados Unidos, diziam, enquanto testavam a droga com alguns caboclos, que bebiam muito:

— É para sabermos melhor a reação, pois, vamos enfrentar na Ásia, soldados viciados em tóxicos...

Mavutciním ia mais longe no diálogo com o pai.Entrava agora no campo de geopolítica, considerada uma ciência atualíssima e não sem razão. O velho norte-americano, apesar do filho atacar os estrangeiros com seu ferrenho nacionalismo e conhecer alguns de seus podres, no íntimo sentia satisfação e orgulho do seu saber.

— Frederick Ratzel, um dos fundadores da geopolítica, — prosseguia Mavutciním — escreveu, em 1903: "Os Estados Unidos e a Rússia, impérios arraigados em grandes massas continentais, ver-se-ão livres da fatalidade e da decadência, por efeito da industrialização e do desenvolvimento dos meios de comunicação e de transporte". E ainda: "Esses dois novos grandes impérios fazem pensar na necessidade de uma Europa unida, como sistema de poder político capaz de equilibrar o poderio dos Estados Unidos e da Rússia". Quando Ratzel escreveu isso, os Estados Unidos estavam longe de ser a superpotência de hoje e a Rússia ainda vivia entregue à exploração, à ignorância e ao analfabetismo, amarrada às dívidas externas. E a Europa estava bem distante de pensar em unidade, como acontece hoje.

Grandes estadistas brasileiros, como José Bonifácio, Rio Branco e Joaquim Nabuco, compreenderam o valor da geopolítica. Mas quando o Brasil resolver pensar e agir geopoliticamente, talvez as grandes potências já tenham entrado na faixa da cosmopolítica...

A conversa prosseguia. O grandalhão norte-americano livre da mistura de fungicida que preparara, e suas mãos lavadas, serviam de escada para o sagui (agora contente) subir em suas costas. Na casa, sua esposa, a arredia índia Maici acabara de preparar um beiju para ela. Iniciava a preparação do tucupi para Serrasalmus e o filho. O prato nada mais era do que o líquido extraído da raiz ralada da mandioca. Em seguida espremida no tipiti, uma espécie de canudo em palha trançada, com alças nas pontas. Ao tucupi seria acrescentado o jambu, erva que cresce espontaneamente nos lugares úmidos e que era fervido a parte, para não dar tremôr na língua. Entrava depois um belo pato, no prato que levava o nome da mais famosa comida da região: o pato no tucupi.

Ainda bem que até aquela hora Serrasalmus não recebera a visita do grupo de amigos que o procurava com frequência. Constantemente o Jovanka Zôo recebia visitas. Quando não eram europeus, homens de negócios que vinham conhecer a famosa fazenda do interior do Pará, eram conterrâneos do velho Capitão Piranha. Quem mais visitava era uma vizinha fazendeira norte-americana, criadora de gado, conhecida pelo nome de Callitroga Americana.(*1) Era uma corôa de rei como a chamavam na região. Matrona ruiva, desquitada, conservando ainda alguns traços de beleza de atríz, sardenta e muito rica. Vivia dando em cima do velho Serrasalmus para fazerem uma sociedade. Sua irmã Callitroga Macellaria,(*2) viúva e feia possuia uma agência funerária na cidade próxima e outra fã de Serrasalmus. Diziam as más línguas que a "papa defunto" possuia um grupo de guarda costas para aumentar o faturamento, quando ninguém morria de morte natural, na região.

Callitroga Macellaria outra exportadora que "depenava" a Amazônia, só que mais excêntrica e demoníaca com seus produtos. A velha ruiva chamada também de Cobra do Paraíso , pretendia se unir a Serrasalmus, para juntos enviarem sucos de frutas típicas, misturadas. Para isso possuia

*(*1) Nota do Autor — No gado, como em outros animais, as bicheiras primárias são causadas por larvas da môsca Callitroga Americana, que é um inseto biontófago, isto é que só se desenvolve em tecidos animais sãos, não necrosados, da pele e das aberturas naturais. (*2) As bicheiras secundárias são causadas por larvas de diversas moscas, as quais só se desenvolvem em tecidos animais afetados por necrose. São larvas necrobiontófagas (que se nutrem sómente de tecidos mortos), compreendendo entre elas a da môsca Callitroga Macellaria.*

barracões onde funcionavam laboratórios de pesquisas com várias dependências, onde a velha no meio de frascos contendo mortais gramas de toxinas de moluscos, tentava enlatar até carne de onça para enviar ao estrangeiro.

A única sociedade que Callitroga Macellaria conseguiu com Serrasalmus foi uma coleção de serpentes peçonhentas. Toda vez que o velho Capitão Piranha encontrava uma, enviava a sua vizinha. Lá a peçonha era destilada, armazenada e depois enviada a CIA, nos Estados Unidos. Onde empregada em assassinatos com instrumentos ultra sofisticados como uma pistola silenciosa que despejava dardos envenenados e que não deixavam a menor possibilidade de determinar as causas da morte da pessoa atingida.

Num dos barracões da fazenda, em que uma placa na porta indicada "Toxinas bacteriológicas letais-CIA", havia um arsenal de perigosas substâncias químicas, pesticidas e venenos que poderiam ser utilizados numa guerra bacteriológica e cuja estrela máxima era a distilação de mariscos podres, ingredientes que ainda não existe antídoto conhecido. Nesse barracão onde as quantidades armazenadas poderiam matar milhares de pessoas, a fazendeira se transformava numa feiticeira, a lidar com toxinas mortais extraidas de crustáceos ou fazendo experiências com plantas venenosas e peçonhas de cobras e aranhas. Sendo auxiliada por um grupo de norte-americanos em que os homens mudavam, mas a profissão era sempre a mesma: "Tradutor de Bíblia para a linguagem dos índios".

Ora testando em macacos as toxinas de mariscos, ora usando coelhos para os testes com o venenoso cipó curare, ou então efetuando provas de misturas venenosas com cachorros, provando a impossibilidade de movimento e consciência depois de ter-lhes feito ingerir carne embebida em produto especial. Experiência que acabou sendo completada numa operação super secreta, depois, no sudeste da Ásia, com seres humanos.

Os testes mais importantes eram feitos em macacos que ela possuia em grande quantidade. Os exemplares caçados em toda parte, eram levados de barco, em super lotadas gaiolas, para uma ilha fluvial de propriedade da norte-americana, que servia de depósito dos pobres animais. Ilha ironicamente chamada de **Monkey Paradise** (Paraíso dos Macacos).

Dali os macacos eram tirados para experiências ou exportados para onde fossem solicitados. Esta mulher-fera usava métodos que chocavam até o duro Capitão Piranha, pela sua desumanidade, dai o fato do velho norte-americano quase sempre sair fora de seus negócios. Alguns macacos eram vendidos bêbados para não reagirem. Outros vendidos amarrados pela cintura com cordel tão apertado que lhe cortava a pele e penetrava na carne tão profundamente onde o couro do animal cicatrizava por cima do cordel, que acabava embutindo no corpo provocando não só dolorosa como gravíssima infecção. Em super lotadas jaulas muitos morriam de desnutrição, pois, comedores de insetos e pequenos animais que capturavam, no cativeiro os símios eram alimentados exclusivamente com banana, um alimento que dificilmente comeriam em liberdade e que de forma alguma poderia ser a base de sua alimentação.

Saguís enjaulados mostravam profunda agressividade. Com todos os dentes limados ou quebrados a alicate, os nervos expostos necrosados e infeccionados causavam dor violenta.

Era o departamento de animal-aleijão da **Monkey Paradise**, onde filhotes de onças eram castrados. Uma oncinha tinha as unhas arrancadas, e em seguida amputaram-lhe a última falange de cada dedo, para que não pudesse arranhar de maneira alguma. Não satisfeito tentaram limar os dentes da oncinha para torná-los rombudos. pobre animal inteiramente deformado. O felino um exemplo do barbarismo que os homens civilizados praticavam contra os animais. Mutilada, com suas garras perdidas, a oncinha era incapaz de subir em árvores e não podia sequer ficar com os outros animais de sua própria espécie, pois não tinha mais as armas que a natureza lhe dera para defender e atacar.

Nesse departamento, homens especializados, exibiam pássaros pousados sobre o dedo, na verdade eles não podiam voar porque suas cloacas foram enchidas com pesadas bolas de chumbo, que os impedia de alçar vôo, e que ao mesmo tempo provocavam incrível sofrimento no animal, obstruindo seu aparelho digestivo e envenenando seu organismo. Quando não eram palitos de fósforos acesos que encostavam nos olhos dos pássaros, cegando-os, dai sua aparente mansidão.

Ali preparavam-se estudos até para a extinção das baleias

em águas brasileiras. O Brasil juntamente com a União Soviética, Japão, Noruega, Islândia, África do Sul e Austrália, são os únicos países do mundo que ainda caçam e matam esses animais mamíferos, cujos antepassados, há dezenas de milhões de anos viviam em terra firme. Desde 1602, são esperadas, mortas e retalhadas as baleias que afluem às águas brasileiras de maio a junho, época de sua procriação. Portanto um animal, que há mais de 350 anos o Brasil ameaça de morte; espécie cujo mistério é seu nível de inteligência. Emite sons e ultra-sons cantados e respondidos, num processo semelhante ao do sonar que os submarinos usam. No entanto a baleia não desenvolveu — ou não teve tempo — nenhum recurso de autodefesa.

A baleia-azul hoje quase extinta, é o maior animal que habita a Terra. Pesa tanto quanto 35 elefantes juntos e uma só delas ingere oito toneladas de alimentos por dia. Suas crias chegam a consumir meia tonelada de leite materno diariamente, com um crescimento médio de quatro quilos por hora, durante vários meses.

As baleias são capazes de mergulhar a profundidades superiores a 300 metros, sendo que o cachalote consegue atingir os setecentos metros. Como todo mamífero, a baleia respira através de pulmões, o que a obriga a vir constantemente à tona para expirar o ar já saturado. Essa atividade provoca a formação de uma coluna de água de até 15 metros de altura, que assinala a presença do animal em alto mar, facilitando a atividade de sua captura.

A técnica secular de abate mais comum é atrair o filhote da baleia e matá-lo. A mãe desesperada, se aproxima, e recebe o arpão. Agora já existe o "arpão frio" — um artefato cuja ponta se abre no interior da vítima como um guarda-chuva de aço dilacerando-lhe as entranhas.

Callitroga Macellaria, ali na Amazônia, desenvolvia nova técnica para caçar baleia, embora já usada com êxito por brasileiros: lançar à água uma abóbora recém-tirada do cozimento. O animal a engole, e ao debater-se devido à dor, pode ser apanhado com mais facilidade...

Que contraste com o pequeno laboratório de Mavutciním de onde só saiam coisas boas. Como as pesquisas com a jojoba, planta originária do deserto norte-americano e que estava aclimatando-se bem no Jovanka Zôo. A jojoba substituia todos os produtos da baleia e era superior a soja para a alimentação humana e animal. Os países cultivadores de jojoba estavam se enriquecendo e oferecendo milhares de empregos, desde pessoal para colheita, como empregos especializados em fábricas de motores de alta precisão, produtos medicinais, cosméticos, produção de alimentos etc. Em contraposição aos poucos empregos oferecidos no Brasil pelas empresas que exterminavam baleias.

Pobres animais que há 60 milhões de anos vinham à Paraiba, santuário natural delas, para se acasalar. Antes que o homem aparecesse na face da terra elas já existiam e nunca se soube que elas fizessem guerras, fabricassem armas químicas, poluissem as águas a terra ou o ar. Portanto qual o tribunal humano que as condenou ao extermínio em meio a tanto sangue e dor?...

A predadora, má e maquiavélica mulher tinha como companheira e secretária uma ítalo-americana, nascida em Roma e criada em Nova Iorque, chamada **Pthirius Pubis**.(*) Ajudante e ao mesmo tempo uma super chata, que para distrair-se um pouco e tentar alegrar o tétrico ambiente em que vivia, promovia corridas de... caracóis. Com tanta coisa para se fazer na região e tanta distância a percorrer a inútil mulher perdia tempo organizando regulamentos, promoções, além de convidar os distantes vizinhos norte-americanos para a chateação. A disputa feita sobre uma longa mesa de mármore. Antes da corrida os concorrentes eram pesados em balança de farmacêutico e o peso dos caracóis mais leves equiparado ao dos demais por bolinhas de miolo de pão presa na casinha, com fios de seda. Além desse "esporte" a **pediculus pubis** promovia também concurso de bolha de sabão e cuspida a distância, onde as participantes mascavam fumo para cuspir mais longe, em suas tertúlias amazônicas só para patrícios. A secretária era carinhosamente apelidada por Mavuticiním, de Cri-Cri, e a moça gostava do som da palavra, sem saber que o brasileiro assim a chamava dizendo ser esse o nome do chato que dava no saco do chato.

As duas mulheres, sempre juntas, pareciam feiticeiras da idade média perdidas na imensidão da Amazônia. Callitroga Macellaria, perversa como ela só, e sua vazia e meticulosa secretária possuiam uma coleção de pequenas tartarugas, ence-

(*) Nota do Autor — Pthirius Pubis, nome científico do "chato", ou piolho-das-virilhas.

radas ou envernizadas, que impedia a respiração pela epiderme córnea e provocava a morte dos quelônios, embora a longo prazo. Essas tartaruguinhas eram despachadas principalmente para os Estados unidos como animais domésticos, mediante pedidos postais. Sua coleção na verdade um violento foco de infecções intestinais que os pequenos animais transmitiam. Somente nos Estados Unidos havia milhares de casos de contaminação pela **salmonela**, germe transportado pela tartaruguinha e que afetava sobretudo crianças com menos de cinco anos.

Em matéria de exportação, esta diabólica mulher maquinava coisas incríveis. Contrabandeava cobras venenosas através de encomendas postais de aparência normal. Pacotes com rótulos de goiabada, café, chocolate, quadros primitivos, estátuas indígenas e outos objetos, continham na realidade animais venenosos. Tendo certa vez pedido ao Capitão Piranha que estudasse para ela, um "silenciador" que seria colocado na cauda de uma cascavel para abafar seu ruído característico. A cobra venenosíssima ia sair da Amazônia, dentro de um berimbau baiano...

Caçadores e pastores completavam o quadro de visitantes. Estes últimos para longos e secretos bate-papos. Felizmente para Serrasalmus ninguém aparecera naquele dia em que seu filho estava com a língua afiada. Mavutciním não gostava também do grupo de religiosos norte-americanos, por achar que não passava de um bando de falsos missionários, treinado nos Estados Unidos para acabar com a cultura de centenas de índios. Seus instrumentos de "catequese" aparelhos de soldagens elétricas de 300 amperes, canos de aço, escafandro, lanchas, torre mecânica para serviço de profundidade (80 metros), grupos geradores com motor de 16 hp e dez quilovates etc., para extração de minérios. Além disso o filho desconfiava que alguns deles estavam tentando incluir o velho Capitão Piranha na comércio clandestino de pedras preciosas e ouro em pó.

Mavutciním conhecia o problema melhor que ninguém. Era um estudioso e amante da Amazônia. Sabia porque via e não por ouvir falar, que as missões protestantes norte-americanas que operavam na região eram integradas não por missionários e sim por geólogos, mineralogistas, físicos, químicos e outros profissionais, que nada tinham com a verdadeira religião.

Numa mesma missão possuia elementos de seitas diferentes, como batistas, presbiterianos e adventistas do 7° dia, numa espécie de ecumenismo mineralógico!

A ação desses missionários, que desprezavam o grande problema da sua pátria, o do negro, que era a luta pela integração nos Estados Unidos e diziam que vinham cuidar dos índios do Brasil, era na verdade considerada como formação de quistos desnacionalizantes. As missões eram pontas-de-lança dos invasores que queriam internacionalizar a Amazônia. Formadas, até por veteranos de guerra, disfarçados, cuja intenção era descaracterizar a cultura amazônica. Os **misioneros** e não missionários, estudavam o espanhol para falar no Brasil, cumpriam funções desvalorizadoras do sentimento nacional, porque ensinavam aos índios a língua inglesa e transmitiam valores da cultura norte-americana.

Quando não eram os "religiosos", eram os "cientistas" que vinham "estudar a língua dos índios", e como os espanhóis do passado que buscavam ouro, os modernos aventureiros e piratas eram atraidos agora pelos minérios atômicos! Alguns chegavam nos aviões chamados na região de "rabo vermelho", que traziam na cauda a sigla da USAF - Força Aérea Norte-americana. Estes aviões durante muito tempo levaram diamantes contrabandeados. De uma só vez através de um avião da USAF os norte-americanos levaram 14 quilos de diamantes! Enquanto um negociante chegou a adquirir 250 quilos de ouro!

As psêudos-missões religiosas, que ao invés de evangelizadores eram formados por exploradores das nossas riquezas, possuiam inúmeros campos de aviação, não vistoriados ou controlados. No tempo em que o Ministério de Minas e Energia não tinha ainda conhecimento exato dos recursos minerais da Amazônia, os estrangeiros possuiam mapas de tudo, muito bem detalhado. E não pediam concessões de lavra e exploração para minérios e outros recursos naturais da região, simplesmente porque não precisavam de tais concessões. Tinham meios e instrumentos para retirar tudo quanto desejavam.

A ação colonizadora e exploradora dos missionários estrangeiros, padres e pastores, que mantinham extensas áreas da Amazônia, ricas em minérios, era patente. Os representantes das diversas religiões brigavam abertamente numa acusação mútua e vergonhosa onde quase sempre vinham a tona fatos escabrosos. Os evangélicos acusavam os católicos de possuirem construções luxuosas demais para o ambiente e um clero constituido de 90% de estrangeiros!

O que era uma verdade. A maior parte dos padres e bispos católicos na Amazônia, eram italianos, franceses, holandeses, alemães, espanhóis e norte-americanos. E 25% de um total de oitocentas freiras também estrangeiras de diversas origens. A missão católica falhava a começar pelo conhecimento precário do idioma português e pela ignorância total de nossa cultura. Os usos, costumes e folclore não eram valorizados e sequer assimilados pelos missionários. Templos totalmente estrangeiros em hábitos e costumes chegavam a demonstrar discriminatórias, proibindo até a entrada a determinados fiéis.

As missões religiosas nunca cuidavam do índio visando seu progresso. Elas procuravam a evangelização antes de dar assistência para sanar a fome e a doença. Sob o manto das religiões, o índio vivia faminto e doente, e em troca perdia suas terras, riquezas e características, chegando até a se referir a si mesmo e aos companheiros como "caboclos" ao invés de índios.

Numa missão (evangélica) um índio falava inglês e aprendia religião de uma maneira; em outra (católica) seu irmão falava italiano e possuia costumes religiosos completamente difrente. As freiras, por conta própria, escolhiam os noivos para as moças, enquanto os padres iam até ao absurdo de obrigar os meninos índios a perseguir as garças e matá-las, porque os "anjos de procissão" precisavam de suas penas para fazer as asas. Pastores proibiam mocinhas de cortarem o cabelo e não permitiam danças de espécie alguma, quebrando os padrões culturais dos índios.

De ponta a ponta a Amazônia, as religiões mais prejudicavam o índio do que o beneficiavam. Na aldeia dos Carajás do Posto Fontoura, nas margens do rio Araguáia, os missionários da Missão Adventista de Sétimo Dia proibiram a Festa de Arauana, por considerá-la pagã, esquecendo que o culto representa a confraternização entre o grupo, extrapolando a simples intenção de culto ao sexo. E ameaçavam os nativos com o aviso de que se continuassem realizando a festa não poderiam entrar "no reino dos céus". Proibição que feria o artigo 58 do Estatuto do Índio, relativo aos crimes e pecados contra.

Estatutos e leis que não impediam que os silvícolas sofressem grandes quebras em seu padrão cultural, chegando ao alcoolismo e à prostituição. Esta mesma Missão Adventista do Sétimo Dia que explorava o artezanato dos índios Carajás do Posto Fontoura, na Ilha do Bananal, pelo sistema de troca, vendendo com fabuloso lucro, atingia também a descriminação racial recriminada pelo Estatuto do índio, quando construiram duas igrejas na Ilha do Bananal: uma para civilizados e outros para os silvícolas. Enfim a missão adventista tinha muita coisa de ruim contra o índio, que ia da imposição cultural, a problemas de saúde, como a falta de proteinas, com a proibição religiosa de ingestão de alguns alimentos como a carne de porco e peixe de couro.

Seitas aconselhavam o índio a não procurar assistência médica. Fanáticos de religiões anti-científicas como Testemunhas de Jeová, proibiam a transfusão de sangue, fazendo com que o nativo morresse por falta de cuidados. Pastores da Assembléia de Deus recomendavam aos seus seguidores que em caso de doença "orassem pedindo auxílio à Deus". Em consequência, quando a assistência médica era procurada, na maioria dos casos já muito tarde.

As missões religiosas (mais de cinquenta), de um modo geral atrapalhavam o índio ao invés de ajudá-lo. Promoviam choque de cultura. Acabavam com os deuses do silvícola, com a sua maneira de pescar, de caçar, de divertir, de viver e até de pensar. Logo ele que era feliz com seus deuses e seus costumes. O padre pedia a um nativo para esquecer seus deuses, em troca de santinhos, que mostrados a seu irmão criado no evangelismo, transformavam-se em simples pedacinhos de papel, sem valor religioso nenhum.

Com os mais velhos a coisa era pior. Baseado em que, podia-se chegar a um adulto e dizer que tudo o que ele conhecia era falso, que seus deuses não prestavam e que o nosso é que era bom? Até com homens de idade avançada tentavam isso; onde quase tudo era pecado. Padres e pastores, chamados por grande parte de habitantes da Amazônia de "pastores de ovelhas" pelas propriedades rurais que possuiam, só não diziam aos índios que cuidavam do gado, trabalhavam na roça, ou na extração de minérios, uma coisa: que Deus fizera o domingo para descansar!...

Alguns norte-americanos, criadores tanto de novas guerras como de novas religiões, começavam levar seitas menores para a Amazônia, e cada vez mais, sempre rotulando suas comunidades místicas de fazendas experimentais. Algumas delas já estavam em pleno andamento o que causava ao índio e ao cabloco, novo desespero, pela insanidade dos fanáticos doutrinadores. Porque o fanatismo repousava na base delas; os cultos religiosos dessas organizações norte-americanas, no fundo transformavam-se em rituais satânicos onde imperavam violências, torturas, extorsões, abusos sexuais, além de cega obediência, ao chefe, quase sempre elemento sem escrúpulos.

Já estavam a todo vapor na Amazônia, a **Synanon**, cujos homens raspavam a cabeça e trocavam de mulheres. Nos Estados Unidos contavam com mais de 1 000 adeptos e era comandada por um "messias" chamado Dederich. A Igreja da Cientologia, que contava com pelo menos 600 000 adeptos também nos Estados Unidos, e que ofereciam uma "mística tecnologia" capaz de curar tráumas emocionais por meio de eletrônica. Os charlatães norte-americanos tentavam colocar na Amazônia, também a **Unification Church** (Igreja da Unificação), dirigida pelo reverendo sul-coreano de nome Moon, que controlava a vida de mais de 40 000 obedientes seguidores na América do Norte. A **Divine Light Mission** (Missão da Luz Divina), liderada pelo guru Maharaj Ji comandando mais de 50 000 estadunidenses, que incitando seus fiéis a se despojarem de seus bens, ia cada vez mais acumulando respeitável fortuna.

A efervescência religiosa, na verdade era puro interesse de grupos norte-americanos. Como a Constituição dos Estados Unidos garantia liberdade absoluta de culto, e qualquer agrupamento de cidadãos escorado na Bíblia ou qualquer outro livro sagrado tinha garantia de isenção fiscal, fundar religiões era um excelente negócio. Algumas tinham cunhos políticos, como a dos Mulçumanos Negros, que se apresentava como uma religião libertadora dos negros contra "a opressão branca".

E dos Estados Unidos todas as seitas iam se ramificando até chegar a Amazônia. Multinacionais poderosas pelos dólares que acumulavam, as custas de doentes mentais que doavam seus bens às organizações a espera da salvação eterna. Juntavam-se a Sociedade Internacional de Hare Krishna, Os

Filhos de Deus, de um pastor chamado David Berg, e outras tantas que em nome de Jesus, Maomé, Buda, os "representantes de Cristo na Terra", despersonalisavam, manipulavam, minavam os indivíduos pelo fanatismo.

O índio acreditava no Deus que fez o Homem e não no deus, que o homem branco fazia. Isso era o que no fundo ele acreditava, mas a insistência do chamado civilizado o perturbava. Como se não bastasse essa confusão toda de aberrações religiosas, de vez em quando ainda apareciam no rancho do caboclo ou do índio já civilizado, grupos ateus. A eles não interessava, se o encontro muitas vezes até com índios puros, alterasse completamente sua cultura. No contato com esses grupos a índia conhecia pela primeira vez a prostituição. — Meninas depois que atingem 30 quilos já podem ser prostituídas!... — Comentava um deles com cinísmo, espelho e colares nas mãos. Não civilizavam e sim "sifilizavam" o índio. O silvícola passava a usar roupas, rifles, maletas, mosquiteiros, além de lanternas e rádios de pilhas que depois de uns tempos viravam inúteis trastes a rolar pelas matas.

A partir daí, os nativos sofriam as duras consequências da convivência diária com os brancos: penetração em suas áreas, as doenças, a desagregação tribal, a exploração comercial e a perda da identidade étnica.

Enquanto moças, principalmente, sentavam na tosca mesa dos casebres, em frente com uma criança e diziam para ela, enquanto espantavam os piuns que atacavam a boca, os olhos, as orelhas da pequena, chegando mesmo os minúsculos mosquitos, a misturar-se, no prato, com a comida:

— Feche os olhos e faça um pedido para Deus. Agora abra os olhos e olhe para a mesa.

A criança olhava e não tinha nada sobre a mesa, além do prato.

— Agora feche os olhos e faça um pedido ao homem — tornava a falar uma das moças, enquanto colocava um punhado de balas e doces na mesa.

— Deus não existe. Somente o homem, dá alguma coisa...

A criança cujo aprendizado era seriamente prejudicado pelos pius, pois ficava o tempo todo se debatendo para espantá-los e era tal o seu desespero que não conseguia concentrar-se nas lições recebidas, naquela altura já não sabia mais no que acreditar. Anteriormente civilizados tinham dito para ela não acreditar nos deuses indígenas que eram falsos, e sim num único Deus, o verdadeiro, o dos civilizados. Agora outros civilizados diziam para não acreditar também no único Deus deles...

Se aqueles que falavam de religião, atrapalhavam os índios, pelos caboclos nada de prático faziam. Tanto os ateus como os que viviam da religião, quer fossem padres, pastores e outros dirigentes de seitas, em nada colaboravam para beneficiar por exemplo, as vítimas do primitivismo da exploração nativa da seringueira. Nada faziam para romper a estrutura desumana, obsoleta, onde homens, mulheres e crianças viviam dia a dia uma existência de angustia e de pobreza, expoliação e miséria. Nem religião nem ateismo viam isso. O seringueiro um desgraçado, fazendo caminhada diária de quilômetros na selva para sangrar a seringueira, defumar o latex e trocar todo o fruto desse trabalho exaustivo por alguns quilos de charque, um pouco de fumo, pólvora e algum remédio. Vivia sem poder sair, dentro de uma escravidão tal, onde o homem mal sobrevivia na selva, apenas como um animal a mais. Ninguém lutava por ele, ninguém defendia seus direitos. Nem autoridades governamentais. Nem as maiores autoridades religiosas se importavam com isso.

Com raríssimas excessões, como alguns corajosos padres do interior do Pará, sacerdotes e pastores silenciaram durante décadas sobre tudo que se passou e ainda se passava nos seringais, onde seres humanos viviam na miséria total e onde o seringalista roubava vergonhosamente o humilde seringueiro, cobrando-lhe pelo barracão que morava com mulher e filhos, preços absurdos. O seringal nativo uma estrutura econômica falida, teimosamente conservada. A borracha ali extraída era exorbitantemente cara, pela distância a vencer até os centros de consumo e pelo primitivismo dos métodos. Uma consequência do próprio seringal amazônico, onde as árvores se diluiam na distância das florestas. E como estrutura falida, precisava ser substituída por outras mais dinâmicas e produtivas, pois não atendia o pobre seringueiro, que apenas sobrevivia, doente, sem recursos, perdido na selva e nem ao país, que pagava um preço excessivamente elevado por um produto que não beneficiava quase ninguém, a não ser o dono das terras e servindo mais para um estado de coisas desumano.

Naquela região não havia meio termo, era 8 ou 80. Vivia-se em séculos de atraso como homem primitivo ou então explorava-se tudo de uma só vez, num falso e mortífero progresso, onde qualquer idiota era capaz de destruir milhares de árvores, dos 2 500 tipos ali existentes, uma vez que elas não podiam se defender nem fugir. Nunca em toda a história da humanidade se depredava, se poluia e se esbanjava tantos recursos naturais. Era a moda. Ecologia a "preservação do capim", para muitos, que em nome da civilização tudo arrazavam. Quando a própria civilização por si só, já é uma violência do homem à natureza.

As catástrofes ecológicas todas provocadas pelo homem, estavam cada vez mais frequentes. Nunca existiu sobre a face da terra civilização tão devastadora e absurda como a da era industrial. Aliaram-se a ciência e a técnica a serviço dos interresses econômicos, que regem a política internacional e o comportamento individual da maioria dos homens.

Nestes últimos cem anos o homem estava destruindo furiosamente, no mundo inteiro, tudo o que a natureza levara bilhões de anos para construir. o fim da delicada estrutura que assegurava a sobrevivência no planeta. E a Amazônia como esperançoso "celeiro do mundo", salvação dos 6 bilhões de habitantes da Terra no ano 2 000 estava se diluindo, transformando-se num deserto a mais. E é bom lembrar que existem deserto de terra e de asfalto. Num deserto ainda há vida, numa pista de asfalto apenas manchas de óleo e marcas de pneus!...

No Jovanka Zôo pai e filho estavam mais ou menos calmos, por uns instantes. O Capitão Piranha aproveitou então para contar à Mavutcinim uma piada ecológica que muito tinha a ver com o procedimento dos dois, tentando com isso alegrar um pouco o jovem:

— Você sabe qual é a diferença entre o engenheiro e o ecologista? O engenheiro procura fazer tudo para transformar nosso planeta no mais aprazível mundo para o homem viver. O ecologista teme que o engenheiro o consiga!...

O filho não riu. Estava olhando para alguns homens que enjaulavam macacos **rhesus** para seguirem aos Estados Unidos. O exportador Serrasalmus Rhombeus tinha um acordo com seus patrícios, para que os macacos somente fossem usados em pesquisas médicas e em vacinação antipoliomielite.

Mas seu filho Mavutciním sabia que os norte-americanos usavam os animais, além de testar vacinas, também em estudos que variavam do desenvolvimento fetal ao teste de novos sabonetes, e até em experiências militares, em que os pobres bichos eram imersos em água aquecida até 90 graus e expostos a radiações semelhantes às provocadas por uma bomba de nêutrons!

Empregados do Jovanka Zôo davam o toque final nas embalagens de frutos do guaraná que seriam exportados para os países árabes. Outros juntavam os já escassos frutos açai, símbolo do Pará, cujo vinho se presta ao preparo de doces, refrescos, sorvetes etc. Frutos que também desapareciam pela devastação. O palmito era produto mais rentável e exportável. Para a retirada do palmito do açaizeiro, toda a palmeira era sacrificada, não permitindo o amadurecimento da fruta para a colheita. Enquanto o velho Serrasalmus que começara falando de animais procurava novamente levar a conversa para aquele lado. Colocou num canto umas notas sobre a compra e exportação de "pelas", umas bolotas grandes de borracha bruta. Alguns caboclos tinham trazido dias antes, de barcos, uma enorme quantidade delas que dariam bom lucro ao norte-americano, porque ele não vendia um produto só e sim de tudo, chegando até ao esterco. Foi enterrompido por um caboclo chefe de turma para que esclarecesse uma dúvida pendente. Alguns homens a seu pedido faziam a extração das raízes das cepas de pau-rosa, e queriam saber se o mesmo tratamento se estenderia a todas as árvores próximas.

O pau-rosa uma planta considerada nobre e com aplicações em artigos de perfumaria, substituindo o óleo de rosa, tendo um fim daqueles, no Jovanka Zôo, para satisfazer a ganância de quem queria exportar tambores e tambores de óleo para a França. Além de terem acabado com o pau-rosa, estavam agora arrancando as raízes, por isso a espécie estava praticamente desaparecida. Destruiam árvores e ainda mais, para sempre. Era como destruir obras de Michelangelo, Da Vinci, Rembrant. O pau-rosa, como o ipê, a seringueira, a castanheira, assim como o cedro, o mogno (procurado no mercado internacional por causa dos desenhos que forma quando laminado) e outras madeiras iam desaparecendo da Amazônia, como o pinheiro **(Araucária Algustifolha)** desaparecia do Paraná e a canela-sassafrás (também de utilidade para artigos de perfumaria) de Santa Catarina.

Livre por um instante da papelada sobre a mesa e de seus empregados, Serrasalmus prosseguia a conversa com o filho. Conhecia muito bem Mavutciním e sabia do quanto ele era capaz de falar e o pior, provar, quando num daqueles seus ataques de nacionalismo.

— Hoje, pensando sobre minha viagem pela África — prosseguia o Capitão Piranha, como que tentando disfarçar e desviar um pouco o pensamento do filho, que a seu ver estava de mau humor ou afim de contrariá-lo — comecei a imaginar uma companhia que organizasse safaris na Amazônia. Faríamos aqui, um campo de pouso maior de onde partiriam aviões com destino a qualquer parte da selva. Aviões de médio e grande porte, carregados de caçadores pertencentes a todas as partes do mundo, principalmente dos Estados Unidos. Ao invés de irem à África, viriam ao Brasil! Nossa companhia poderia organizar muitos safaris durante o ano inteiro, trazendo divisas para o Brasil e milhares de dólares para nós! Aqui seria a sede: faríamos um grande hotel, construiriamos jogos de piscinas, e...

— E liquidaríamos nossa fauna no que de mais precioso ela possue, não é assim? — retrucou logo Mavutciním — o senhor tem mesmo espírito belicoso, não nega sua vocação de milíco; militar quando não mata, desmata!

Seu projeto viria a ser um trucidamento sem limites dos mais preciosos espécimes das nossas florestas, campos, cerrados, bosques e matas, certo? Bandos de bárbaros, que possuindo espingardas de ouro cravejadas de rubis, deflorariam nossas poucas virgens paisagens, de colorido fascinante e magestosa grandesa! Destruiriam tudo: fauna, flora e toda a pureza primitiva...

Já não chega o brasileiro que mata sistematicamente qualquer tipo de animal e corta toda árvore que vê pela frente, sem que o governo faça um programa intensivo de educação do povo? Não bastam as companhias desbravadoras que desconhecem e desrespeitam as áreas ecológicas, preferem abrir picadas na floresta para colocar torres e cabo de força ao invés de realizar a mesma operação com o auxílio de helicópteros, sem devastar a mata e eliminar bichos?

É a mentalidade nacional em ação. Enquanto Israel conseguiu florescer um deserto, nós conseguimos projeto para matar as Sete Quedas. Uma relíquia que a natureza levou 50 000 anos para esculpir. Não existe outra sequência de quedas tão lindas no mundo...

Positivamente, aquele não era o dia de sorte do velho Serrasalmus. Pois não é que pisara novamente no calo do querido filho Mavis, patrióta defensor do rico patrimônio nacional que se esvaia por milhares de hemorragias? Mas, a essa altura o grandalhão norte-americano, vermelho e sacudindo a vasta cabeleira branca, também estava nervoso, achando que o filho não concordava com nada que ele dizia ou propunha fazer.

— Espere ai Mavis, onda de bárbaros não, você fala como se turista fosse selvagem...

— Alguns são piores do que selvagens, meu pai. O senhor sabe muito bem que na Itália, obras de arte foram semidestruídas por turistas que tiravam "apenas pedacinhos" como **souvenir.** Muitas dessas obras datam de séculos. Mesmo os vândalos: gôdos e hunos, em suas invasões da Itália nunca praticaram tais atos! E eram tidos como bárbaros!...

Turistas quanto menos melhor. Seus estragos vão longe, muito longe. Em toda a América do Sul, inclusive no Brasil, é evidente, consulares denunciaram a gravíssima situação em que atravessaram nos Estados Unidos, moças sul-americanas, que ingenuamente foram levadas por casais "turistas" para trabalharem naquele país. Tratavam-se de bonitas e atraentes moças para as quais se ofereceram sedutores contratos para trabalharem como empregadas domésticas nos Estados Unidos, e que depois foram utilizadas num abominável tráfico de escravas brancas!...

— Calma, meu filho não desvia o assunto, vamos falar sobre meu plano; afinal ele será seu também. Você é meu único filho e também única pessoa com quem eu posso conversar como civilizados, nesta casa, sempre cercada de florestas. Sua mãe é uma coitada que até hoje não se habituou com a civilização; olha lá, sempre dentro de casa preparando sua comida indígena, e jamais se acostumará com o progresso que deverá vir para cá, um dia. Estas terras foram compradas, para você. Aqui pretendo montar o meu e o seu império, custe o que custar. Sou honesto, e você sabe disso meu filho. Sei, é claro que meus conterrâneos roubam e levam tudo o que há de melhor aqui, mas eu jamais pactuei com essas bandalheiras; meu negócio de exportação de aves, animais, plantas raras, peixes ornamentais, é afinal de contas um negócio honesto!...

O velho norte-americano, famoso Capitão Piranha, das selvas amazônicas, pousava no chão o sagui que vivia trepado em suas costas, abriu uma garrafa de **Costeña**, a cerveja colombiana, deu um copo ao filho. Em seguida apanhou um punhado de **marañon** enlatado nos Estados Unidos, que eram as nossas castanhas de cajú, e prosseguiu tentando manter a calma:

— De fato eu exagerei quando disse que a companhia que eu pretendo montar, organizará safaris durante o ano todo. Seguiremos um plano idêntico ao da África, onde a caça é permitida em todo o continente durante alguns meses do ano. De janeiro a maio, por exemplo época das chuvas, a caça é proibida.

Se Mavutciním conhecia bem a Amazônia (pelo "olho" do cupinzeiro, que nunca é coberto pelas águas, ele sabia, até onde iam as enchentes. Quando o cupim começa a aumentar o tamanho de sua casa, é porque está prevendo a proximidade das cheias), Serrasalmus conhecia o filho como ninguém.

O amor pelos animais, começou quando muito pequeno, pois Mavutciním fôra criado junto deles. Quando garotinho vivia sempre rodeado de pequenos animais que o velho Capitão Piranha criava para vender. Mais tarde, já um forte menino, mesmo quando estudava fora, nas férias, ajudava os empregados do pai no trato aos animais. Ora dando comida na jaula da onça Dalila, ora cuidando da pacata anta Dorotéia; dando água para capivaras, pacas, lontras, tamanduás etc. Seu primeiro companheiro de infância fôra o macaco Bonifácio.

A Geralda Sem Dentes, outro animal que Mavutciním já adulto vivia tratando com muita pena. Só que esta infelizmente para viver tinha que estar muito bem cercada. Era uma enorme cobra anaconda ou sucuriju, desdentada sob anestesia pelo Capitão Piranha e cega a sangue frio pelo covarde Umbé. Certa vez muito bêbado e sem motivo nenhum, apenas por não se conformar de ele ter apenas um olho mais ou menos bom, enquanto a cobra possuia dois perfeitos, o índio-caolho mandou que alguns de seus auxiliares segurassem a desdentada sucuriju de oito metros, pela cabeça, enquanto ele ia encostando palitos de fósforos acesos bem próximos dos olhos dela.

O Capitão Piranha que tempos antes havia extraído os

dentes da cobra para maior segurança, apenas chamou a atenção de seu lugar tenente, com severidade, por mais aquele ato desumano. E dali em diante passou a tratar a enorme serpente com cuidados especiais no cativeiro, de onde ela somente saía para fotos em revistas e jornais ou para fazer filmes para televisão e cinema estrangeiros.

Serrasalmus tinha uma lagoa cercada, especial, onde atraentes cenários eram formados, para as tomadas. As cenas, muito solicitadas nos Estados Unidos e Europa, eram quase sempre iguais: o Capitão Piranha fingia que atravessava um pantanal (cheio de areia movediça como gostavam de citar no estrangeiro) quando seus auxiliares, longe do alcance das câmeras, tiravam a sonolenta Geralda Sem Dentes de dentro de um saco e atiravam-na em cima do "herói" norte-americano. Era maior o susto da pobre cobra, cega e desdentada, do que do falso "Jim das Selvas", que agarrado a anaconda como um desajeitado fardo, rolava e batia com os pés no lodo do fundo, procurando turvar bem a água. O trabalho maior desmanchar o cenário, lavar e guardar a coitada da Geralda Sem Dentes, cada vez mais assustada. Mas o preço cobrado (em dólares) compensava.

Não era só contra a retirada das riquezas da sua querida Amazônia, que Mavutcinim reagia violentamente, era e principalmente contra as caçadas e matança desenfreada dos pobres animais. Daí a paciência que o velho tinha com o filho já moço, mas para ele, ainda seu "Mowgli amazônico"

— Acontece meu pai, que na África as leis são respeitadas, na Amazônia não. A fauna, tanto terrestre como alada ou ictiológica, representa patrimônio e dos mais ricos, não somente no Brasil, mas em todas as partes do mundo.

Para tanto existem em todos os quadrantes da Terra, leis que protegem esse patrimônio. Acontece que aqui no Brasil, essas leis continuam sendo letras mortas. Aqui caça-se e pesca-se dentro e fora das épocas prefixadas. Muito mais durante o período proibitivo que é justamente o período sagrado, pois que nesse tempo a fauna prepara-se para a perpetuação das espécies, perpetuação essa que é esmagada no embrião pelos caçadores profissionais a soldo de trustes estrangeiros.

Não adianta dizer que a Amazônia é enorme, que o Brasil é imenso e que jamais chegar-se-ia a destruir a sua fauna. Pura ilusão. A África é muito maior e com a andança dos anos todo um esplêndor insuperável de mundo animal desapareceu ou está a pique de sumir, passando às páginas da imaginação das gerações vindouras.

Se no Brasil não forem tomadas as mais enérgicas medidas repressivas, em duas décadas, no máximo, não mais teremos fauna, tal a fúria, não somente dos matadores profissionais, mas também dos amadores que, sem freios nem medidas, abatem, matam e chacinam. Para o senhor ter uma idéia da quantidade de caçadores que andam por este Brasil afora, excluindo-se profissionais como o senhor, bem organizado e exportador, que devem somar apenas centenas, saiba que somente no Estado de São Paulo, onde tirando a serra do mar, o vale da Ribeira e outras poucas matas espalhadas pelo interior afora, estão registrados para mais de cento e cinquenta mil caçadores! No mais adiantado Estado do Brasil, onde a caça evidentemente é rara, caçadores dão largas à sanha, atirando em pratos, havendo, para tanto, até clubes especializados. Ou, quando não, trucidam os pombos, símbolo da paz e do amor, criados apesar de proibido, expressamento para o deleite dos "caçadores" que, após a façanha, fazem-se fotografar, empunhando "bazucas" mais apropriadas para "abaterem" tanques.

— Bem, Mavis, não seja tão dramático e sentimentalista... — interrompia o norte-americano Serrasalmus, tentando sempre acalmar o filho — eu só quero saber uma coisa, é crime o que pretendo fazer?

— Seu plano representará a continuidade de um crime contra o patrimônio nacional! Seus projetos com relação a construção de uma companhia internacional de safaris na Amazônia, viria aumentar o absurdo das exportações de peles silvestres que, às toneladas, seguem rumo ao estrangeiro, como o senhor e outros fazem.

Sem repisar aqui a matança indiscriminada que destruiu, ou quase, com os jacarés. Peles em número de 300 000 sairam de curtumes e foram exportadas num só ano. Considere-se que o número de animais mortos deve ser pelo menos o dobro: para cada pele obtida perde-se no mínimo uma. Ou porque o animal ferido foge para morrer em lugar inacessível ou porque a pele retirada não presta para a venda ou se estraga antes da industrialização. O que eleva então para 600 000 jacarés mortos em apenas um ano na Amazônia.

Matança essa que dura anos a fio, malgrado a grita havida e malgrado as "medidas" tomadas pelos responsáveis diretos, "medidas" essas que ninguém respeitou, a começar pelos fiscais nomeados para por fim a carnificina. E prossegue assim a perseguição ininterrupta a que estão sujeitas as lontras e ariranhas, esfoladas as vezes ainda com vida, como faz essa besta-humana chamada Umbé, seu lugar tenente, que além de não perdoar nem filhotes, ainda ri do desespero das mães lontras e ariranhas quando estas procuram em vão reanimar os pequenos despojos abandonados!

Perseguidas também sem tréguas são as queixadas e caititus, as antas, os gatos maracajás (no sul jaguatiricas), as onças, a preta (jaguariuno) a pintada (jaguar), a vermelha (suçuarana, puma ou leão americano) as capivaras, os veados (mateiros, campeiros e catingueiros), macacos de várias espécies, emas, garças, araras, manguaris, jaburus, inhumas, colhereiros, marrequinhas, e outras aves.

Só um Estado, o Amazonas, exportou no ano passado, 700 000 peles que multiplicando por dois, na verdade representam 1 400 000 animais abatidos. Acrescente animais abatidos para a alimentação de índios e caboclos, considerando que caboclo não come a carne de onça. Acrescentando o Pará e os Territórios, foram perto de 15 milhões de animais mortos num ano. Fora o que foi contrabandeado! E também a faúna ictiológica está atravessando verdadeira crise de matança, pois que os jacarés, conforme já citei, as sucuris e as jibóias, entre outras cobras (250 000 num ano) colocadas em fila dariam um cadáver de 500 quilômetros de extensão! Os pirarucus, os peixes-bois, as tartarugas (como caça o maldito índio-caolho Umbé, a cacetadas), vão desaparecendo, despovoando os rios e os lagos, como que sugados por gigantescos aspiradores!

Sim aspiradores e na maior parte, de marca norte-americana, como é a sua firma de exportação!...

— Condenando desse jeito é sinal que você não está contente em continuar ajudando seu pai!

— Nessa profissão, jamais! — retrucou logo o jovem Mavutciním — Há tempos que venho falando ao senhor que não pretendo continuar nesse ramo de negócio; embora tenha sido criado nele, não me acostumarei jamais. Nesse ponto sou como minha mãe.

O velho norte-americano procurava inultimente convencer o filho de que seu negócio, era como um outro qualquer. Que possuia criadouros artificiais de animais onde armonizava lucro e conservação da natureza. (Embora o filho soubesse que ele exportava muito mais do que criava e comprava tudo de todos). Que respeitava os códigos de caça e a ação dos fiscais etc.

— Eu assisti, vi de perto, meu pai, quilômetros e quilômetros, de peles de sucuri que o senhor já embarcou no porto de Belém! E muitas toneladas de peles de anta, capivara, onça e veado, foram despachadas para a Europa e Estados Unidos! se existem códigos de caça e pesca devem estar dormindo longa sesta em alguma prateleira de sonolentos Departamentos. Quanto aos fiscais... Ora os fiscais nada vêem!... O Ministério da Agricultura deveria decretar novas determinações drásticas, severas, em prol da nossa fauna, escolhendo auxiliares concienciosos que deveriam dar andamento a novas ordens saneadoras. Sabemos muito bem que patrícios seus, norte-americanos, ativam a matança de animais silvestres. Daqui contrabandeiam as peles para os países vizinhos para, depois de desnacionalizadas, transitar pelos portos de Belém e Manaus, com destino à Europa e Estados Unidos, como originários de países limítrofes do Brasil.

Portanto, contente-se com seu zôo, que já causa muito prejuízo à Amazônia e a natureza. E não pense em aumentar mais um crime contra essa pobre-rica região, onde tudo caminha para uma devastação animal e florestal, além de poluição das águas e do ar. Com a prática de queimar as matas para plantar, derrubada inescrupulosa de árvores centenárias para trocá-las por um punhado de dólares e ameaças de desertificação, devido a erosão dos solos férteis. O que reflete o milenar descaso da humanidade para com as dádivas da natureza. E faço agora uma pergunta ao senhor e a outros que não contam com perspectivas drásticas: quem poderá deter a ira apocalíptica dos elementos da natureza, quando eles trouxerem os frutos das desarmonias e desequilíbrios introduzidos pelas arbitrariedades humanas?

Tomando um folego Mavutciním prosseguia — Por que o senhor não dedica-se a criação de gado, ao invés de projetar safaris! Tenho até quem trabalhe de quarteação. (*) Apesar de eu achar que o boi com suas grandes patas e enorme apetite em devorar a relva, ajudará com o tempo a devastar o patrimônio florestal da Amazônia...

— Bem, nesse caso, vou tentar um cruzamento de vaca com macaco para ter um "vamaco", que paste em cima de árvores — disse sorrindo o norte-americano tentando com a gracinha, conquistar uma risada do filho, já que no fundo ele sabia muito bem que derrubar a mata, queimar o campo, plantar capim colonião e depois não colocar o boi em cima, equivalia à perda total do trabalho e do dinheiro investido. Só sob o peso dos cascos de muito gado é que as sementes do colonião penetravam fundo na terra, para ressurgirem depois em viçosas plantas.

Mavutciním prosseguia sério, como se não houvesse entendido o humor do pai:

— Por que o senhor não planta juta, ou dedica-se a outra lavoura qualquer e abandona esse comércio com os pobres animais? Acho correto o senhor exportar malva, borracha, castanha, goma para fabricação de chiclete e até mesmo, vá lá, peixe salgado, mas não peles de jacaré, gato do mato, caititu, veado... O presidente devia criar novas leis, mais enérgicas, acabando com isso de uma vez.

Encaminhar mensagem ao Congresso Nacional visando proteger a fauna brasileira. Não só projetar lei, mas fazer com que se cumpra. Estabelecendo que os animais de qualquer espécie, em qualquer fase de seu desenvolvimento e que vivem naturalmente fora do cativeiro, constituindo a faúna silvestre, bem como seus ninhos, abrigos e criadouros, sejam mesmo propriedade do Estado, sendo proibida a sua utilização, perseguição, destruição, caça ou apanha. Essa lei deveria não só proibir o exercício da caça profissional, assim como o comércio de espécies da fauna silvestre e de produtos e objetos que impliquem em sua destruição, como principalmente meter na cadeia o infrator. Talvez assim o senhor arranjaria um outro ramo de negócio, sem ser o de prender ou matar pobres e indefesas criaturas!...

— Você por dentro é um índio como sua mãe, meu rapaz! Teimoso como ninguém!... Mas, vai ter que continuar por algum tempo, a lidar com meus animais, pois não estou nem

(*) Nota do Autor — Quarteação, sistema em que de cada quatro reses nascidas, uma é do empregado.

um pouco interessado em mudar minha vida... E aqui ficarei a espera de progresso.

— Que progresso é esse que mata os rios, assassina os pássaros e pinta de negro o céu azul? Antes era difícil ver um índio chorar. Ele não tinha apartamento, automóvel, nem conta bancária, vivia eternamente sorrindo e não morria de fome. Hoje ele chora com esse progresso. Que progresso é esse que nos leva a viver como sardinha em lata e a correr atrás de um ônibus cheio? Que nos leva ao divã do psiquiátra tomando entorpecente para viver? Não, não sou obrigado a continuar, como o senhor pensa. Prefiro ir ao Vietnã! Não colaboro na criação desses safaris de jeito nenhum! Fazer expedições rotuladas de grupos de caçadores que na verdade seriam mais contrabandistas, como se não chegasse os que agem na Amazônia? Que levam do nosso país, as essências, plantas aromáticas, sementes oleaginosas, madeiras de lei, couros e peles raras, borracha, ouro, diamante e até minérios atômicos?...

Tanto estrangeiro roubava ali, que o receio do jovem brasileiro era que um dia quando o país acordasse a Amazônia não seria mais Brasil! Há 300 anos a região era vítima da cobiça internacional.

A Amazonia, imensa, pouco povoada, com perspectivas econômicas poderosas, punha água na boca de outros países. Clima melhor que o da Riviera européia. Fazendas de gado, algumas com o tamanho de países europeus. Riquezas de subsolo que deixavam os técnicos abismados, tornando-se o grande acontecimento do mundo da mineração. Graças a Amazônia, o Brasil podia apagar a imagem no estrangeiro, de ser o país do café e da banana, para ter o minério como principal fonte de divisas.

Amazônia que Mavutciním aprendera na escola, com seus 300 milhões de hectares, dois terços de todas as florestas tropicais do mundo. Se o Brasil ocupava 48,8% da América do Sul a Amazônia, dentro do Brasil, ocupava 59%. Pela extensão do território e pelas suas riquezas, a Amazônia dispunha de um grande (e talvez ainda não totalmente conhecido) potencial para a nação brasileira. Ela representava um quinto da disponibilidade de água doce apresentando um dos maiores índices de piscosidade conhecidos. Em seus rios havia 20 mil quilômetros de águas navegáveis, nas suas florestas ainda 70 bilhões de metros cúbicos de madeira em pé.

O Governo brasileiro pretendia descobrir o caminho para o futuro, iniciando a abertura de estradas, se bem que como tudo que se fazia na região, mal orientada, pondo em ação planos de colonização e de investimentos na sempre esquecida Amazônia. Cuja ocupação era considerada uma questão de segurança nacional e uma saida para a população nordestina de poucos recursos. Melhorando a vida do nordestino que na sua terra, era um escravo, plantando sob o regime de meia, parceria, fôro (arrendamento) e cambão (uso da terra a troco de trabalho de graça) que comprava água por lata, que não podia tomar banho e que perdia a colheita por falta de chuva, ali não teria mais esses problemas. Deixando de ser miserável no Nordeste, para ser no Norte um pobre, mas proprietário, ganharia muito. Plano que sem assistência, poderia fracassar. continuando o Nordeste com seus problemas de infra-estrutura, alto índice de desemprego e deteriorização da vida urbana e a Amazônia sem desenvolvimento. Abrir estradas para depois abandoná-las, dar lotes a colonos e não orientá-los, não prepará-los para a resistência na selva e para as duras condições de trabalho, de nada adiantaria.

Com o progresso que despontava, a bela e rica região não seria mais somente a palavra de origem grega, **Amazon**, que queria dizer "as que não tem seios", como os eruditos gostavam de citar, ou como um lugar pavoroso em que eram mandados os bandidos, em todas as histórias de ficção, nos romances e nos filmes feitos pelos russos.

Porém, alguns cuidados devem ser tomados, notadamente com os seres humanos. O mesmo nordestino que irá desenvolver a região, poderá transformá-la no maior foco de esquistossomose do mundo, se com a penetração dos colonizadores não forem tomadas medidas que impeçam isso. A população nordestina é das mais atingidas, no país, pela "febre do caramujo". E é através das fezes de pessoas contaminadas que se transmitem os parasitas para os caramujos e estes os hospedam para repetir o ciclo de que vivem, voltando ao homem, retornando à água e ao molusco, até atingir toda a população que tem contato com essas águas.

A falta de saneamento básico, os hábitos de higiêne e todos os outros fatores ambientais envolvidos são muito importantes na transmissão da doença. E a melhor profilaxía é ainda a educação sanitária já que o parasita que provoca a esquistossomose é transmitido por moluscos, que se alastram com grande rapidez por serem hermafroditas.

O índio puro e seu território é um outro problema a ser resolvido. Temos muito a aprender com os índios, que não cospem na água do rio. Alguns argumentam que não é justo abandonar parte considerada de território a um número proporcionalmente muito pequeno de pessoas. Deixar milhões de hectares a um punhado de índios enquanto a população do Nordeste vive na miséria. Mas acontece, que sempre quem toma as terras dos índios para abrir fazenda de gado, está obviamente interessado no dinheiro que vai ganhar, e não nos pobres do Nordete.

É necessário neutralizar as pressões da sociedade envolvente, que invade a terra indígena e não aceita o homem chamado de índio, afirmando que ele não traz riquezas nem traz benefícios ao país.

Quanto aos lugares reservados à eles, não cometer novos erros em torno das linhas demarcatórias traçadas em gabinetes. E evitar as linhas que não tem nenhum significado para as tribos, que no entanto reconhecem os limites naturais de suas regiões tradicionais. Não adianta demarcar terra de determinados lugares sagrados para os índios ficarem fora de seu perímetro, obedecendo a desafios e pressões. As sociedades tribais serão levadas a ultrapassá-lo, em busca dos seus sítios ancestrais.

O silvícola normalmente se alimenta da caça e pesca, mas a escassez de espécies animais e a diminuição dos peixes em consequência do desequilíbrio ecológico, deixa o índio sem meios de sustento e este fato o leva a invadir fazendas para obter comida. Daí o choque com o civilizado. Os índios da Amazônia estão cercados pouco a pouco e suas terras conquistadas à força. Se é certo que a sociedade precisa conquistar territórios, é certo também que essa conquista deverá ser feita através do pacifismo, é preciso que etnológos estudem a melhor maneira de incorporar o índio à nossa civilização, sem choques de culturas, sem prejudicar a independência de seu povo etc. A época da conquista à força já passou, e não se pode mais obrigar o nativo ao ter contato com a civilização e seus costumes, a assumir posição de pária numa sociedade que não é a dele.

O índio do futuro não pode e não deve se tornar um mendigo coberto de trapos e missangas, nem vestido como bóia-fria de fazendeiro. Os missionários catequizam, ensinam religião, mas deixam-no em situação miserável. Há silvícolas maltrapilhos, cuidados por missões religiosas, vivendo em miséria total, que os deixa híbridos. Não são nem índios em seu estado natural, nem seres civilizados, e ainda por cima alguns alfabetizados em inglês. Com religião imposta e vendo sua cultura destruida.

Do governo que permitiu sempre a ocupação desordenada da Amazônia, criando sérios problemas sociais, envolvendo especialmente índios e posseiros, nada podemos esperar. Quem não teve êxito na solução do problema das massas marginalizadas e maltrapilhas dos grandes centros, formadas pelos bóias-frias, operários, favelados e outros que formam um contingente de cerca de 30 milhões de brasileiros, terá menos eficiência para ajudar os índios.

Vindo depois a mesma atenção, para com os animais, as aves e os peixes. Com relação ao problema florestal, normas devem ser definidas e seguidas na derrubada das árvores e preservação do solo, orientando colonos sobre técnicas preservacionais, a fim de manter os equilíbrios biológicos e climáticos.

Parar com as derrubadas irracionais, onde para derrubar 30 mil árvores de madeira de lei, sacrificam outras 60 mil de menor valor. Parar com as queimadas que destroem castanheiras, madeiras nobres e seringais imensos de onde se extrai a melhor borracha do mundo, indiscriminadamente, com a única finalidade de criar boi! Porque sem a floresta, a Amazônia será apenas um deserto com um rio como a região do Nilo (no Egito), servindo exclusivamente às populações ribeirinhas. Evitando assim, que no futuro a estrada Transamazônica (que na verdade é Transparaense, e Transamazônica só existe uma: o rio Amazonas) sirva apenas para ligar um deserto árido a um deserto úmido.

No atual estágio, pouco da luz solar consegue atingir o solo, amazônico, o que garante a presença de umidade e da consequente composição de matéria orgânica para a alimentação das plantas. Com a derrubada irracional das árvores, a luz irá incidir plenamente no solo, aumentando o calor e levando, consequentemente, a umidade e a formação de compostos orgânicos. Com a saida da umidade, vem as chuvas, cujas águas escorrerão com rapidez para os rios, carregando consigo o material necessário para a alimentação das plantas.

Já há uma terrivel falta de água doce no mundo, consequência da industrialização em massa que estamos vendo. E isso serve para gerar uma crise de grandes proporções no equilíbrio ecológico mundial. O homem não pode esquecer-se que ele também faz parte da natureza. Não é por ser um animal racional que pode julgar-se livre das regras naturais. Veja-se, por exemplo, o caso de cidades como São Francisco e Los Angeles, nos Estados Unidos, onde suas populações estão sendo obrigadas a consumir água provenientes dos próprios esgotos, através de um tratamento especial.

Em nome da integração nacional, grandes florestas são derrubadas a fogo na Amazônia, para a implantação de projetos sem o mínimo fundamento científico ou cultural. A flora e a fauna amazônica correm no momento sérios riscos e já existem vastas regiões onde a descaracterização ecológica chegou ao seu ponto crítico. A exploração é de caráter predatório antes de tudo porque não tem nenhum suporte científico que possa reunir um mínimo de informações para uma exploração racional. Avançar, avançar, é entendida como destruir, destruir.

Os desmatamentos que antes eram feitos a machado ou serra elétrica hoje já são a fogo e a trator. Usam-se geralmente tratores do tipo D-9, gigantescos, que puxam entre si uma corrente estendida arrasando a floresta. O fogo é aceso em pontos dispersos na mata. As árvores que geralmente passam dos 20 metros de altura são queimadas e morrem no ato. As vizinhas morrem aos poucos. O pior nisso tudo é que nem as madeiras são aproveitadas. E quando aproveitam um milhão de metros cúbicos de madeira, geralmente se inutilizam 24 milhões de metros!

A empresa automobilística Volkswagen, no sul do Pará próximo ao rio Cristalino, promoveu queimada na floresta que dada as suas proporções, foi identificada por satélite artificial norte-americano, como o maior incêndio do mundo! Esse enorme fogaréu jamais sonhado pelo incendiário Nero, foi provocado para auxiliar os trabalhos de desmatamento "rápido e sem muito esforço" conforme o cinismo da empresa. A área incendiada foi de 10 mil quilômetros quadrados, ou seja superior a muitos países europeus. Motivo da devastação: a empresa queria uma área para executar um projeto agro-pecuário. E isso acontece, por total desconhecimento da importância da Amazônia, até por nossas autoridades. Se de um lado os investidores contam com todo o apoio do governo e dispoem de grandes recursos, os órgãos que poderiam fazer algo pela preservação da floresta não tem recursos nem pessoal. Muito menos gente especializada, para saber por exemplo que as queimadas gigantescas nas florestas destroem o **habitat** natural das espécies de besouros responsáveis pela polinização das castanheiras.

Pessoas que detem algum conhecimento científico da região nunca são ouvidas, para coordenar tais projetos com as características ecológicas da Amazônia. E assim ela é entregue a quem quizer, e a quem tiver projetos. Como o de bauxita, em vila do Conte, que lança impunemente seus resíduos minerais no rio Guama, que por sua vez os lança no Tocantins. É assim também no rio Trombetas e na fábrica de cimento de Capanema, com a de calcário em Urucuri que polui lançando seus rejeitos de 60 por cento do material minerado no igarapé Capanema que por sua vez os lança no rio Peixe-boi.

A maioria dos projetos de mineração que contam com total apoio da Sudam (que geralmente financia dois terços do projeto), instalam-se próximos aos igarapés que são a fonte de todo o equilíbrio híbrido da Amazônia. Como são pequenos depósitos de água os igarapés se contaminam rapidamente e com o tempo não há dúvidas, a poluição será levada aos grandes rios. Todos esses projetos como qualquer um que seja instalado na Amazônia, não tem nenhum estudo ambiental. Quanto aos projetos pecuários, recebem condenação unânime, pela simples constatação de que para criar boi é preciso cortar as árvores.

Parte da responsabilidade pelo processo de devastação florestal deve ser atribuida ao IBDF, que ainda não percebeu que o grande culpado pela predação não foi só o madeireiro. No passado, as derrubadas e queimadas foram praticadas pelos agricultores. No presente, é o pecuarista que derruba e queima para implantar as pastagens. O madeireiro apesar dos pesares, sempre se limitou a extrair as árvores serráveis, deixando todo o restante da mata em pé. Estas, se continuassem, se regenerariam e, com o tempo, seriam possíveis novas extrações. Não é só manter vigilância contra quem corta pau e sim contra todos os predadores da região. E o IBDF permite que os pecuaristas faça todo tipo de desmatamentos para expandir suas áreas de pastagens. Para esse instituto e ministérios que cordenam o desenvolvimento da região, boi vale mais do que gente.

A devastação da Amazônia é tão grande que dá receio até de informar certas coisas, para que a situação não piore. Como por exemplo, que existem na região, outros tipos de árvores que produzem papel e celulose de qualidade superior, à conseguida com o estrangeiro e prejudicial eucalipto, em que empresários ignorantes tanto investem dentro de seus programas de reflorestamento. Ou que o óleo de fígado de certos peixes da Amazônia é muito mais rico em vitaminas do que o tradicional óleo de fígado de bacalhau.

Parece que ninguém dá a devida atenção ao que informam os técnicos sobre a destruição da Amazônia, e o que isso representa de perigo para o mundo. A destruição da floresta amazônica poderá provocar uma catástrofe sem precendentes na História, pois o nível dos oceanos subiria 35 metros, inundando cidades a beira-mar, devido no degelo de camadas polares. Para alguns técnicos o degelo ocorreria pelo excesso de gás carbônico que se concentra na atmosfera, esquentando a Terra. A estimativa é que a floresta amazônica concentra atualmente o correspondente a 25% do carbono e gás carbônico totais da atmosfera. Com a floresta destruida, pouco carbono será retido e o que "subir", oriundo da queima ou da oxidação da matéria orgânica, esquentaria o planeta.

Se a floresta amazônica for derrubada e substituída por uma floresta de estepe, por exemplo, ou de pastagem, muito menos carbono será fixado nessa vegetação rala ou rastejante. Talvez 5%, o que significa um aumento de 20% do gás carbônico atmosférico, tendo-se em conta que a floresta retém, no momento quantidade de gás carbônico equivalente a 25% do total existente na atmosfera.

Cuidado também deve ser tomado com os falsos pastores de almas. O amazonense deve aprender a "rezar de olhos bem abertos", porque a Amazônia está para os norte-americanos, como a África para os ingleses, no passado. Como bem citou certa vez o lider negro Jomo Kenyatta, que por mais de meio século participou ativamente da política, tendo como ideal principal a independência de seu país: "Quando os missionários ingleses chegaram, os africanos tinham a terra e os missionários tinham a Bíblia. Eles nos ensinaram a orar com os olhos fechados. Quando nós abrimos os olhos, eles possuiam a terra e nós tinhamos a Bíblia''.

Hoje são os norte-americanos que levam as terras e deizam as Bíblias em nossas mãos, se o brasileiro rezar de olhos fechados.

Outro cuidado a ser tomado é também com a mal feita transamazônica (mal feita porque foi construída as pressas e abandonada, sem infra-estrutura; sem ter os postos de gasolina previstos, em toda sua extensão, enfim sem apoio total, após sua construção), que tanto poderá ser a ''estrada da integração nacional'' por onde entrará o progresso, como a estrada da ''intregação'' nacional, por onde sairá nosso minério para os exploradores estrangeiros; tudo dependerá de como os governos futuros colocarão o erre...

Quanto as críticas de fora, não importam. Notadamente aquelas provenientes dos Estados Unidos, em que alguns norte-americanos sem conhecer bem a região, chamam os brasileiros de ''Aprendizes de feiticeiros'' da Amazônia. Porque igual a poluição ambiental que poderá ser aumentada, é a poluição da miséria e da inutilidade em que ela ainda se encontra, servindo apenas de campo experimental e de pasto para o infindável apetite estrangeiro.

Quem faz críticas vazia, sem base e de longe, não está interessado em salvar coisa alguma. Não quer, isso sim, que se toque no esquema de exploração; na estrutura falida para o Brasil, preparada la fora.

Nós não precisamos dos conselhos de ninguém, para evitar a destruição da rica Região Norte. Basta o nosso governo querer e agir, baseado em informações daqueles que conhecem bem o maior pedaço fluvial do planeta. Não precisamos, em especial, dos conselhos dos suspeitos norte-americanos, que há tempos partem a Amazônia como presunto em fatias tão finas, para tornar imperceptível sua ação. Quando os brasileiros derem conta...o presunto estará todo comido!

Além disso, os autores da sentença de destruição dirigida aos peles vermelhas norte-americanos: **''There is no good indian, but a dead indian''** (''Não há índio bom, senão depois de morto''), nada podem criticar em se tratando de pionerismo. Porque quem destruiu a bala de **Winchester 44** seus índios e seus búfalos, não tem força moral nem para aconselhar!

Infelizmente, sabemos que não se faz um omelete sem que-

Ignorância e ganância são os maiores inimigos da região amazônica.

Ilustração: Rigsil.

A Amazônia surgiu *como* reserva *de* recursos,

Ilustração: Rigsil.

brar ovos. A humanidade por mais cuidados que tome, fatalmente acabará pagando preço muito alto pelo progresso que levará à Amazônia. Mas, pelo menos devemos reduzir essa destruição usando o bom senso, para o bem geral. Com o progresso irracional, sem planejamento poderemos transformá-la não numa selva de concreto e asfalto e sim em enormes zoológicos que são as grandes cidades. Onde os homens vivendo em condições que não são naturais para a espécie, enlouquecem de tensão, ficam doentes de civilização pelo nariz, pela boca e pelos ouvidos.

Respiramos de 20 a 30 mil vezes por dia, inspirando de cada vez mais ou menos meio litro de ar. Cerca de 30 por cento desse ar enche 350 milhões de minúsculos compartimentos no pulmão, onde o sangue troca o venenoso dióxido de carbono por oxigênio, sem o qual a vida é impossível. Nas grandes cidades o ar contém centenas de toxinas que prejudicam o desenvolvimento normal das células. Os gases que escapam dos veículos, a gasolina, por exemplo, impedem a perfeita oxigenação do sangue e provocam alergias, doenças do coração, câncer. O monóxido de carbono é assimilado pelos glóbulos vermelhos 200 vezes mais depressa que o oxigênio. E o chumbo derivado do tetraetileno de chumbo é prejudicial acima de 100 milionésimos de grama por metro cúbico de ar, concentração que já existe em qualquer cidade de tamanho médio no Brasil.

E a água que bebemos? Os rios, principal fonte de água potável, são usados como canais de esgotos e de despejo. A vida animal na maior parte dos rios que abastecem as grandes cidades, já não existe, porque a vida é impossível. Esse líquido clorado, recuperado, da nossa era higiênica, tem muito pouco a ver com a água potável, de nascente, digna do peixe e do homem. Estações de tratamento, filtros, toda a química disponível não consegue esconder que estamos bebendo um líquido que supre as nossas necessidades vitais, mas que é chamada de água apenas por hábito.

Além de tudo estamos ficando surdos. Hoje em dia há duas vezes mais pessoas surdas que há dez anos passados e a gente da cidade, vítima da poluição sonora, só ouve a partir de 30 decibeis, 10 na melhor das hipóteses, enquanto o homem do campo ouve ruídos de 1 decibel. Dor de cabeça, fadiga excessiva, nervosismo, distúrbios de equilíbrio, afecções cardíacas e vasculares, anemias, úlceras de estômago, distúrbios gastrintestinais, neuroses, distúrbios glandulares, curto-circuitos nervosos, tudo isso pode ser provocado pelo barulho das grandes cidades. E nem é preciso que seja barulho excessivo, porque na maioria das vezes ele já é incômodo e contínuo.

Se não quizermos no futuro, ficar enjaulados num imenso Jovanka Zôo, devemos respeitar o que ainda resta de árvores e animais. Somente assim poderemos viver menos neuróticos, num jardim mais verde, mais limpo, mais saudável, onde vamos respirar ar puro, beber água de verdade, ouvir o silêncio, sentir os cheiros da vida e reconquistar a tranquilidade perdida...

Na ampla sala o norte-americano agora cabisbaixo a tudo ouvia, triste, aborrecido. Embalava escamas de pirarucu para o Japão. Naquele país seriam usadas na fabricação de unhas postiças e depois re-exportadas para os Estados Unidos e Europa. De tudo o que Mavutciním falara ao velho Serrasalmus Rhombeus, apenas uma coisa o deixara realmente preocupado: "Prefiro ir ao Vietnã!"

Aquilo chocara demais o calejado Capitão Piranha, que a essa altura estava mais vermelho, de tanta cerveja **Costeña** e sabia que quando o filho falava, cumpria...

FLOR TROPICAL

Renato Ignácio da Silva

Ilustração: Rigsil

Riqueza e ostentação, inigualadas em qualquer parte da América do Sul, predominavam nas cidades da Amazônia.

"O homem é o único animal que se fere mais de uma vez na mesma pedra, cai no mesmo buraco e erra o mesmo caminho".

NUNCA NA HISTÓRIA, UMA REGIÃO FOI TÃO MACIÇAMENTE ALTERADA E MUTILADA.

O mecanismo da agressividade é uma forma de autoproteção das espécies. Assim, deveria voltar-se sempre contra, qualquer inimigo que viesse ameaçar a sobrevivência dessa espécie e nunca contra seus próprios membros.

Porém, tanto entre os animais como entre os seres humanos, os recursos naturais (espaço e comida) são limitados. Como distribuí-los sem gerar mútuos extermínios?

Os animais resolvem o problema de modo relativamente simples: cada um determina o seu "território" e qualquer ameaça de invasão por outro, da mesma espécie ou diferente, encontra uma resposta agressiva. A agressividade do "dono do terreno", no entanto, dura apenas enquanto o inimigo estiver próximo e diminui quando ele se afasta. Se o intruso for da mesma espécie e houver luta, dificilmente ocorrerá a morte de um dos contendores. Os animais possuem um mecanismo, inibidor de agressividade, que é disparado quando ela se torna uma ameaça à espécie.

Geralmente, esse freio natural evita o confronto direto. Algumas espécies de peixes previnem seus colegas de suas intenções belicosas mudando a coloração das escamas, que se tornam mais brilhantes. A mensagem é entendida e todos se afastam prudentemente. O galo solta cocoricós indicando seu domínio sobre o galinheiro. Gatos e cachorros demarcam o território com seu odor. Os animais respeitam tais advertências graças a inibição. Em muitas espécies o mecanismo funciona nos machos quando atacados pelas fêmeas. Nota-se isso nos cães e galos.

No homem, porém, os freios da agressividade são fracos. O mecanismo inibidor é muito pouco desenvolvido, o que o torna uma das ráras espécies capazes de se exterminarem mutuamente. E o pior: ele aperfeiçoou até os limites máximos sua capacidade de se autodestruir. Formando um paradóxo: a inteligência fez do homem, o pior dos animais...

De agora em diante Mavutciním iria ver outra forma de destruição, muito mais cruel e desconhecida para ele.

Despediu-se do pai, o norte-americano Serrasalmus Rhombeus, o Capitão Piranha da Amazônia, da mãe, a índia Maici. Embarcou para um lugar onde há muito não existiam belas intenções conservacionistas — Vietnã. E ali por incrível que pudesse parecer, havia sucesso em preservação da fauna. Os animais estavam protegidos, desfrutavam de razoável tranquilidade. A salvação da fauna pode estar na guerra entre os homens: quando estão ocupados em exterminar sua própria espécie, sobra-lhes pouco tempo para matar animais.

A ida de Mavutciním ao Vietnã tinha sido rápida como sua decisão. Curto estágio em San Diego, na Califórnia e já estava apto a seguir como piloto, passando antes por Hawai e Okinawa. Logo, estaria pilotando um Phanton, Skyraider, Corsair, Skyhawk, Crusader, Intruder ou um Super B-52. Munido de um mapa, com a divisão Norte e Sul, onde milhares de manchas de leopardo (*) cobriam grande parte do território sulvietnamita, ou as complicadas zonas "discutidas", que durante o dia pertenciam à administração de Saigon(*) e, à noite, eram controladas pelos homens de Hanói.(*)

A única dúvida do brasileiro era não saber se seria aproveitado como piloto da Marinha, ou, conforme seu desejo engrossando as fileiras (outrora gloriosas) dos fuzileiros navais; os lendários **marines**. Tropa singular dentro das Forças Armadas, mas que sofria o mesmo desgaste e rachaduras que toda a máquina militar dos Estados Unidos amargava no Vietnã.

(*) Nota do Autor — Manchas com a aparência de pele de leopardo, era a maneira de marcar no mapa, as zonas do Vietnã do Sul, controladas por soldados do Vietnã do Norte. Saigon (hoje cidade de Ho Chi Minh), na época, capital do Vietnã do Sul. Hanói, também no tempo dessa guerra, capital do Vietnã do Norte.

Criado em 1775 o corpo de fuzileiros navais norte-americanos surgiu para ter funções limitadas, como desembarque, limpando terreno para o Exército. Com o passar do tempo, tornou-se tropa altamente treinada e profissionalizada, participando em todas as áreas de conflito. Das tarefas transitórias do início, formava agora uma força armada independente do Exército, da Marinha e da Aeronáutica estadunidenses. O que a tornava a sétima Força Aérea do mundo, com 1500 aviões e helicópteros e número de combatentes beirando a casa de 200 000 homens, superando até exércitos como o brasileiro e o britânico.

Dias depois, como tudo naquele palco de guerra tinha que ser rápido, saiu o resultado. Mavutcinim serviria como piloto na Marinha.

Era raro um estrangeiro alistar-se na aviação norte-americana para lutar no Sudeste Asiático. A geração passada lembrava dos Estados Unidos como a figura heróica do Capitão Marvel, ajudando a derrotar o nazi-fascimo. A nova geração, naquela guerra, conhecia um Estados Unidos sujo, réles e prepotente; fazedor de batalha imoral, cruél e criminosa. Um falso dono da verdade. Pretensioso **sheriff** do mundo...

Dessa maneira os norte-americanos recebiam de braços abertos todo cidadão não nascido no país, que quisesse lutar ao lado deles. Havia porém um problema, a desobediência que logo tomava conta do jovem estrangeiro. Ela era transmitida pelos cidadãos norte-americanos convocados para a guerra. A desobediência contaminava à todos. Reinava na Fôrça Aérea, Marinha, Exército e Fuzileiros Navais. Inúmeros eram os pilotos que se recusavam a atacar determinadas cidades cuja população faminta e miserável ia sendo levada de volta a Idade da Pedra, por mais de cem bombardeiros B-52, atacando cada vinte quatro horas.

Dia a dia engrossava o número de jovens navegadores e pilotos, como o capitão Dwight Evans que se negou a realizar missões de bombardeios sobre áreas densamente povoadas. E o capitão Michael Heck, de 30 anos, que se recusou a continuar bombardeando o território norte-vietnamita, acima do Paralelo 20.

— Cheguei à conclusão de que qualquer guerra cria males infinitamente maiores do que os que pretende impedir — disse ele — Quaisquer que sejam os objetivos. Eles não justificam a destruição e a matança em massa!

Heck, piloto de um super-bombardeio B-52, realizou sua última missão sobre o território norte-vietnamita na noite de Natal. No dia seguinte apresentou-se ao seu comandante e pediu dispensa, alegando problemas de consciência.

Enquanto os militares aguardavam o momento para serem julgados por uma côrte marcial, os Estados Unidos terminavam o maior bombardeio não atômico da História, com seiscentos de seus aviões atacando o Vietnã do Norte, num só dia!...

A continência tinha sido abolida entre os norte-americanos no Vietnã. Ao invés dela, os soldados saudavam com o V da vitória, ironicamente transformado em símbolo da paz, da volta ao lar.

Na frente de combate ou na retaguarda, os oficias desistiram de exigir obediência dos principais artigos do regulamento. Desde os tempos em que os cabeludos proliferaram e os uniformes de fantasias com os capacetes cheios de flores eram coisa comum. Quando algum oficial recém-chegado tentava impor-se e recorria a medidas disciplinares, sua vida corria grave risco até nos alojamentos.

Em certas unidades, a "desintegração" de oficiais tornou-se rotina. Termo inventado pelos soldados para designar o assassínio de seus superiores. O método mais comum era a colocação de uma granada de fragmentação sob o leito do oficial visado. A explosão, quando não fatal, provocava terríveis mutilações. A rêde de cumplicidade tão fechada que, em cada dez inquéritos, nove eram arquivados sem que se descobrisse o culpado ou culpados. Os casos de "desintegração", na frente de combate aumentavam de modo alarmante. Perto do inimigo, especialmente em serviço de patrulha todo oficial que insistia no cumprimento de uma ordem discutida estava sujeito a ser abatido pelos seus próprios homens.

O assassínio de oficiais tornou-se tão frequente em algumas áreas que os soldados eram desarmados logo que saiam da zona de combate. Infelizmente, o confisco das armas não resolvia o problema. O lado terrível da situação era o desejo que os soldados sentiam de matar seus superiores.

Já havia passado o tempo em que muitos dos soldados norte-americanos usavam colares com emblemas de paz e pintavam margaridas em suas metralhadoras, como símbolo de contestação à uma guerra da qual não escolheram participar. Ultimamente os protestos pacifistas do gênero **hippie** haviam sido substituidos por uma atitude mais agressiva e alarmante: a recusa de obedecer a ordens dos superiores, o assassinato premeditado dos oficiais, o crescente consumo de drogas e a alta porcentagem de deserções.

A insubordinação chegava ao ponto de oficiais também, assassinarem patentes mais altas, pouco populares. Essa prática tornou-se argumento pacifista para um dos 150 jornais clandestinos que circulavam nas bases militares norte-americanas, e publicavam em manchetes: "Não deserte. Parta para o Vietnã e mate seu comandante!"

O conselho era seguido com alarmante frequência. Colocando granadas em pontos estratégicos dos comandantes, de preferência sob a cama, ou simulando acidente durante batalhas, os partidários da "desintegração" causaram num ano 47 mortes em 98 atentados, no outro ano, 54 nos 215 "acidentes" e no ano seguinte uma média de 8 "desintegrações" por semana!

Alguns oficiais tentavam ganhar a confiança dos seus comandantes procurando ser "um dos companheiros" e agindo como os jovens soldados, levando longe demais seus esforços para manter um bom relacionamento. Em ato desses, um coronel da Fôrça Aérea foi submetido a Côrte Marcial, por fumar maconha!

O número de roubos então, nas casernas, impressionante. Numa delas trazia a placa na entrada: "Caverna de Ali Babá e seus quarenta..." Entorpecentes rolavam até por baixo de camas, para as curtas "viagens". E havia também os que preferiam uma viagem definitiva: a deserção; que atingia principalmente as fileiras da infantaria, a qual só num ano perdeu 65 000 homens.

Milhares de desertores viviam em outros países, principalmente Canadá e Suécia. Eram jovens que fugiam dos Estados Unidos ao ser convocados para o serviço militar e que se regressassem ao seu país enfrentariam penas de prisão e elevadas multas. Inclusive na Amazônia vivia boa parte deles, com seu "uniforme" tradicional: camisa social branca, de mangas curtas, gravata, corte de cabelo curto, pedalando bicicleta e ensinando religião em... inglês.

Desertores e insubmissos, esperavam uma anistia que nunca vinha. Muitos enfrentavam sérias dificuldades, começando pela inadaptação ao ritmo de vida de outros países. Os que não conseguiam emprego ou ajuda dos governos tornavam-se marginais. Muitos porém recebiam auxílio de europeus contrários a guerra, como era o caso da atriz Vanessa Redgrave, que sustentava uma colonia de 300 deles em Londres, vivendo sob a proteção da lei inglêsa.

A indisciplina crescente, o assassínio de oficiais, a generalização do uso de entorpecentes, o éco das manifestações pacifístas, nos Estados Unidos, a desconfiança com que os veteranos da Indochina,(*) eram recebidos no regresso, alguns considerados pelos próprios familiares como viciados irrecuperáveis, marginais e frios assassinos, a certeza de que o povo norte-americano desaprovava a intromissão, tudo isso provocava amargura nos soldados e principalmente no Estado Maior norte-americano que não sabia mais como resolver o problema.

Tropas do Exército simplesmente se recusavam a marchar contra objetivos indicados por seus superiores. Quando não era uma companhia que se recusava a atender a ordem para combater os vietcongs,(*) sob a alegação de que a missão era "suicída e ilegal", eram outros rebeldes que alegavam ser o trabalho dos norte-americanos, "apenas defensivo", conforme palavras do presidente-mafioso. E se recusavam a atacar tropas inimigas, ofendendo seus oficias com palavras amargas e sonoros palavrões. Como um esquadrão blindado composto de 60 homens, que simplesmente resolveu ignorar as ordens de comando de um oficial. Os soldados não sofreram qualquer medida disciplinar, mas o comandante da tropa foi afastado do posto. Enquanto isso, algumas táticas que consistiam em evitar o contato com o inimigo tornaram-se comuns entre os soldados norte-americanos que ironicamente denominaram-nas de "procurar e evitar"

(*) Nota do Autor — Indochina, que deixou de ser chamada assim após 1954. Península que compreende o Cambodge, o Laos, na época do conflito os dois Vietnãs, divididos em blocos independentes: a República do Vietnã, ao Sul, e a República Democrática do Vietnã, ao Norte. Além da Tailândia.

(*) Vietcong, viet, vietnamita e cong, comunista, como apelidaram os norte-americanos o movimento surgido no Sul. Guerrilheiro do GRP. - Governo Revolucionário Provisório, do Vietnã do Sul.

Nos quartéis eram colocados cartazes em que se viam letras vermelhas garrafais: "A guerra foi perdida e a contínua participação de nossas fôrças sob pretextos de vietnamitação é uma fraude perpretada contra o povo dos Estados Unidos, para encobrir a derrota!"

Nas cantinas militares e nos próprios clubes de oficiais norte-americanos, criticava-se abertamente a guerra. Em Saigon chegou a circular uma lista inédita: continha 3 800 assinaturas de militares, inclusive oficiais com seus números e postos, pedindo ao Congresso norte-americano a imediata cessação de todas as hostilidades no Sudeste Asiático. A divulgação desse fato sem precedente na história da guerra do Vietnã causou manifestações de solidariedade instantâneas em outros setores do Exército norte-americano. Novas listas surgiram, quando um general, adentrou a cantina e para por fim ao que ele chamava de baderna, juntou todas, repletas de assinaturas, colocou-as sobre a mesa e pos fogo. Antes anotou os nomes e os postos das pessoas mais importantes que haviam assinado.

Motins declarados ocorriam também constantemente na Marinha. No mesmo dia em Alameda, na Califórnia 50% dos 4 500 tripulantes do porta aviões "Coral Sea" endossavam um protesto contra o regresso do navio ao Vietnã. Gesto que já tinha sido tentado numa outra ocasião, com resultados desastrosos. Pois dois meses antes em Honolulu, 25 marinheiros que se recusaram a partir no porta-aviões "Constellation" rumo a guerra, tinham sido punidos com trinta dias de prisão.

Lutas abertas, incidentes diários, sabotagens, provocaram incêndios nos porta-aviões "Saratoga" (12 marinheiros mortos) "Forrestal" e "América"; uma explosão no cruzador "Newport News" (30 mortos), sabotagens nas máquinas do porta-aviões "Rangers". Em vários navios e submarinos apareciam com frequência, turbinas danificadas, válvulas destruídas propositadamente a pauladas, bombas desativadas. Em todas essas desordens aparecia sempre a sigla de um movimento de paz: "SOS", abreviação de **"Stop Our Ships"**, "Parem Nossos Navios".

A revolta crescia impulsionada pelo álcool e pelo uso de tóxico. O nervosismo era tão forte que certa vez um oficial enlouquecido, mandou seus caças-bombardeiros norte-americanos, propositadamente bombardearem com várias toneladas, um acampamento aliado, para acabar com suposta rebelião de soldados. Morreram na operação 350 militares dos Estados Unidos e do Vietnã do Sul.

Pilotos voavam com litros de uísque na cabine de seus caças. Houve muito erro, porém, mais de uma vez atacaram suas próprias posições, não por engano como a imprensa mundial publicava e sim de caso pensado.

Em Da Nang, no Vietnã do Sul, a maior base do país e uma das maiores dos Estados Unidos, na Ásia, um piloto revoltado orientou cinco bombardeiros que despejaram 54 bombas de 250 quilos cada, num total de 13,5 toneladas de explosivos, sobre seus companheiros de farda. Resultado: seis milhões de litros de combustível, queimados. Três depósitos foram destruídos, vários edifícios atingidos, estraçalhados oito grandes aviões de transporte de carga C-119, caças a jato U-21 e helicópteros. Espalhando corpos mutilados de centenas de soldados norte-americanos e sul-vietnamitas.

Os revoltosos usavam desde os caças Corsair A-7 da Marinha, até os Phanton F-4 dos Fuzileiros Navais e da Fôrça Aérea, providos de bombas especiais que ao atingirem o alvo, explodiam inúmeros depósitos de gasolina. As chamas por sua vez se esparramavam provocando rios de fogo que em poucas horas consumiam tudo ao redor.

Como se não bastasse essa confusão toda, elementos do RDV.,(*) que se faziam passar por vietnamitas do Sul, infiltrando-se no meio dos inimigos, levantavam vôo nos aviões dos Estados Unidos para atacar as instalações de POL-Petróleo, Óleo, Lubrificantes, dos norte-americanos.

Era uma guerra em que as frentes de combate mudavam de momento a momento. Isto desnorteava ainda mais a aviação dos Estados Unidos, já bastante desnorteada. Unidade como a 5ª Divisão, operando perto de Chont Hanh, certa vez, levada pelo pânico, atacou seus próprios companheiros, por engano. Quando descobriram mais tarde que posteriormente houvera outro ataque, porém, proposital, um dos oficiais foi levado à Conselho de Guerra. Alegou que a 3ª Divisão de In-

(*) Nota do Autor — RDV. - República Democrática do Vietnã. Soldados do Vietnã do Norte.

fantaria, a atacada e quase arrazada, era composta essencialmente de jovens insubmissos e desertores recuperados, enviados à frente de batalha, como punição, portanto o fato não tinha muita importância. Aquele batalhão, segundo o referido oficial, era a vergonha da guerra. Entregava-se até pelo grito.

A aviação, considerada tropa de elite das Fôrças Armadas Norte-Americana, não primava pela inteligência e pela organização; pelo menos naquela guerra. Tirando de lado as revoltas de seus homens, ataques propositais às suas bases, as sabotagens e outros atos considerados vergonhosos, os erros de cálculos e a falta de atenção, provenientes do excesso de álcool e de tóxicos, eram gritantes. Constantemente arrasavam aldeias aliadas destruindo grande parte das indefesas populações.

Quando as tropas de Hanói cercaram a base de Loc Thien, ao norte de Saigon, colocando em risco as vidas de três assessores norte-americanos, aviões de combate receberam ordens de inundar a área com gás paralisante. Segundo o plano, todos ficariam fora de combate e os helicópteros poderiam descer e resgatar os norte-americanos. Mas, num erro de cálculo, o gás foi para o alto, ameaçando os pilotos da operação de resgate, sem afastar ninguém em terra. Quando os aparelhos baixaram, foi um pandemônio: os inimigos acolheram os helicóptero norte-americanos com uma avalancha de fogo, enquanto os sul-vietnamitas corriam para subir a bordo. Os assessores norte-americanos tiveram que conquistar seus lugares à força, metralhando quem se aproximasse, inimigos e amigos.

Os civis continuavam a ser as maiores vítimas dos erros de cálculos dos norte-americanos. Aviões da Marinha, logo depois, bombardearam acidentalmente uma aldeia dos altiplanos centrais do Vietnã do Sul, seus aliados, matando 135 pessoas, ferindo 177 civis e destruindo 176 casas, com bombas de 250 quilos. Quase na mesma época atacaram o que lhes parecia ser uma concentração de forças inimigas que se preparava para a ofensiva. Mas a aldeia situada a 22 quilômetros a oeste de Quang Ngai e 88 ao Sul de Da Nang, era uma zona residencial para soldados sul-vietnamitas e seus familiares.

O descontentamento pelos erros de incursões era enorme. O Comando Geral tomava providência. Os comandantes alegavam estafa e abuso de tóxico, de seus subordinados. Estes confessavam que o ódio e o temor, constantes no Vietnã, mais o remorço e a saudade da família obrigavam o piloto a tomar uns tragos a mais do que devia.

Os erros traziam consequências funestas, irreparáveis, para seus aliados. Tão logo se conhecia um erro desses, as autoridades procuravam esconder e calar a imprensa. Enviavam helicópteros ao local do acidente para enterrar os mortos e retirar os feridos. Em seguida, a missão oficial norte-americana em Saigon, procurava pagar indenizações pelos danos causados. As autoridades dos Estados Unidos prometiam reconstruir a aldeia destruída. E as vidas? Quem se responsabilizaria pelo monstruoso crime?

Cerca de 500 mil soldados, fuzileiros navais, pilotos e marinheiros consumiam quantidade excessiva de bebidas alcoólicas. O alcoolismo constituia um sério problema para as Forças Armadas norte-americanas.

O álcool o principal problema enfrentado pelas Forças Armadas, vindo depois a maconha, a heroína e outras drogas. Apenas 4 por cento dos militares norte-americanos não consumiam bebidas alcoólicas, conforme revelava o Pentágono, através de seu setor médico.

Estudo realizado com 9 500 membros das Forças Armadas que operavam em terra, revelava que 29 por cento bebia muito, ainda que ocasionalmente, mas não tinham dependência do álcool. No entanto, 14 por cento daqueles militares dependiam psicologicamente da bebida. Pesquisa com 1 600 militares que operavam no mar ou no ar indicava que 20 por cento deles bebiam bastante, 16 por cento encontravam-se num estágio muito sério do alcoolismo e 7 por cento estavam no estágio crítico.

Devemos considerar uma coisa muito importante, todos esses homens estavam na ativa, portanto lutando...

O desespero dos jovens que atingiam a idade militar nos Estados Unidos, não era como o do povo vietnamita, mas era também grande. E um recurso de que dispunha o soldado norte-americano para inicialmente deixar de combater no Vietnã e voltar a seu país era entrar para o que eles chamavam em gíria de caserna de "**Cannabis Club**",(*) isto é converter-se

(*) Nota do Autor — Cannabis Sativa, nome científico da maconha.

num viciado em drogas. Os viciados em heroína, por exemplo acabavam perdendo tudo: sua participação nos combates, seu lugar nas Forças Armadas, enfim, menos o hábito de consumir a droga.

Essa uma das trágicas consequências da guerra moderna, na qual — segundo a observação amarga de Niquita Kruchev — "os vivos podiam invejar os mortos".

Inicialmente, isto é, quando as autoridades deram pela coisa, 15 por cento dos soldados norte-americanos, que combatiam no Vietnã consumiam heroína habitualmente.

As autoridades militares organizaram um programa de reabilitação dos viciados. Os soldados mais viciados eram obrigados a submeter-se a tratamento, mas, nos casos duvidosos, o recurso mais viavel levá-los de volta aos Estados Unidos e desmobilizá-los.

Seu afastamento do serviço ativo contribuia pelo menos para obscurecer a questão e desviar a atenção geral do problema existente entre os integrantes das Forças Armadas.

No caso em que o combatente preferia ser desmobilizado, não se apresentando voluntariamente para fazer o tratamento de reabilitação, ele era repatriado. Esgotadas as vagas para veteranos viciados o soldado era entregue à própria sorte, com um vício dispendioso que não era capaz de abandonar e tampouco de sustentar.

As autoridades chegavam a um acordo quanto aos meios de recuperar os homens que foram convocados para a guerra e de proporcionar-lhes as condições de saúde e de trabalho essenciais a uma vida decente.

O número de soldados que fumavam maconha, em certas unidades ia além de 60 por cento, em algumas havia 30 por cento de viciados em haxixe, e outras apresentavam 7 por cento em heroína. Estes últimos tidos por quase irrecuperáveis. A solução médica de repatriá-los acabou sendo proibida pelo Comando Geral, que achava os efeitos ultimamente, desastrosos. Tanto o soldado, o marujo, como o aviador, viam nela uma recompensa ao vício. Os chefes militares afirmavam que baseado na medida médica, toda a tropa passaria a tomar heroína, para regressar. E os norte-americanos 30 minutos depois de embarcarem para o Vietnã já tinham sido iniciados no vício.

Uma das razões que levavam inicialmente, os soldados norte-americanos que se encontravam no Vietnã a viciar-se no uso da droga era o fato da heroína ser facilmente encontrável no Sudeste Asiático a baixo custo, sendo consumida na forma de cigarros o que dispensava o uso de seringas hipodérmicas.

"Pérola do Dragão Branco" e "Frango Vermelho", eram os nomes que os toxicômanos davam a heroína, narcótico mais procurado e mais consumido em Saigon. A "Pérola do Dragão Branco" a heroína pura que os viciados aspiravam, queimando-a na ponta de um cigarro. Quando enjetada com a seringa era "disparar o canhão anti-aéreo". Mais barata que a heroína pura o "Frango Vermelho", mistura de heroína, cafeína, quinino e procaína, ou a "caçada do dragão", uma parte de heroína e três partes de barbitúricos.

A droga reduzia a tensão do combate e favorecia o retorno ao pais, apesar de ordens e contra ordens a respeito do assunto, quando seu uso ultrapassasse a capacidade pessoal de controle. Alguns soldados sorriam ou mesmo gargalhavam como se estivessem numa festa, no ardor da batalha, outros perdiam o controle e não sabiam acionar as armas em plena luta. Quando não viravam feras cometendo as maiores atrocidades que se podia imaginar, largavam o fuzil e iam abraçar o inimigo para espanto deste que geralmente atirava por julgar um truque. Mas, quando os veteranos viciados nessa poderosa droga — que era adquirida a baixo custo no Vietnã — voltavam aos Estados Unidos e eram licenciados, não encontravam meios de curar-se do vício, nem condições de sustentá-lo, recorriam ao roubo.

Nos Estados Unidos o governo tentou eliminar o mal pela raiz, usando sua influência política e econômica a fim de impedir o afluxo de drogas provenientes da Turquia, do Líbano e de outros pontos do Oriente Médio. Manteve negociações com o governo francês, destinadas a suspender o processamento de drogas em Marselha e em outras partes do Mediterrâneo. Triplicou o número de seus agentes encarregados de evitar o contrabando de drogas através da fronteira com o México, fiscalizou os aeroportos internacionais de todo o país e empregou grande parte da mão-de-obra e da verba federal no combate ao tráfico de drogas.

Contudo, no Vietnã, onde o seu poder de contrôle sobre os traficantes e os soldados era muito maior não lograram resultados positivos. Isto porque inúmeros oficiais eram também viciados e participavam ativamente do comércio maldito. Chegando ao absurdo de enviarem tóxicos para os Estados Unidos, dentro de caixões que continham corpos de soldados falecidos em campo de batalha.

A volta dos soldados viciados para os Estados Unidos era a maior luta. No Vietnã, eles representavam apenas mais um problema militar; em casa, passavam a ser um pesadelo social. Desta forma, o soldado que para salvar a vida evitando combate, viciava-se e era enviado à convivência da família, percebia logo que a pátria não tinha condições de curá-lo e nem sequer de compreender a tragédia do filho que retornava.

Dos 300 000 viciados em heroína que existiam nos Estados Unidos cerca de 80 000 eram veteranos do Vietnã. E todos possuiam o mesmo drama: acostumados a obter a droga com facilidade e a preço barato no Vietnã, através de seus aliados vietnamitas do Sul, eram obrigados, nos Estados Unidos, a gastar de 30 a 50 dólares por semana par sustentar o hábito.

Muitos começaram a roubar para poder comprar heroína, o aumento na criminalidade passou a alarmar especialmente as autoridades. O que fazer com os milhares de jovens que voltariam viciados, após o término daquela luta inglória? Evitar a heroína no Vietnã tinha se tornado muito mais difícil para o soldado norte-americano do que combater a guerra. O preço era muito baixo: 3 dólares por frasco de plástico contendo 250 miligramas. A estrema facilidade com que a droga circulava, mesmo nos quartéis, mesmo entre os oficiais, fazia com que o soldado norte-americano nunca estivesse a mais de quinze minutos de distância de uma dose! E a qualidade da heroína indochinesa era um atrativo ainda maior: quase sempre ela era de 94% a 97% pura, o que permitia aos infelizes soldados fumá-la misturada aos cigarros normais evitando assim o método usual das injeções.

A dispensa da agulha removia a principal barreira psicológica para o consumo da heroína e a ausência de cheiro característico na fumaça dos cigarros dava aos soldados a oportunidade de fumá-lo praticamente em qualquer lugar, até na frente do comandante, ao contrário da maconha.

Com ou sem injeção, entretanto, as consequências eram as mesmas. E uma vez fumando o primeiro **skag**, começava para o soldado o caminho da dependência e das difíceis tentativas de recuperação. Foi preciso colocar centros de recuperação precariamente instalados, para soldados e oficiais nas bases militares. Alguns se apresentavam por iniciativa própria, outros eram apanhados com a droga e podiam ser anistiados se aceitassem o tratamento. Os que recaiam, em geral não tinham uma segunda chance. Tanto podiam ir para a cadeia como ser demitidos das Forças Armadas, perdendo direito aos benefícios reservados aos veteranos. Mas, como o vício estava tão generalizado entre praças e oficiais, o regulamento acabava perdendo o efeito e os doentes, soldados ou graduados, quando não caiam nas mãos da Polícia Militar, ou de um capelão acabavam caindo numa cama e posteriormente repatriados.

Processada quase livremente no Laos, a droga maldita entrava no Vietnã através de rede incontrolável de tráfico, com mais de cem anos de experiência, cujos meios de transporte variavam de mulas até aviões da Air American, a companhia civil que a CIA mantinha no Laos. Um dos maiores culpados dessa praga que se alastrava e destruia os jovens norte-americanos, era justamente seu aliado: o vietnamita do Sul. O paradoxo, que mais uma vez se fazia presente. Não havia cooperação para lutar contra o tráfico, por parte dessas autoridades que viam no vício mais um meio de lucros! Quanto mais jovens doentes, mais dólares nos bolsos dos corruptos vietnamitas do Sul.

O tráfico de narcóticos no Vietnã do Sul era dirigido por três dos principais políticos do país. Estava ligado a membros da Mafia da Córsega e dos Estados Unidos e virtualmente aceito por algumas autoridades norte-americanas. O tráfico de ópio e de heroína do Vietnã do Sul estava dividido entre as organizações políticas do presidente Nguyen Van Thieu, que possuia quase 20 toneladas de ouro prontas para o embarque, de Saigon para a Suiça, onde seria depositado em sua conta particular, no momento oportuno, do ex-presidente Nguyen Cao Ky e do primeiro ministro Tran Van Khien. A irmã do general Nguyen Cao Ky, senhora Nguyen Thi Ly, comprava a heroína preparada em Vientiane, Laos, e cuidava de seu transporte para o Cambodge, onde era recolhida por aviões de transporte que pertenciam a Quinta Divisão Aérea do Vietnã do Sul e levada a Saigon. Os principais chefes militares no Laos, Cambodge e Tailândia também estavam bastante implicados no tráfico de narcóticos. O mesmo acontecendo com alguns diplomatas e norte-americanos agentes da CIA-Agência Central de Inteligência, que se aliavam aos grupos corruptos.

Por pressão de alguns norte-americanos vários diretores de alfândega, chefes de polícias e outras autoridades já tinham sido demitidas, do aeroporto de Saigon. Porém centenas de outras pessoas importantes e amigos influentes dos norte-americanos, mantinham a rede e ligações com contrabandistas de drogas.

A cidade de Okinawa, no Japão, já tinha dado ao sertanista Mavutcinim, uma idéia da violência das tribos que lutavam no Vietnã. Seu instrutor era um oficial forte, loiro e racista, que portava na carteira, e disso fazia questão absoluta de mostrar, uma orelha humana, seca. Usava como talismã e havia pertencido a um vietnamita, mas não do Norte, seus inimigos e sim do Sul, seus aliados. A vítima quase um menino; não tinha mais que 17 anos. A bôina vermelha e o uniforme de campanha dissipavam qualquer dúvida: o jovem pertencia aos **rangers**, unidade do exército sul-vietnamita encarregada das operações de comando e das missões mais difíceis. Estava visitando o Japão como prêmio pelo seu heroismo. Sua vida a mesma de muitos pequenos vietnamitas orfãos e sem lar, que passavam da casa de uma tia para um orfanato, e do orfanato sua residência acabava sendo as ruas de Saigon.

O instrutor assassinara o menor vietnamita numa cantina militar ali mesmo em Okinawa, durante uma discussão, em que o oficial norte-americano, alcoolizado, ofendia os homens do Vietnã chamando-os de ladrões e covardes:

— Vocês não são somente isso — disse o militar bastante embriagado, na frente de todo mundo — são também tarados!... Vocês sul-vietnamitas, nossos aliados, além de terem violado todas as alunas do pensionato católico de Kep, no Cambodge, seus aliados, mataram bois dos lavradores nossos amigos, saquearam arroz e até cobertores da Cruz Vermelha, que pertenciam aos cambojanos. Como se não bastasse isso, lançaram toneladas de cacos de vidro nos arrozais, afim de obrigar os camponeses cambojanos, de pés descalços a sobreviverem como soldados, engrossando as tropas de vocês...

O idioma inglês dos vietnamitas do Sul, era um linguajar estranho, sem preposições nem tempo de verbo, como a antiga língua dos Sioux. O jovem ainda acrescentava um ligeiro acento texano e gíria norte-americana aprendida em caserna:

— Para iniciar minha resposta — disse o corajoso e magro jovem sul-vietnamita — vocês bêbados norte-americanos não podem falar contra defloramento de mulher. Não tem força moral para isso, pois na sua terra, a honra de uma menina depende da velocidade do irmão...

A frase quase não foi terminada. O oficial norte-americano encostou o cano da sua pistola 45 no peito do franzinho sul-vietnamita e disparou. O rapaz encolheu os ombros, como que segurando o antebraço, onde aparecia uma palavra tatuada: **Bihn,** que em linguagem vietnamita queria dizer Paz. Pouco acima do bolsinho de sua túnica, três letras góticas: Dan, avermelharam, enquanto o rosário saltava do pescoço. O impacto da bala e o estrebuchamento derrubaram-no com cadeira e tudo. E em seguida o oficial norte-americano como num salto felino, cortou a orelha do pobre rapaz...

Era mais um a pertencer ao "Gran-Clube da Orelha Amarela", a qual parte do pessoal de Nova Yorque, que tinha lutado no Vietnã, pertencia. Tétrica sociedade em que cada um de seus membros, orgulhosamente portava na carteira uma orelha humana, seca!

O ambiente de Okinawa, no Japão, onde havia base dos Estados Unidos, também não diferenciava em nada do Hawai. Da costa do Pacífico à costa do Atlântico, de Nova Yorque à Califórnia, a paisagem a mesma: vidraças quebradas, carros e bancos incendiados, policiais em uniforme protetor e capacetes de aço, sendo atacados com pedras e garrafas por manifestantes cada vez mais violentos. As violências nas cidades dos Estados Unidos, os conflitos sociais, estavam sempre relacionados de alguma forma com o conflito vietnamita. Era o protesto de forma mais violenta contra a guerra no Sudeste Asiático, em que participavam universitários, operários, **híppies,** padres, pastores e ex-militares brancos, negros e amarelos, sempre chamando o presidente-mafioso dos Estados Unidos, de **pig** (porco):

— **Hey, hey, pig president, how many kids did you kill today?** (Ei, presidente porco, quantas crianças você matou hoje?) — gritavam em couro.

Enquanto o presidente-mafioso como que ignorando as manifestações, mandava que se produzissem mais desfolhantes, utilizados pela arma aérea norte-americana para apodrecer florestas e ramagens, privando seu adversário de seu escudo anti-aéreo natural, 65 milhões de litros de desfolhantes já tinham "desnudado" no Vietnã, cerca de dois milhões de hectares de bosques. Bem como, mandava, o presidente-mafioso, aumentar a produção de **napalm**, combustível extraido de uma palmeira e utilizado em bombas incendiárias. Queimava mesmo embaixo dágua, e destruia os tecidos humanos até que ele próprio fosse inteiramente consumido pelo fogo.

No Hawai havia a mesma sessão de **Guerrilla Theater**, que era comum até em Washington. Uma forma de protesto que utilizava **sketches** muito rápidos, apresentados em qualquer lugar, mesmo sem palco.

— Por favor, não matem o meu filhinho — gritava a moça vestida com um saco de estopa, ajoelhada, com uma boneca nos braços.

— Vamos matar, sim — respondiam gravemente os rapazes vestidos com jaquetas verdes do Exército, apontando seus rifles M-16 de brinquedo, diante do olhar aterrorizado da improvizada platéia da praça. E com diferentes ruídos vocais, disparavam rajadas imaginárias sobre a mãe e filho, enquanto outros rapazes e moças gemiam em coro ou rolavam aos gritos pelo chão. Até serem removidos pela polícia.

Essas peças curtas apresentadas em todo lugar nos Estados Unidos, faziam parte de manifestações para pressionar o governo a retirar mais rapidamente as tropas norte-americanas do Vietnã e quase sempre eram acompanhadas de veteranos de guerra que jogavam fora suas medalhas.

Eram ex-soldados, jovens e idosos em cadeiras de rodas, usando muletas ou sem olhos, pés e mãos, que impressionavam por demais o público. Dramaticamente renegavam publicamente suas medalhas e condecorações por atos de bravura, que culminava com grande passeata, terminando por ter o apoio de todos.

Os pacifistas preferiam o **Guerrilla Theater** porque atraia mais atenção do que um discurso. No Capitólio, em Washington, por exemplo a peça era encenada diariamente, tentando convencer o Senado, a apressar a retirada dos jovens que lutavam ingloriamente no Vietnã.

O "pombo"(*) deputado democrata Robert Legett dirigindo-se a toda a bancada de seu partido ia contra a política presidencial, cega pela fúria, no Sudeste Asiático:

— Teremos força para reagir contra o presidente, ou não passamos de um bando de pusilânimes?...

Enquanto na Casa Branca, o presidente-mafioso, como um Nero moderno, recebia o título de "o mais sedente de sangue e cruel assassino da nossa época". Com um litro de uisque ao lado, lendo história em quadrinhos no jornal de sua preferência, ele sorria...

Seus homens de confiança forjavam papéis tentando esconder sua sonegação de imposto de renda e fraudes para acumular fortunas. Onde o presidente eleito pela Mafia, pagava de impostos muito menos que a porcentagem recolhida de um modesto pai de família com mulher e dois filhos. O presidente-chefão incluia entre as deduções ilegais de impostos, despesas com a manutenção de suas residências particulares, passagens aéreas à família e amigos e até um baile de mascara de sua filha. Além de alimentação da família presidencial nos fins de semana e férias fora da Casa Branca. Sua quadrilha particular, composta de homens da CIA, era organizada a ponto de não somente colocar microfones secretos em salas de adversários políticos, arrombar escritórios e consultórios, como fazer desaparecer toda e qualquer prova de furto de peças raras e mobílias da casa presidencial. Como sempre tão malfeito, que logo tudo seria descoberto.

A Casa Branca estava transformada em covil de criminosos e impregnada de podridão moral, onde tudo era tramado secretamente. Planejavam-se ali as maiores atrocidades, falsificações e negociatas de toda a história norte-americana. Escondidas do povo, porém, um dia ainda seriam descobertas. Obstrução da Justiça, indução ao perjúrio, suborno, conspiração, prisões ilegais. Ocultação do caso de Watergate, onde mais uma vez a CIA mostrou sua incompetência (só funcionava bem em filmes de propaganda), falsas declarações ao imposto de renda, o caso da ITT, as contribuições dos produtores de leite, a venda de cargos de embaixador e outros mais escabrosos.

(*) Nota do Autor — O conflito no Vietnã radicalizou a opinião pública norte-americana entre "pombos" e "falcões", pacifistas e belicistas.

Em lugar mais discreto que a Casa Branca, alguém também na base do uisque, dava super-festa costumeira: seu lugar tenente, um alemão filho de judeus, que em 1938 tinha fugido do nazismo e naturalizara-se norte-americano, cujo apelido era **Herr Doctor.** Em festas e solenidades, para impressionar, contratava belas atrizes do cinema para criar a imagem de estar sempre bem companhado de lindas mulheres loiras. E entre elas preferia ser chamado de "Kiss".

"Kiss" como amigo íntimo do presidente dos Estados Unidos conhecia não só suas mentiras e trapaças particulares, como sabia também que muitos soldados norte-americanos tinham sido submetidos, sem consentimento, a experiências sobre reações ao ácido lisérgico. Experiências e estudos de produtos químicos e drogas "que podiam converter-se em armas potenciais", segundo os técnicos do Pentágono. Testes que incluiram 1485 soldados: 585 voluntários, mas os outros não sabiam que tipo de experiência estavam vivendo. Os voluntários sabiam que a experiência se referia a um "produto químico" e mais nada sobre a duração aproximada dos efeitos e sobre as transformações que o LSD poderia operar em seu equilíbrio psicológico e físico. Um rapaz-cobaia que desconhecia a experiência a que o submetiam, desesperado pelos efeitos da droga, suicidou-se. Outras cobaias-humanas cujas idades variavam de 24 a 50 anos foram também submetidas a outro tipo de experiência, desta vez com plutônio radioativo. Alguma delas contra a vontade, por cientistas contratados pelo governo norte-americano. Três dessas pessoas, entre as quais uma que consentiu em participar da experiência, ainda vivem.

"Kiss" e a camarilha tinham conhecimento também da falsificação de dólares pelos próprios norte-americanos no Vietnã. O dinheiro falsificado servia para financiar operações secretas sem que a CIA tivesse que dar conta às comissões do Parlamento.

Os governantes norte-americanos eram uns irresponsáveis. Como Hitler e sua matilha, mentiam e arrastavam o povo. Deixando de combater naquela ocasião, a nação norte-americana teria oportunidade de cicatrizar profundas feridas. Além de estar custando 45 000 vidas e 120 bilhões de dólares, aquela guerra criava e acentuava divisões profundas na sociedade dos Estados Unidos, entre adultos e jovens, ricos e pobres, brancos e negros...

O brasileiro não era mais Mavutciním como sua mãe queria, nem Mavis como seu pai o tratava. Agora simplesmente Mav, para os norte-americanos e chegava finalmente à Saigon, cidade que era uma síntese da tragédia vietnamita. A antiga "Pérola do Oriente", planejada cuidadosamente pelos franceses para ser uma agradável capital estava transformada na pior cidade do mundo. Envolvida por sinfonia de apitos e sirenes, esquadrões de jipes e motocicletas, cercando de todos os lados viaturas oficiais.

Decomposição a palavra que melhor traduzia a atmosfera ali existente. 2 dos 4 milhões de habitantes eram refugiados e viviam em condições de miséria sub-humana. Não havia casa para todos. Milhares de pessoas desabrigadas apelavam para as favelas, cheias de morcegos. As favelas se multiplicavam, abrigando mais de 2 milhões de saigoneses em barracos construidos com folhas-de-flandres, madeira das caixas de balas e latas amassadas de cerveja. A destruição de boa parte da cidade pelos bombardeios, acabaram com as tranquilas residências brancas de telhados vermelhos, idealizadas pelos franceses. Em certos bairros uma pessoa não tinha direito a mais do que 90 centímetros quadrados de espaço vital!

Vietcongs se instalavam em bosques de coqueiros, em plantações de borracha abandonadas ou no meio de pântanos, e a partir dali organizavam suas incursões rumo a Saigon, provocando terror na cidade.

Para enfrentar toda essa gama de problemas, a estrutura governamental era inteiramente ineficaz: o prefeito, um coronel do exército, de reputação duvidosa para os norte-americanos e de comprovada desonestidade para os saigoneses, não podia assinar cheques acima de 200 dólares sem o aval de outra pessoa. Tinha para auxiliá-lo funcionários militares corruptos e alguns civis despreparados.

Saigon sofria de todos os males das grandes cidades, mas em escala excessiva. A suave neblina matinal cantada há séculos pelos poetas vietnamitas, tinha sido substituida por pesada e venenosa cerração, que saia diretamente dos canos de escapamento de 1 milhão de motonetas, jipes e caminhões. A água era um sério problema. Como esgôto, os malcheirosos canais da cidade substituiam os velhos encanamentos. O serviço elétrico os norte-americanos haviam melhorado um pouco, já que ele era indispensável para o funcionamento do ar refrigerado nas salas especiais e nos quartéis, afim de suavisar o insuportável calor da capital do Vietnã do Sul.

Apesar do cuidado dos norte-americanos, a energia elétrica só funcionava em dias alternados. Em certos bairros não havia serviço de limpeza pública há anos, e em outros, poucos caminhões de lixo que existiam acabavam por jogar sua carga dentro da própria área metropolitana, abandonando-a ao mau cheiro e aos ratos. A cidade vivia em estado de prontidão permanentemente. Os inimigos chegaram a concentrar 6 000 soldados a apenas 30 km de distância, transfigurando quarteirões inteiros do centro da capital, que tinham algumas ruas bloqueadas com tambores e rolos de arame farpado.

As crianças não iam mais as escolas e quase não saiam mais de perto das mães. As paredes dos prédios estavam crivadas de balas e o mesmo acontecendo com os troncos das árvores. Das lojas do centro de Saigon, as mais movimentadas eram as **nha may**, alfaiatarias militares que se alastravam de porta em porta. O restante do comércio fraco, como fracas eram as possibilidades dos compradores.

Na frente de ministérios, quartéis e pontos estratégicos como a embaixada norte-americana, os jardins estavam ocupados por tanques, jipes, ninhos de metralhadoras e helicópteros pousados, para atender qualquer deslocamento de emergência. Nenhum carro podia parar nem mesmo para um passageiro descer. Quando parava uma viatura, era para saltar algum cidadão suspeito, amparado por militares ou ser arrastado para dentro a fim de sofrer interrogatórios severos. Tudo igual aos filmes norte-americanos da década de 40, quando mostrava os invasores nazistas na Polônia, Tchecoslovaquia etc., apenas a farda diferenciava.

Nas ruas, jovens vagabundos montados em suas motocicletas apoderavam-se das bolsas das mulheres e das correntes de ouro ou prata que elas usavam no pescoço. Enquanto bandos de garotos, em frente aos hotéis arrancavam as malas das mãos das pessoas que esperavam taxi. A multidão não reagia, indiferente, cada qual preocupado com seu problema de sobrevivência. Os garotos menores arrancavam as cascas das árvores das ruas para fazer fogo em casa, enquanto velhos reviravam latas de lixo ou montavam nas calçadas, improvisadas oficinas para reparar pneus furados. Moça que era amiga de um norte-americano, desde que não tivesse filho dele, sustentava a família toda e ainda pagava as dívidas do irmão ou comprava jóias para os maus dias que chegariam quando os soldados norte-americanos fossem embora e o Vietnã do Sul deixasse de viver encostado nos Estados Unidos.

Na agônica e surrealista Saigon, onde a tuberculose e a blenorragia chegavam a atingir níveis de epidemia, os médicos eram raros. Ali apresentavam-se os mais altos índices de criminalidade, de prostituição e de doenças venéreas de todo o mundo. Os soldados costumavam dizer que para se apanhar uma gonorréia, na cidade, bastava urinar contra o vento!...

A guerra era algo simultaneamente distante e próximo. Com exceção dos traficantes, todos odiavam a guerra; mas ninguém acreditava na paz. A capital do Vietnã do Sul tornara-se uma terra onde a Lei era simples palavra sem significado. Pequenas vendas e grandes negociatas eram feitas em plena rua. A começar do soldado que vendia latas de ração de combate norte-americanas às famílias, graças as quais elas podiam subsistir durante alguns dias.

Na própria cantina dos oficiais norte-americanos, onde se reuniam autoridades locais e o Estado Maior das tropas dos Estados Unidos, e onde discussões homéricas e bárbaros assassinatos também ocupavam lugares comuns; o dólar negociado no câmbio negro, por quatro ou cinco vezes o valor do câmbio oficial.

A polícia já há muito tempo havia desistido de interferir no "mercado dos ladrões" — mais um símbolo do estado de desintegração a que chegara a sociedade saigonesa. Nessa feira única no mundo, vendia-se de tudo, e era possível em pleno dia, sob os olhares displiscentes da polícia, assistir às transações mais inscríveis, como a venda de sangue, por exemplo. Só que feita de vietnamita para vietnamita. Os norte-americanos tinham seu mercado na América Central, onde o plasma para os soldados dos Estados Unidos, era fruto de uma manobra muito lucrativa. Seus autores eram militares que os próprios norte-americanos menospresavam dizendo fazer parte de exército que tinha mais cacique do que índio. Além de tão pobres, que os generais usavam rótulos de Cinzano no quepe e pertencerem à tropas que quanto menor o exército, maior era o quepe dos generais. O sangue vinha de empresas cujas atividades consistiam em colher sangue de habitantes maltrapilhos e exportar o plasma para hospitais norte-americanos, bem como a venda de cadáveres para faculdade de medicina dos Estados Unidos.

As firmas especializadas norte-americanas, enriqueciam rapidamente com o comércio ilegal de sangue humano, comprado a preços baixos nos países subdesenvolvidos. Depois de dominado o comércio de sangue na América Central os Norte-americanos desceram para a América do Sul e estavam expandindo suas atividades também na África e Ásia.

Como muitos produtos no comércio mundial, o sangue circulava pelas artérias das empresas dos Estados Unidos: saiam dos países pobres em forma de matéria-prima e retornavam gamaglobulina, soros, fibrinogeno, albumina e outros produtos que rendiam milhões de dólares, à empresas norte-americanas.

O sangue não passava de homem à homem simplesmente. Era transfusão do pobre ao rico, dos países em desenvolvimento aos países desenvolvidos. A extração de plasma humano das populações mais desnutridas estavam em contradições com uma resolução da Assembléia das Nações Unidas sobre Direitos Humanos e, portanto, com o primeiro artigo da Declaração dos Direitos Humanos. Mas a rentabilidade do negócio, por ser alta demais para os homens dos Estados Unidos, não era severamente controlada.

O sangue saia barato e em grande quantidade e voltava pouco, com outros rótulos. E o pior que quando o círculo se completava, o doador subdesenvolvido não tinha acesso aos derivados de seu próprio sangue por causa dos altos custos...

Um mínimo de ordem presidia o caos em Saigon. Havia um setor reservado à cada tipo de negócios. E uma das poucas coisas que as autoridades proibiam era a venda de tecidos azuis e vermelhos, cores do Vietcong. Todas as lojas do Vietnã do Sul foram proibidas de negociá-los, porque eram usados para a confecção de bandeiras guerrilheiras. Com exceção dos entorpecentes (maconha, heroína, cocaína, ópio e ácido lisérgico, que por incrível que possa parecer, alastrados por ordens de altas autoridades), os artigos vendidos eram todos roubados dos PX,(*) dos quartéis ou dos hotéis e clubes frequentados por elementos do corpo expedicionário.

No "mercado dos ladrões" havia de tudo. Desde gravadores, rádios, televisores, máquinas fotográficas, relógios, cigarros até conservas e roupas. De fardas a barracas. Dos fuzis automáticos M-16 dos norte-americanos aos AK-17 dos russos. Os bens mais preciosos não eram exibidos, como por exemplo, caminhões e jeeps da **US Army.** Nesses casos os ladrões eram discretos. Desmontavam os veículos e vendiam as peças. O absurdo atingia tais extremos que a massa de compradores era constituida por soldados norte-americanos. Muitos deles eram forçados a adquirirem uniformes e armas para substituirem os que perdiam em circunstâncias comprometedoras.

A alameda das cem piastras o paraíso das drogas. Era uma espécie de quartel general do vício. Daquele inferno é que personalidades de destaque do governo do Vietnã do Sul, controlavam a droga do país. Viciavam não só parte da população como seus aliados os norte-americanos. Nesse ambiente kafkiano, meninas de oito anos eram vendidas por um punhado de piástras a qualquer estrangeiro, militar ou civil. Um atestado que isentava da prestação do serviço militar não custava muito caro. Documentos falsificados para desertores vietnamitas também eram relativamente baratos.

Nos anos de guerra do Vietnã, em que os Estados Unidos estavam envolvidos até o pescoço, preparavam-se na Saigon, mais de 5 000 inquéritos para apurar desaparecimentos e roubos de equipamentos militares fornecidos pelos norte-americanos. Um general sul-vietnamita fora processado por vender em benefício próprio toneladas de material de comunicações, instalações móveis de engenharia militar e até um edifício, que fazia parte de um quartel norte-americano próximo a Hué!

O governo do Cambodge, outro aliado dos norte-americanos, tinha descoberto por acaso, que um terço das Fôrças Armadas do país era inexistente! O contingente fantasma, que chegou em certos períodos a ter cem mil soldados, somente existia nos livros de pagamento. E permitia aos comandantes de alguns destacamentos ficarem mensalmente com milhões de dólares.

Depois de muito tempo é que o governo cambodgeano

(*) Nota do Autor — PX, (Post Exchange) sigla que identificava os armazens militares norte-americanos.

descobriu que o total de seus homens não passava de 200 mil, contra os 300 mil que apareciam nas folhas de pagamentos. Todo o dinheiro que os diversos comandantes embolsavam vinha da ajuda norte-americana ao Cambodge. Cerca de 300 milhões de dólares por ano.

Além dos soldados "fantasmas", inúmeros eram os casos de corrupção no Exército cambodgeano, inclusive a venda de medicamentos e material militar no câmbio negro.

Naquela paradoxal guerra em que se envolveram, os Estados Unidos tinham que ficar, com um olho no inimigo e outro no aliado! E pior do que o roubo o envolvimento das autoridades civis e militares sul-vietnamitas na propagação das drogas. Investigações norte-americanas sobre o comércio de narcóticos, provaram mais de uma vez que o tráfico de drogas no Vietnã do Sul, estava dividido entre as organizações políticas aliadas dos homens de Washington.

Esse o ambiente que o piloto brasileiro Mav iria enfrentar. E começou o mesmo dia em que chegou.

Notou que os moradores de Saigon, apesar de aliados, revelavam uma hostilidade crescente contra os norte-americanos. As brigas entre vietnamitas e soldados embriagados dos Estados Unidos, em torno dos cabarés da rua Tu Do, eram ignoradas pela polícia militar do Vietnã do Sul, obrigando assim os policiais norte-americanos a uma atuação não muito simpática que era a de policiar também as ruas, e quase sempre protegendo seus conterrâneos.

Passava da meia noite, na base norte-americana em que Mav já estava alojado, quando uma explosão sacudiu toda a parte central do prédio. Imediatamente foi acionado o sinal de alarme. Um repentino ataque vietcong? Logo se soube que a granada tinha sido atirada por soldados norte-americanos entregues temporariamente a uma "viagem" movida a maconha e heroína.

Pela manhã Mav constatou. O que sempre ouvira falar, era uma verdade. Canteiros de maconha floresciam em quase todos os acampamentos. E o tráfico de outros tóxicos, como a heroína e cocaína, aumentavam dia a dia. Alguns soldados que ali estavam, pertenciam a uma grande unidade que tinha sido quase completamente destruída em combate. Nos bolsos dos soldados mortos foi encontrado tanta maconha que daria para encher vários sacos...

Os infelizes pertenciam a um agrupamento de artilharia onde 95 por cento de sua unidade usava entorpecentes em maior ou menor grau. As vezes completamente dopado eles esqueciam até como manipular as armas.

Mav ia conhecer no mesmo dia a "sala maldita", de onde entraria imediatamente em combate. Era outro centro de consumo de entorpecentes, alcoolismo, perturbações mentais e indisciplina. Anexo havia o departamento de propaganda onde eram forjadas as maiores mentiras. Naquele antro de vícios um oficial admitia abertamente que fumava haxixe duas ou três vezes cada quatro horas. Era especialista em linguagem cifrada e chegou a trabalhar em certa ocasião, sobre material secreto, encontrando-se completamente drogado.

Tratava-se da sala chamada "**Blue Chip**", em que os Estados Unidos comandavam a guerra na Indochina. No interior da sala bem iluminada, com ar condicionado, do tamanho de uma sala de estar comum, uma equipe de oficiais da Força Aérea, sempre regada a uisque, comandava as missões de mil aviões por dia.

Mil aviões a cada 24 horas, sete dias por semana. Jatos, turbo-hélices, caças-bombardeiros, eram enviados, pelo comando "**Blue Chip**" à missões no Vietnã do Norte, no Cambodge, no Laos, ou Vietnã do Sul. As ordens eram dadas pelo telefone ou pelo rádio, com centenas de estações intermediárias, estações de radar e centros regionais de contrôle aéreo.

Ali onde quase todos fumavam haxixe ou maconha, era dito aos altos e louros pilotos, assassinos condicionados muito bem pagos, que bombardear "santuários"(*) e vietnamitas em geral era a mesma coisa que bombardear macacos!...

"**Blue Chip**", o centro de controle aéreo da Sétima Divisão da Força Aérea, na base de Tan Son Nhut, em Saigon. Um general cercado por charutos e telefones, tinha sempre um copo de uisque na mão e a sua frente uma pasta com a observação: Altamente Secreto. Objetivos do general Falco Peregrinus.(*) Na pasta estavam os pontos a ser atacados pelos aviões

(*) Nota do Autor — "Santuários", redutos de guerrilheiros vietcongs e de soldados norte-vietnamitas. Falco Peregrinus, nome científico da ave de rapina Falcão. Designação de todas as aves da família dos Falconídeos, conhecidas no Brasil pelo nome de gavião.

norte-americanos: estradas, usinas de energia elétrica, regiões densamente povoadas, hospitais, fábricas, represas, pontes ou uma ferrovia que era constantemente bombardeada, a 32 quilômetros (quarenta segundos de vôo) da fronteira com a China.

Falco Peregrinus, responsável pelo serviço, podia enviar instruções diretamente aos pilotos, coisa que não era muito comum acontecer. O general sabia quando um piloto estava atrasado de alguns segundos em sua missão. Nas paredes da sala, havia telas plásticas transparente, com luzes atrás. Cada uma delas representando uma região militar. Dois oficiais eram responsáveis por cada região. O movimento de cada avião, desde sua decolagem até a chegada ao objetivo, era anotado. Todo lançamento de mísseis terra-ar dos norte-ame-vietnamitas, bem como seus ataques de artilharia anti-aérea, eram controlados.

Controlavam também na sala, a guerra clandestina, de pleno acordo com o presidente-mafioso dos Estados Unidos. Bombardeavam o Cambodge e em seguida os registros de vôo eram ali falsificados, para fazer crer que os bombardeios eram realizados no Vietnã. Mais de cem soldados morreram em operações secretas no Cambodge, sendo suas famílias informadas de que haviam falecido no Vietnã do Sul.

Planos detalhados de ataques contra o Vietnã do Norte eram feitos com dois dias de antecedência. Um dia antes dos ataques, o general responsável, reunia-se com seus assessores para debater os pormenores das missões. Entre goles de uisque discutiam a morte de civis vietnamitas por milheiros, como formigas. Um dos falconídeos assessores para agradar ao seu general, apontava no mapa e falava com indisfarçável sorriso, sobre o trabalho do bombardeio de seu grupo:

— Foram tantas as bombas que deixamos cair aqui, que passarão pelo menos seis anos antes que um coqueiro possa crescer na região, se é que alguma vez chegue a crescer!...

Eram como espectros de Átila, por onde passavam nunca mais nascia grama.

As ordens, computadas, iam de "**Blue Chip**" para os esquadrões e para as estações terrestres secretas de radar que guiavam os aviões. No fim, as ordens passavam por 60 níveis diferentes de comando, alguns deles com o propósito apenas informativo. Os pilotos eram informados sobre o tipo de armas que iriam usar, onde iriam reabastecer, e sobre as alternativas a serem adotadas, caso chovesse ou diante de qualquer outro problema inesperado.

Para agradar à seu chefe, cada assessor tentava ser mais maquiavélico que o colega. Quanto mais estudado e mais destruidor, melhor o plano. Um dos preferidos era lançar agentes químicos nas nuvens a fim de provocar tremendos aguaceiros e inundações. Os norte-americanos utilizavam naquela confortável sala-bar, métodos cada vez mais brutais para debilitar a economia do povo vietnamita e tentar provocar a fome na população. Além das ferrovias e sistemas hidráulicos, os pilotos por ordem da **"Blue Chip"**, a "sala maldita", procuravam acertar nas represas e romper os diques que protegiam as terras baixas contra o mar. Explodiam tudo, tornando impossível o cultivo em diversos arrozais!

Os ataques para prejudicar o cultivo do arroz eram feitos a noite, por aviões e simultaneamente por canhões de longo alcance dos 25 destroiers da VII Frota norte-americana, ancorados no Golfo de Tonquim. Desta forma arrazaram a cidade de Thai Bihn, a leste de Hanói, que era a província mais avançada em matéria de produção alimentícia do país. Destruiam obras de retenção de águas, canais de irrigação e de desaguamento, além de represas. Em Dong Quy e Tay Luong, ao sul de Hanói, os diques que protegiam as terras e as plantações de arroz, foram também pelos ares, conforme os planos da maldita sala-bar **"Blue Chip"**, onde assassinos norte-americanos entre goles de uisque sorriam satisfeitos, indiferentes a morte de centenas de pessoas.

— Morreram à noite enquanto dormiam; nada sentiram... — dizia um assessor tentando enganar a própria consciência.

Toneladas e toneladas de bombas foram jogadas sobre a indefesa população durante mais de 10 anos a fio.

Usando poderosas quantidades de herbicídas os norte-americanos destruiram metade das florestas do Vietnã do Sul. Mataram metade das árvores de madeira de lei ao norte e a oeste de Saigon e inutilizaram 22 bilhões de metros quadrados de terras. Em mais de dez anos de guerra, abriram no país cerca de 26 milhões de crateras com as dimensões médias de 8 metros de profundidade por 10 de diâmetro. Nunca na história uma região foi tão maciçamente alterada e mutilada.

Os bombardeiros norte-americanos no Vietnã do Norte,

não podiam deter o esforço de guerra de Hanói, nem deter a vida no norte. Era a guerra do mais forte, possuindo a mais poderosa fôrça aérea do mundo, contra um país subdesenvolvido, mas determinado a lutar.

Os portos do Vietnã do Norte foram minados para evitar ajuda externa. Hanói e Haiphong massacrados pelos gigantescos B-52, com a ajuda das bombas controladas pelo raio lazer que acertavam melhor os alvos, não foram suficientes para desanimar os norte-vietnamitas. Por toda a capital existiam pedaços de aviões norte-americanos. As peças mais importantes eram exibidas nas escolas. Até no zoológico de Hanói havia pedaços de B-52 alojados entre jaulas de tigres e panteras.

Crianças e idosos eram evacuados de Hanói e de outras cidades mais procuradas pelas bombas. Os departamentos do Governo e as fábricas mais importantes foram removidos. Desenvolveu-se um engenhoso sistema de balsa e pontes temporárias, sobre a superfície ou debaixo da água, para manter suprimentos, enquanto rústicos homens-rãs especialmente treinados desmontavam as minas que os norte-americanos jogavam nos portos. Os homens do Vietnã do Norte deslocaram muitas das minas norte-americanas, para usá-las contra navios da Sétima Frota dos Estados Unidos. O que fazia com que os técnicos do Pentágono quebrassem a cabeça perguntando entre si: — "Onde afinal esses demônios colocaram nossas bombas?"

Milhares de jovens trabalhavam em novas estradas nas montanhas e na selva, para garantir que os suprimentos, principalmente de alimentos continuassem a se desenvolver no país. Foi feita uma descentralização como ponto importante. As províncias planejaram sua auto-suficiência. Equipes de trabalhadores como formigas faziam reparos rápidos, boa parte do esforço do governo de Hanói tinha sido empregado nas reconstruções. Estavam preparados para os danos que os norte-americanos causavam a sua economia, por mais violentas e covardes que fossem as formas de ataques.

A corajosa população enfrentava bombardeios cada vez mais pesados, enquanto combatentes cada vez mais jovens, quase meninos, eram enviados para os campos de luta.

Mas Hanói não tinha que suportar apenas os bombardeios, como também a guerra psicológica. Milhares e milhares de folhetos eram lançados dos aviões, apelando para saques e rendição. Os católicos eram convocados a cumprirem o quinto mandamento (não matarás) e as populações mais atrazadas das fronteiras, recebiam instruções para se rebelarem e praticarem o saque afim de provocar pânico e consequentemente o caos. Instruções e advertências foram baixadas no Norte, indicando que a sabotagem e o derrotismo seriam punidos com energia; o que não acontecia uma vez que o moral dos norte-vietnamitas era alto e estava muito acima daqueles enganadores papeizinhos que citavam "não matarás" justamente mandados pelos assassinos da sala **"Blue Chip"**, e seu departamento de propaganda. O alcool tirava cada vez mais o pouco de inteligência dos frios e cínicos homens do Pentágono.

Como se não bastassem os bombardeios oficiais, indicados pela **"Blue Chip"**, havia também no Vietnã, aqueles que faziam suas guerrinhas particulares. Como o caso de um general de 4 estrelas (general de divisão), comandante da VII Fôrça Aérea dos Estados Unidos, com base no Sudeste Asiático, que resolveu "esticar" um pouco mais o regulamento, ordenando bombardeio não autorizado de objetivos no Vietnã do Norte. Por conta própria esse militar ordenou 28 missões de bombardeios, envolvendo 147 aviões antes que fosse descoberto pelos seus superiores.

Na mesma época representantes dos Estados Unidos desenvolviam espinhosas negociações secretas em Paris com o representante de Hanói, sobre a paz na Indochina. As denúncias norte-vietnamitas de que seu país continuava sendo violentamente bombardeado apesar da suspensão oficial dos ataques, não foram investigadas porque não tinham sido levadas a sério.

A irregularidade talvez permancesse no âmbito discreto da Fôrça Aérea Norte-Americana, que procurou abafar o assunto após afastar o general "por motivos pessoais de saúde". Entretanto a guerra particular do comandante foi denunciada ao Legislativo por sargento, em carta a um senador. A partir dai, a Subcomissão das Fôrças Armadas decidiu investigar o afastamento do general.

Desencadeou-se uma avalancha de denúncias sobre irregularidades, desobediência e indisciplina na alta hierarquia militar no Vietnã. Surgiram as maiores aberrações que se podia imaginar. Foi aberta uma verdadeira caixa de surpresas e extravagâncias, que iam desde casos de oficiais alcoólatras, à homossexuais, influência da Máfia e da Ku Klux Kan, nas casernas e suas consequentes perseguições, até tráfico de entorpecentes nos quarteis, feitos pelos próprios oficiais.

Um oficial revelou ter sido certa vez duramente criticado por seu superior, por ter utilizado para socorrer feridos, sem autorização, um helicóptero destinado ao transporte de ...pizzas!

E outro denunciou ridículo general, que criava um pato de estimação num canteiro de flores importadas por via aérea, obrigando seus subordinados a prestarem continência a...ave. Um mais ousado, que possuia a patente de tenente-coronel deu parte, sem antes contar:

— Uma noite rastejei até o canteiro, e já que não podia fazer com o general, torci o pescoço da maldita ave; eu e um sargento que me acompanhava. Fritamos o bicho e fizemos deliciosos sanduiches de pato!...

O general de 4 estrelas, comandante da Fôrça Aérea, que desafiou os chefes do Estado Maior efetuando bombardeios não autorizados, qualificou os ataques de "incursões de reação protetora".(*) Desculpa que não agradou a Casa Branca nem ao Pentágono. O general foi rebaixado de posto (fato sem precedente nos Estados Unidos), ficando com apenas 3 estrelas (general de brigada). Na ocasião disse um capitão:

— Especialmente entre os pilotos, a "reação protetora" não passava de uma piada: na verdade, era apenas uma desculpa que nos permitia bombardear Hanói frequentemente...

O governo norte americano dizia aos jovens em idade militar que poderiam ser obrigados a lutar na guerra não declarada do Vietnã, contra sua vontade, sob pena de serem presos. Dizia aos soldados, no campo de batalha, que deviam obedecer às ordens, ou seriam punidos, e comunicava aos desertores que saiam do país (como muitos exilados na Suécia e no Canadá), que seriam encarcerados se voltassem aos Estados Unidos. No Vietnã não havia liberdade para os homens

(*) Nota do Autor — Metáfora militar para os bombardeios destinados a proteger aviões norte-americanos de observação, em risco de serem abatidos por aparelhos norte-vietnamitas ou pela artilharia de Hanói.

que se recusavam a matar, quando recebiam ordens de fazê-lo. Mas, para o general que admitiu ter bombardeado e matado centenas de pessoas por sua própria iniciativa, quase nada aconteceu. Foi discretamente reformado com a patente de general do Exército e um salário mensal de 2 250 dólares.

O governo dos Estados Unidos mantinha um departamento de propaganda onde as maiores mentiras eram enviadas a jornais do mundo todo. Era ligado a CIA E usava o sistema baseado no nazismo, cujo lema era "Uma mentira repetida mil vezes, passa a ser verdade". Esse mesmo governo norte-americano era contra os repórteres corajosos que divulgavam os massacres particulares e outras barbaridades, ou que descobriam documentos secretos do Pentágono, propondo golpe sujo, acusando que os jornalistas criavam problemas, embaraçavam o governo e auxiliavam o inimigo. Mas não tão duro com o indisciplinado general que tinha posto a perder negociações de paz com o Vietnã do Norte, em Paris. Por sua vez o general obrigava seus subalternos, os homens sob seu comando, a executarem suas ordens, mas ele próprio não seguia as instruções de seus superiores.

Difícil, saber como pôde um general ter bombardeado alvos não autorizados, durante três meses, sem que chegasse ao conhecimento das autoridades superiores. Evidentemente havia algo errado com todo o sistema de serviço secreto dos Estados Unidos.

Uma coisa nisso tudo era certa: as acusações que o Vietnã do Norte tinha feito na ocasião, denunciando o bombardeio de seu território eram procedentes, muito embora os Estados Unidos tivessem negado tudo. Como sempre o departamento de propaganda afirmava ser calúnia. Ao mesmo tempo em que para mais uma vez disfarçar, nos moldes nazista, enviava a imprensa fotos de oficiais junto de crianças, para criar a imagem do "bonzinho" adotando crianças vietnamitas, muitas delas filhos de soldados dos Estados Unidos, na cínica tentativa de mostrar que seu humanismo superava a barbárie da guerra.

A política norte-americana no Vietnã sempre fôra um aglomerado de mentiras. E mais uma vez ficara patente que o governo distorcia a verdade.

Na Austrália, Holanda e Itália, trabalhadores dos portos se recusavam a descarregar navios norte-americanos em represália à mortandade desenfreada das feras militares, que atacavam também por conta própria, inocentes civis, e quem lutava contra a dominação estrangeira e pela independência do país. Enquanto o presidente-mafioso conduzia a guerra sem dar satisfação ao país, ao Congresso e ao povo.

Depois do caso do general que matava por livre iniciativa, outro capítulo triste daquela guerra suja, foi descoberto, para nova decepção de todos. Também de grande repercussão mundial e ficou com o triste nome de massacre de My Lai. Episódios como esses hororizavam a humanidade. Causavam desprezo às tropas norte-americana. Um tenente assassinara 102 civis (homens, mulheres e crianças) na aldeia de My Lai. Segundo ele, as ordens que recebera eram para terminar até com os animais vivos.

O tenente do Exército dos Estados Unidos, alegara que havia matado, por odem de seu superior, um capitão, máu caráter. Este por sua vez já era responsável, provado, por 175 homicídios na operação contra a mesma aldeia. Denunciado através de cartas que foram enviadas a várias personalidades, por um ex-comandado seu, o caso veio a tona de maneira violenta. Dali em diante foi um jogo de empurra-empurra, que terminou com a condenação a morte do jovem tenente, pela justiça militar, por pressão do govêrno. Posteriormente o próprio presidente-mafioso, dos Estados Unidos, mudara a pena para prisão perpétua, sem perda de soldo ou patente, para finalmente libertá-lo de vez.

O presidente-mafioso, herdeiro de uma guerra tão difícil de vencer como de ser entendida ou ser aceita pelo seu povo, mais uma vez lavava as mãos.

— A guerra é uma experiência terrível e cruel para uma nação e particularmente para os que arcam com a carga da luta — disse na ocasião o presidente-mafioso para justificar seu controvertido comportamento em relação a sorte do tenente, que a seu ver matara por conta própria.

O presidente-mafioso ora condenava, ora defendia, falando sempre em nome de uma grande luta, que na verdade era de grandeza discutível e de possibilidades de êxito cada vez mais remóta.

O massacre de My Lai não tinha sido o primeiro nem o último. O ato de barbarismo praticado por soldados de uma nação que se dizia civilizada; mostrava que eles não eram melhores que os inimigos. Além de constituir um obstáculo para qualquer pedido de tratamento humanitário em benefício dos prisioneiros norte-americanos.

My Lai não foi um caso isolado naquela guerra. Inúmeras foram as atrocidades cometidas pelos norte-americanos contra indefesos habitantes de aldeias, baseadas nas ordens: "quem quer que seja encontrado ali, deve ser considerado inimigo, portanto precisa morrer".

Outra chacina ocorreu a cerca de três quilômetros de My Lai. Nela pereceram, aproximadamente, 90 civis. A Companhia Bravo, unidade irmã da Companhia Charlie, que entrou em My Lai, esteve na aldeia de My Khe e logo que chegou começou a disparar suas armas contra os civis da localidade.

Quando de um outro processo por ter ordenado a execução de pobres lavradores capturados como suspeitos, um capitão do Exército levado à corte marcial disse baseado na lei da selva e na lógica do vaqueiro, única linguagem conhecida pelos Estados Unidos:

— Não me importo com prisioneiros. Quero a contagem de corpos!...

Enquanto certo sargento, confessava ter participado do fuzilamento de trinta civis, na aldeia sul-vietnamita de Truong Khanh. Segundo ele, seu pelotão — pertencente à 11ª Brigada da Divisão Americanal, a mesma do tenente assassino de My Lai — destruiu a vila de Truong Khanh em represália pela morte do soldado mais popular do grupo, apanhado por uma armadilha no dia anterior. Depois dos tiros de artilharia, o pelotão entrou na aldeia e fuzilou as trinta pessoas, em grupos de dez. Na maioria, mulheres e que foram violentadas, antes!...

E assim prosseguiam as violações das leis de guerra, cometidas pelas tropas dos Estados Unidos, que em troca exigiam que seus inimigos respeitassem a Convenção de Genebra...

Não existe nada como a guerra, para revelar o lado pior do ser humano e despertar nele uma vocação para a violação. Em 1914, os alemães atravessaram ilegalmente a Bélgica, violando a neutralidade do país e também um grande número de mulheres belgas. Na Segunda Guerra Mundial, as tropas de choque nazistas, utilizaram sistematicamente a violação para aterrorizar a população civil. Centenas de aldeias russas foram atacadas e as mulheres violentadas.

Quando os russos entraram em Berlim, vingaram-se, fazendo o mesmo com as mulheres alemãs. Os aliados, cometeram tantas atrocidades quanto os nazistas: os norte-americanos violentavam as marroquinas e, como o Marrocos lutava ao lado dos Estados Unidos, os marroquinos "limpavam sua honra", violentando as italianas. Que foram vingadas, quando os soldados italianos violentaram as gregas e etíopes. Um terrível círculo vicioso em que as mulheres, simples objetos, eram usadas para uma vingança, como se os homens e não elas tivessem sido atacados.

Se na Segunda Guerra Mundial os norte-americanos cometiam esses atos, no Vietnã apenas os aprimoraram: durante os anos de guerra, além de violentar milhares de mulheres, tomaram a precaução adicional de matá-las para que nada revelassem. E, com muita facilidade, justificavam seu ato dizendo que tinha matado apenas aquelas que colaboravam com os vietcongs. Só não explicavam a necessidade de violentar as vietnamitas antes de matá-las...

Oficiais norte-americanos embriagados ou não, sob ação de toxicos ou não, assassinavam a torto e a direito, quando invadiam uma aldeia, ou mesmo quando estavam em lugarejo pertencente a seus aliados. Desde que fosse considerado "setor de fogo livre", isto significava que se podia disparar contra qualquer um. Em pouco tempo 90 militares (a maior parte viciada em tóxicos), tinham sido acusados de cometerem crimes de guerra no Vietnã. E na maior parte dos crimes, nunca se descobriu toda a verdade. Era encoberta pelos aliados vietnamitas do Sul, com receio de represália. Destes 90 militares, apenas 38 foram condenados por assassinato premeditado de civis, pela Côrte Marcial dos Estados Unidos. Dois generais alcoólatras comprovados, foram acusados de mais de 60 atos condenáveis de omissão, com referência à investigações de atrocidades cometidas pelas tropas dos Estados Unidos.

Apenas um militar sofrera a pena capital nos últimos anos, isto porque a vítima era uma moça norte-americana. Tratava-se de um soldado condenado por estupro. Foi enforcado em Forte Leavenworth.

Puniam-se apenas réus menores quando a culpa maior era da Casa Branca e do Pentágono.

Falava-se em Convenção de Genebra, somente quando se tratava de interesses relativos aos prisioneiros norte-americanos, que após destruirem escolas, hospitais, represas, plantações, pontes etc., caiam em território inimigo. Mas esqueciam-se que de acordo com a mesma Convenção de Genebra, os bombardeios só eram permitidos quando dirigidos contra objetivos militares. E isto não acontecia com os pilotos norte-americanos. A fórmula mais usada pelos piratas dos Estados Unidos, para justificar suas atrocidades, era o velho chavão, criação de "zonas ou setores de fogo livre": em que todos os civis tinham que ser evacuados (para onde?), aqueles que permanecessem em suas casas passavam a ser considerados como soldados inimigos!...

Cinco mil civis sul-vietnamitas pereceram em mãos dos norte-americanos durante uma campanha de "pacificação" com o nome de **"Speedy Express"**. Os informes oficiais indicavam que 10 899 inimigos haviam perecidos nessa campanha, mas reconheciam que somente 748 armas foram recuperadas. Após realizar uma investigação num hospital civil um jornalista descobriu que 1 882 vietnamitas haviam sido atendidos, mas que unicamente 451 deles haviam sido feridos pelo vietcong. Muitas habitações da região de Kien Hoa, onde se desenrolou a campanha **"Speedy Express"** não se consideraram beneficiários da pacificação senão simples sobreviventes da operação...

Assim, o brasileiro Mavutcinim que a guerra havia mudado, não parecia ser o mesmo defensor da Amazônia; depois de ver o homem devastar as florestas, poluir as cidades, os campos, os rios e partir para a destruição do único espaço que ainda não ocupou: o mar; depois de ver o extermínio de plantas, peixes e animais, passou a presenciar e tomar parte, no desaparecimento de parcela da espécie humana, da maneira mais requintada que a moderna tecnologia podia oferecer...

*Era a população civil,
a maior vítima dos gases tóxicos
que provocavam a cegueira e
a morte, no Vietnã.*

Ilustração: Rigsil.

Ilustração: Rig

O balão da borracha
cresceu, cresceu. Então
o ar escapou vagarosamente
e a Amazônia mergulhou
no esquecimento...

"Quem deseja reformar o mundo, deve começar a reforma em si próprio".

A FLOR TROPICAL QUE TÃO RAPIDAMENTE SE FIZERA EM BOTÃO, MURCHAVA, DESBOTAVA-SE E CAIAM-LHES AS PÉTALAS...

Seus redutos de sacos de areia eram demolidos pelas explosões dos foguetes e granadas de morteiros. Era a defesa da base de artilharia de **Bastogne**, assediada pelo inimigo no estreito vale.

Os defensores, exaustos, quase sem alimentos, sem água e sem munição — fazia sete dias que não recebiam abastecimento — usavam armas e balas tomadas dos inimigos mortos para defender-se nas sombrias trincheiras. Os gemidos dos feridos não cessavam, enquanto aguardavam uma retirada que nunca chegava a ser realidade. Os mortos já tinham sido sepultados na terra vermelha da base.

Em frente deles, o inimigo estava oculto durante o dia nas fraldas montanhosas e na selva, martelando sem misericórdia a base com suas armas pesadas. Ao anoitecer, descarregava sua infantaria e preparava constantes emboscadas para as colunas de reforço que avançavam pela estrada serpenteada.

Restos de tanques, veículos blindados e **bull-dozers** na estrada eram sinais incontrastáveis dos esforços estéreis para romper o cerco.

No céu, os aviões desafiavam a nutrido fogo anti-aéreo deixavam cair alimentos, munições e água, apenas para ver como os paraquedas eram empurrados pelos ventos até as linhas inimigas.

Bastogne estava a 20 quilômetros ao sudoeste de Hué. Tinha sido colocada em mãos dos sul-vietnamitas pela 101ª Divisão Aerotransportada norte-americana, que a construiu e batizou com o nome da batalha mais famosa que esta divisão travou na Europa durante a Segunda Guerra Mundial.

As tropas de reforço enviadas de **Birminghan** (outra base de artilharia na vizinhança), apoiadas pela aviação, eram destroçadas pelo inimigo. Aumentaram os mortos e feridos entre os defensores de **Bastogne**. Diminuiam os alimentos, água e munições a cada hora que passava.

Afastado daquele inferno, havia grandes preparativos a bordo do porta-aviões "Coral Sea", no golfo de Tonquim. No convés, quase 5 000 marinheiros enchiam de combustíveis e bombas de 250 quilos os setenta bombardeiros A-7 e caças-bombardeiros Phanton F-4. Muitos marinheiros do "Coral Sea" não faziam segredo do seu ódio à guerra e seu desprezo pela Marinha. Contrariamente ao que acontecia em terra, esse clima quase não contaminava os oficiais, nem mesmo os tenentes, tão inquietos no Exército. Na verdade, num porta-aviões, os oficiais pilotos não tinham contatos com a tripulação.

O piloto Mavutciním ou melhor, Mav, para os norte-americanos, conversava com seu colega enquanto um televisor brilhava na saleta de paredes de metal repleta de canos e tubos. O ar, na sala de espera dos pilotos do porta-aviões "Coral Sea", para onde Mav tinha sido destacado, estava pesado de fumaça de cigarros e cachimbos. Confortavelmente sentados às poltronas — revolver 38, faca, lanterna e mini-rádios no cinturão, com a inscrição "piloto de combate" em prata e bronze — os pilotos aguardavam as ordens, entre goles de uisque.

A qualquer momento surgiria no vídeo o rosto queimado de sol de um oficial da Marinha, lendo relatório sobre as últimas informações metereológicas. Apoiados em caixas cheias de líquido repelente contra tubarões e tubos de tinta amarela (sinal-corante, para ser lançado anunciando sua posição, caso o avião caisse no mar), oficiais pilotos conversavam. Eles não temiam a morte e sim o "Hanói Hilton Hotel", a prisão norte-vietnamita, onde estavam centenas de pilotos norte-americanos. Eram oficiais de carreira, orgulhosos da proeza profissional, sempre repetida e invariavelmente perigosa que consistia no comando de um enorme jato.

Enquanto uns reclamavam, do ponto-de-vista técnico, contra a utilização do Phanton como bombardeiro:

— São caças puros e devem funcionar apenas como caças...

Outros desabafavam, e confessavam aos colegas todo o seu nojo por aquele trabalho de bombardear quase sempre populações inocentes, trabalho sem idealismo, puramente a troco de dinheiro. Alguns encorajados por várias doses de uisque, apartavam:

— Sejam quais forem os nossos sentimentos sobre a guerra, continuaremos voando e jogando bombas e eu gosto disso...

Na verdade a preocupação de quase todos era aumentar o número de pontos no seu **Bomb Damage Assessment,** Certificado de Danos por Bomba. Esses certificados, no "Coral Sea" normalmente preenchidos à luz azulada do televisor, mostravam toda a carnificina norte-americana, intercaladas com cenas de filmes violentos previamente anunciados num quadro negro.

Mav procurava se adaptar ao sistema dos privilegiados pilotos do porta-aviões "Coral Sea". Eram tipos de soldados diferentes, numa guerra diferente. Seu regime de vida, na verdade, era mais parecido com o de um astronáuta do que com o de um combatente. Ficavam de alerta doze horas por dia, entremeadas pelas esperas diante do televisor de cenas sempre violentas. Alimentavam-se e deitavam a horas certas; não se tratavam de rações nem de leitos de campanha. E sim de refeições saborosas e do conforto tradicional na Marinha de Guerra dos Estados Unidos.

Mav e seus companheiros nunca tinham a oportunidade de sujar o uniforme ou as luvas regulamentares. Na cabine pressurizada, pilotos e lançadores de bombas faziam uma guerra asséptica, raramente abaixo dos 9 000 metros de altitude. Dali, conseguir ver um prédio equivale a tentar enxergar, de um carro em alta velocidade, um toco de cigarro na sargeta. A guerra para eles também tinha hora certa: nunca voavam mais de uma hora e três quartos em cada missão!...

Não conheciam os problemas de infantaria. Talvez nem mesmo soubessem do fato de os norte-americanos usarem constantemente como prática de "interrogatório", métodos brutais como amarrar camponeses, quase garotos, pelos pés, deixando-os de cabeça para baixo durante horas. Nesse período, os jovens geralmente "confessavam" que eram guerrilheiros. Ou então outro método de tortura orientado pelas tropas norte-americanas no Vietnã: os camponeses presos como suspeitos de serem guerrilheiros, eram amarrados por soldados sul-vietnamitas, com as mãos às costas e mergulhados de cabeça para baixo num tonel de água suja. Um oficial norte-americano, quase sempre alcoolizado, que atuava como conselheiro (**american advisor**), com toda a calma e sangue frio, supervisionava as torturas.

— Não consigo identificar-me com a guerra como um soldado de terra. Apenas me toco quando um colega é derrubado, morre ou fica preso em Hanói — dizia um tenente, com o copo na mão, enquanto se preparava juntamente com Mav e outros pilotos, para a próxima missão: bombardear as proximidades da base de artilharia de **Bastogne**, já quase em poder dos inimigos.

Confortavelmente instalado no avião, Mav iniciava seu vôo, pensando naquela guerra que causava horror a maioria dos norte-americanos e infligia perdas inestimáveis ao pobre povo vietnamita. Como naquela semana em que 50 mil pessoas foram intoxicadas por agentes químicos, lançados por aviões dos Estados Unidos, na província de Be Tré.

Pensava também no desgosto de seu patrício, Santos Dumont, um dos maiores inventores de todos os tempos, se soubesse em que arma mortífera e alucinante tinham transformado seu belo invento, para abreviar distâncias. O grande brasileiro que em 1906, ganhou um prêmio de 3 mil francos por ser o primeiro a voar com auto-propulsão. Deu ao mundo a primeira demonstração prática de vôo em aparelho mais pesado que o ar. Voou 25 metros, e de costas: seu 14 Bis tinha o rabo na frente e as asas atrás. Aliás, invento que era mais um, que os norte-americanos tinham "inventado". Pois para eles foram os irmãos Wright, seus autores. Embora não haja prova até hoje de que Orville e Wilbur Wright, tenham inventado o avião como apregoam os norte-americanos. Ao passo que o vôo do brasileiro Alberto Santos Dumont, foi em Paris, a vista do povo, de jornalistas e fotógrafos, que deixaram o fato registrado na história.

O nome de Santos Dumont encabeça todos os registros de recordes mundiais de aviação; os irmãos Wrigth só aparececeram em oitava lugar, na data de 21-8-1908. Nenhum vôo anterior dos Wright foi jamais homologado, coisa impossível de se fazer, na falta de testemunhas e de contrôle técnico idôneos. A maneira como os feitos de Santos Dumont foram comentados e festejados na Europa e repercutiram por todo o mundo, só se compara à consagração universal hoje tributada aos heróis do vôo espacial, como Gagarin e Armstrong.

Além disso, o aparelho inventado pelos norte-americanos, irmãos Wrigth, não era avião de verdade. Arremessavam-no através de uma catapulta (sistema que podia fazer "voar" até um navio), não sabiam como fazer para decolar. Enfim a "coisa" idealizada pelos norte-americanos em matéria de contribuição para o progresso inicial da aviação foi nula. O aparelho não ensinou nada de novo, não teve futuro. Durante a I Guerra Mundial, enquanto os europeus construiam milhares de máquinas voadoras, os Estados Unidos não foram capazes de colocar em linha um aeroplano sequer.

Santos Dumont ainda idealizou (idealizou, não inventou) o relógio de pulso. Como ídolo da época, tudo que o filho do "rei do café" fazia, acabava virando moda na França e em toda a Europa. Vestindo-se bem criou a moda da calça com bainha e prendendo o relógio de bolso numa correia e atando-a no pulso, para melhor observar o correr do tempo, lançou o relógio -pulseira.

Outro invento que os norte-americanos davam como deles era a máquina de escrever. Invenção do padre brasileiro Francisco João de Azevedo, que em 1861 apresentou uma (já tinha a disposição do teclado que hoje se tornou clássica) na "Primeira Exposição Nacional", no Rio de Janeiro, tendo recebido na ocasião a Medalha de Ouro. Doze anos depois (1873), quando a **Remington** não passava de uma simples fábrica de carabina para matar índios, nos Estados Unidos, lançou a **Remington nº 1** que nada mais era do que uma cópia da prática e industrializável, máquina de escrever do nosso padre Azevedo...

Ainda que confortavelmente instalada naquela guerra, o que a maioria dos combatentes dos Estados Unidos, desejava era parar com a agressão contra o Vietnã, a retirada de todas suas tropas, bem como das instalações militares.

Pendurado no painel do jato, uma pequena plaqueta escapara do parafuso que a prendia e batia constantemente no vidro bem em frente, por onde Mav enxergava. Tinha uns 10 centímetros de largura; as vezes aparecia de um lado a palavra **Rubber**, outras vezes ela virava e então surgia a palavra **War.**

A plaqueta mostrando ora a palavra Borracha, ora, Guerra, bem em frente aos olhos de Mav fez ele passar a ser Mavutciním novamente. Borracha-guerra, guerra-borracha, afinal aquilo que os Estados Unidos estavam fazendo no Vietnã, era muito de seu feitio. Mais uma vez o poder econômico tentando sufocar tudo e a todos, sem medir consequências.

Assim tinha sido em sua terra, na ocasião, a maior região florestal do planeta. Mavutciním conhecia bem a história da borracha-guerra-Estados Unidos. Com o olhar fixo no infinito ia lembrando o que os norte-americanos fizeram na Amazônia...

As árvores tinham estado lá desde o princípio. O homem primitivo, vagando pela floresta, nem as notava. Estava mais preocupado com as que davam frutos, as que serviam para fabricar armas e as que serviam de abrigo. Quando pensava nas outras, eram como brinquedos. Foram necessários olhos de civilizados para que aquelas árvores despertassem alguma atenção. Depois disso, o paraíso calmo do homem primitivo transformou-se em inferno.

No início do século XVIII, o mundo científico europeu estava em conflito consigo mesmo. Os sábios da época tentavam construir um retrato fiel do globo terrestre, para saberem exatamente, onde viviam. Astrônomos químicos e matemáticos eram figuras de interesse comparável ao despertado pelos escritores, pelos pintores e pela realeza. Os salões de Paris estavam cheios de conversas a respeito da distância da Lua e do peso do ar. Fluíam as opiniões dos cientistas diletantes e, constantemente, misturavam-se fatos e fantasias.

Um dos grandes assuntos do dia era exatamente a dimensão do globo. Antes de poder tornar válidas muitas conjecturas astronômicas, os péritos necessitavam saber as medidas da própria Terra. Poucos eram os mapas da superfície que estavam de acordo entre si, e os membros das sociedades de pesquisa lutavam pela primazia de estabelecer os fatos verdadeiros. Em 1735 a Academia de Ciências de Paris despachou um grupo com a missão de medir o grau do meridiano na gelada Lapônia. Outra equipe foi fazer o mesmo no Equador tropical. Em pouco tempo, nos salões elegantes, discutiam-se tanto a respeito da circunferência do globo terrestre como a cerca de uma substância estranha que provinha de uma árvore sangrada, saltava no ar e era impermeável à água: a borracha.

Charles Marie de La Condamine fôra ao Equador com o propósito de descobrir o que seria na realidade aquela substância. Como cientista devotado (e também soldado, mulherengo e aventureiro) sabia a respeito daquele produto incomum da floresta, através de leituras, Colombo falara de ter visto índios na ilha que é hoje o Haiti, brincando com uma bola ôca que dava vários saltos depois de ter sido arremessada contra o chão. Desde 1525 que escritores espanhóis costumavam mencionar nomes indígenas da borracha, como **hevea, olli, kik e caoutchouc.** Um padre jesuita de nome Charlevoix, que havia naufragado nos trópicos, afirmou ter visto bolas que "pulavam mais alto que as nossas cabeças, volviam a terra e erguiam-se outra vez mais alto que a mão que as atirara, caiam para subir ainda, embora à alturas que se tornavam cada vez menores em relação ao chão".

Terminada a sua tarefa no Equador, e depois de dar combate aos índios que haviam matado um membro de sua expedição, La Condamine informou Paris de que iria explorar o rio Amazonas e partiu sem os companheiros. Fez anotações copiosas sôbre tudo o que viu; mediu a profundidade do rio e corrigiu o mapa que o padre Fritz havia traçado em 1689. Quando de passagem pelo rio Napo, observou como os índios omáguas faziam incisões na casca de certas árvores delgadas e deixavam escorrer, tronco abaixo, o leite branco que era coletado em folhas de palmeiras. Viu-os no trabalho de defumação até transformarem o mesmo leite em formas sólidas quando ainda molhadas. Descendo o rio em direção a Belém, verificou que os colônos portuguêses haviam descoberto a utilização prática para o **caoutchouc** dos índios. Em relatório à Paris explicou que "cobre-se com esse material pano que é usado como o nosso linóleo. Também cobrem com esse mesmo material fôrma de barro, na conformação de garrafas e quando a resina está seca, destroem a fôrma, retiram os pedaços de barro pelo gargalo e tem assim um vaso inquebrável, útil na conservação de tôda espécie de líquidos". O francês impressionou-se com a grande elasticidade da nova substância. "Garrafas, botas e bolas ôcas, quando comprimidas e soltas, voltam à sua forma original". De volta a Paris, La Condamine pronunciou conferências sobre o Amazonas e escreveu vários livros, mas o seu assunto mais curioso era o **caoutchouc** maleável.

Algumas amostras do novo produto sairam do Brasil, porém nada de importante foi feito com elas. Em 1770, Joseph Priestly, descobridor do oxigênio, conseguiu alguns pedaços de **caoutchouc** e, para surpresa sua, verificou que com eles podia apagar marcas de lápis, de maneira rápida e limpa. "Depois da impressão deste trabalho vi uma substância adaptável de forma excelente à finalidade de apagar no papel marcas de lápis de grafita. Deve, portanto, ser de utilidade singular a quantos praticam desenho". Escreveu mais tarde Priestly. Apagava marcas feitas com lápis. Provinha de uma região conhecida vagamente como as Índias. Começaram a chamá-la de "borracha da Índia". O nome e o produto adquiriram popularidade.

Mavutciním sabia que os norte-americanos sempre estiveram ligados a Amazônia. Mav sabia também, que a engenhosidade **ianque** conseguiu contrabandear do Amazônas o primeiro carregamento de borracha crua, no ano de 1800, pois em 1802 sapatos feitos de borracha estavam à venda em Boston, a cinco dólares o par. Como com o tempo a borracha adquire uma côr amarelo-escura, os sapatos eram anunciados com as "sandálias de ouro". A moda "pegou" e, como sempre acontece, todo mundo queria um par. Os sapatos eram então moldados em Belém do Pará e embarcados para os Estados Unidos, juntamente com fardos de borracha crua. Os comerciantes norte-americanos mandavam à Belém as fôrmas de madeira e assim obtinham variação nos tipos. Em 1837, Nova York importou 35 000 pares de sapatos e 12 toneladas de borracha. Comerciantes da Nova Inglaterra venderam 95 000 pares, durante o mesmo ano. O preço de custo era de apenas 25 centavos de dólar mas os sapatos eram vendidos no varejo, de 50 centavos a três dólares o par. Os lucros estavam lá para quem quisesse entrar no negócio e, em pouco tempo, começaram a chegar sapatos nos portos de Antuérpia, Liverpool, Hamburgo, Havre, Lisboa e Marselha. Foi quando um homem de nome Mackintosh inventou a capa de chuva. Inventou não era bem o termo, ele apenas aperfeiçoara aquilo que o homem da Amazônia já usava há muito tempo, para proteger-se contra a chuva.

De repente caiu o interesse. As pessoas que haviam comprado sapatos e roupas contra chuva, queixavam-se de que os objetos amoleciam no verão e endureciam no inverno. Em janeiro de 1839, Charles Goodyear cozinhou uma mistura de borracha, chumbo branco e enxôfre no fogão de sua própria cozinha. Não há registro do que a dona-de-casa pensou ao ver aquela porcaria fervendo na cozinha, mas para o resto do mundo foi uma grande descoberta. Achou-se a maneira de manter a borracha flexível. O inglês Thomas Hancock, trabalhando no mesmo problema, recebeu algumas amostras de Goodyear. A camada de enxofre nelas deu-lhe a idéia de ferver a borracha fria em enxôfre derretido. Fervia e malcheirava como um vulcão em erupção e Hancock denominou o seu processo de "vulcanização". Hancock patenteou sua descoberta em 1843, enquanto o bonachão Goodyear só obteve sua patente em 1844. Goodyear travou e ganhou inúmeras batalhas legais por causa de direitos violados, mas para ele a fervura da borracha só trouxe dores de cabeça. Em 1855 ele foi preso por dívidas e morreu cinco anos depois.

A descoberta de Goodyear, que se admite foi aperfeiçoada por Hancock, deu à vacilante indústria da borracha o empurrão de que ela precisava. O primeiro recenceamento de fabricantes de borracha nos Estados Unidos foi feito em 1850 e registrou a existência de 34 firmas em sete Estados, produzindo uns três milhões de dólares de mercadoria. Oito anos mais tarde havia 10 000 norte-americanos empregados na indústria da borracha, que então produzia mais de cinco milhões de dólares em sapatos, botas, capas de chuva, bolas, sacos de água quente e para-choques para bondes elétricos. Os fabricantes amazonenses nem tentaram competir com a borracha vulcanizada dos Estados Unidos e concentraram-se, exclusivamente, na extração e exportação do produto cru. Vendiam tanto quanto pudessem extrair. Era um mercado aberto, sem concorrência em qualquer parte do mundo, e que só podia crescer. Do mesmo modo que a bola de **caoutchouc** de que falou Colombo, o surto da borracha saltava cada vez mais alto, a cada novo impulso comercial no exterior. Ainda estava longe o dia em que a bola saltadora iria esvaziar-se para nunca mais subir.

Uma das piores secas da História assolou o Nordeste em 1877. Milhares morreram, mas outros milhares, sem conta, fizeram a caminhada por terra até as margens do rio Amazonas. Tinham ouvido falar que lá havia trabalho. Lá poderiam "cortar" borracha e lá o que era mais importante — havia água. "Aviados" (financiados) por grandes companhias de borracha, em Belém ou Manaus, embrenharam-se na selva. Levaram, com eles mesmos, seu próprio tipo de cultura e civilização, onde o homem branco jamais estivera. A vida tinha dificuldades incríveis, mas a boracha chegava ao mercado.

Então, em 1888, aconteceu na Escócia uma coisa importante. Tão importante que afetou e mudou a vida de milhões de pessoas, até nos lugares mais escondidos do mundo. Para a Amazônia, abriu-se uma época de prosperidade nunca visto. Era o aconfeitado rico sobre um bolo já delicioso. Um sonho difícil de imaginar, que depois transformou-se num pesadelo impossível de esquecer. Um pálido inventor, de 44 anos de idade, recebeu do filho um pedido para que fizesse a sua bicicleta rodar de maneira "mais macia". E foi assim que John Boyd Dunlop descobriu o pneumático.

A mania da bicicleta varria a Europa e a América. A Amazônia foi inundada com pedidos de mais borracha para que as bicicletas pudessem rodar "mais macias". Em 1895, uma fábrica francêsa de automóveis equipou seus novos modelos com pneumáticos de borracha. Em 1896, B. F. Goodrich fabricou os primeiros pneumáticos de borracha, nos Estados Unidos, para os carros Winton, de Cleveland, Ohio. Todos queriam borracha e o único lugar onde podiam obtê-la era na Amazônia. E pagavam qualquer preço, também. Criara-se o **boom** e não havia como pará-lo.

De todas as partes do mundo afluiam imigrantes e homens de negócio, todos ansiosos de participação na bonança. Muitos dos novos colônos eram sírios, espanhóis, italianos, portuguêses, gregos, centenas de norte-americanos, inglêses e alemães, também chegaram para ficar. E de todo o Brasil, bem como do restante da América do Sul, vieram trabalhadores que pretendiam enriquecer da noite para o dia. Dentro de alguns anos, poucos e curtos, a selva que durante séculos resistira à invasão, estava entrecortada de caminhos e pontilhada de casas dos homens que buscavam a **hevea brasiliensis.**

A chegada e as exigências de tanta gente criaram uma sociedade completamente à parte e diferente de qualquer outra conhecida no Hemisfério Ocidental. Era uma sociedade baseada, não na vida comunitária ou familiar, nem em qualquer credo político ou religioso, mas na procura de um produto selvagem absolutamente desnecessário ao modo de vida de cada um. Os chineses tinham sua cultura de arroz, os astecas o milho, mas o produto de resistência dos amazonenses não podia ser plantado nem comido depois da colheita. Somente podia ser vendido, para que se comprassem os gêneros cujo cultivo havia sido abandonado, justamente em favor da extração da borracha.

Nessa sociedade de círculo vicioso apareceram três classes distintas. O "patrão", que chefiava os seringueiros e deles recebia a borracha; o "aviador" que concedia o crédito ao "patrão"; e o seringueiro que extraia a borracha a troco de salário. No papel, isso era sistema comum: na selva, na prática, era coisa inteiramente diferente.

Quando um homem queria tentar a sorte como seringueiro, entrava em contato com um "patrão" em qualquer cidadezinha e pedia um emprego. Algumas das organizações maiores mantinham postos de recrutamento em lugares distantes, até no Rio de Janeiro. Contratavam o trabalhador, davam-lhe transporte e comida até o seringal e só então lhe diziam que essas despesas seriam deduzidas de seu salário. Imediatamente havia contraido uma dívida.

O seringueiro precisava de ferramentas de seu ofício (a faca e as cuias, geralmente) e isso ele recebia, mas se necessitava de uma arma com que se proteger das feras ou dos ladrões de látex, tinha de comprá-la. O "patrão" geralmente tinha um pequeno armazém onde os artigos essenciais podiam ser adquiridos a crédito. O trabalhador que precisasse de roupa e comida para si e para a família tinha de comprar no armazém, quase sempre o único, num raio de centenas de milhas, e pagava o preço que o "patrão" exigia. Embrenhado nos seringais o dia inteiro, o seringueiro não tinha tempo para plantar arroz e feijão, nem para cuidar de galinhas ou vacas. O homem sem letras encontrava-se de repente comendo sardinhas em lata (quando os rios estavam cheios de peixe), comprando fruta em conserva (enquanto frutas frescas apodreciam nas árvores) e usando calças compradas prontas (quando sua mulher não tinha algodão para fiar pano para as próprias roupas). A região recebia tudo de fora e, consequentemente tudo era três vezes mais caro. O patrão precisava ter seu lucro e fazia aumentos em altas porcentagens. O seringueiro, que no início esperava ficar rico, agora apenas sonhava livrar-se das dívidas. Considerava-se um empregado: na verdade era um escravo. Quando caiam as chuvas, a extração diminuia, mas mesmo assim, o seringueiro continuava precisando comer. Por vezes consumia em crédito, em um ano, o que levaria três para pagar. Muitos tentavam fugir, juntavam a família e escapuliam durante a noite. Mas o "patrão" dispunha de policiais eficientes que sempre os traziam de volta. O castigo podia ser tanto uma redução no salário, como a morte.

O "aviador" era, muitas vezes, um estrangeiro com dinheiro para emprestar — a juros escorchantes — ao "patrão". Fornecia também, comida e transporte para levá-lo ao seringal. Comida e armas podiam ser adquiridas a crédito e os barcos dos "aviadores" subiam e desciam os principais rios, carregados de mercadorias. Por sua vez, o "aviador" comprava as bolotas de borracha (pelas) que o "patrão" tinha acumulado, descontando as mercadorias entregues em consignação. Pouco ou quase nenhum dinheiro passava de mão em mão. Era o câmbio primitivo refinado ao mais alto grau. Assim chegava a borracha aos exportadores, em Belém e Manaus. Eram principalmente firmas estrangeiras, com nomes como **Dusendschon & Co., A. H. Alden** ou **Mariun & Levy**, escritos em letras garrafais sôbre as portas dos armazéns das principais cidades da Amazônia.

Enquanto o mundo se locomovia em carruagens sem cavalos e com pneus de borracha, poucos pensaram a respeito de como a borracha tinha de ser extraída. Naquela era de paz e abundância na virada do século, ninguém se preocupava com coisa alguma.

Nas cidades, aqueles que se beneficiavam com a miséria dos seringueiros viviam como jamais em suas vidas. Riqueza e ostentação, inigualadas em qualquer parte da América do Sul, predominavam nas cidades da Amazônia. Em 1897, 49 milhões de dólares em borracha foram embarcados, somente do porto de Manaus. Nove milhões ficaram na cidade, com impostos municipais. Repentinamente a cidade, que 30 anos antes havia sido descrita como "um pequeno agrupamento de casas, metade das quais prestes a ruir", floresceu, tornando-se uma das cidades mais elegantes do mundo.

Os prédios e casas antigos foram os primeiros a desaparecer e em seu lugar surgiram mansões e palácios, projetados por arquitetos francêses e construidos com mármore italiano. À medida que aquela gente primitiva tornava-se milionária, da noite para o dia, insistia em residências pomposas, justamente para mostrar ao mundo como eram realmente ricos. Ninguém copiava ninguém. Cada um queria ser diferente e melhor. O que havia de melhor e de pior em estilos.Tudor inglês, colonial espanhol e mourisco espremiam-se em cada rua como tentando predominar. Havia cúpulas e vitrais, anjos de cimento e deuses de porcelana, pilares de mármore e balcões de ferro. As muitas praças estavam apinhadas com estátuas vitorianas, em sua maioria mulheres equilibradas sôbre um dedo do pé, esvaziando a cornucópia enquanto querubíns repuxavam os véus entre as penas delas.

Quase todo o material de construção tinha que ser importado, não de outras áreas do Brasil e sim do Exterior. Havia madeira à vontade, mas quem havia de querer construir uma casa com madeira comum? Quando os dirigentes da cidade decidiram que ela precisava de uma nova Alfândega e outro Palácio da Justiça mandaram que o prédio fôsse construído em Londres. Cada bloco de granito foi então numerado, o prédio desmontado e embarcado através do oceano e rio Amazonas acima. Lá o edifício foi, então, remontado.

Talvez o que de maior ostentação foi construido na época ou desde então, na Amazônia, é o Teatro da Ópera. Gente que não saberia a diferença entre Puccini e **spumoni** teve prazer em fazer doações e votar verbas para a construção daquele palácio de cultura.

O balão da borracha crescer constantemente até 1911. Então o ar escapou vagarosamente e a Amazônia mergulhou no esquecimento.

A Inglaterra, já então potência marítima e colonial, também almejava tornar-se potência no comércio mundial. Cêrca de 1870, o Império Britânico fornecia a maioria dos bens de consumo à Europa, África e América do Sul. Os Estados Unidos, em recuperação de sua Guerra Civil, passaram a viver sem a importação da Inglaterra, enquanto expandiam seu **know-how** manufatureiro e de negócios. A borracha era o grande produto daquele tempo e os compradores londrinos rebelaram-se contra terem de continuar pagando os altos preços que os monopolistas brasileiros exigiam. Viam o Brasil como uma terra de índios habituados à **siesta** e abominavam o fato de que tantas de suas libras esterlinas estivessem sendo transferidas para "aquela terra bárbara de cobras e macacos". Os fabricantes inglêses precisavam de borracha — precisavam dela cada vez mais, desesperadamente a cada ano que passava — e a Amazônia era a única fonte do mundo que podia fornecê-la. Com paciência e previdência, tipicamente inglêsas, raciocinaram que a única maneira de parar a fuga de seu ouro era plantar e colher borracha, eles mesmos. Afinal de contas, tinham, no Pacífico, ilhas de clima quase idêntico ao da Bacia Amazônica e centenas de nativos para san grar as árvores.

Um homem alto e forte, de nome Henry Wickham, chegou a Belém do Pará em 1875, e depois de breve estada, subiu o rio até Santarém. Lá, ele e a família alugaram uma casinha e começaram a dar aulas de inglês ao povo do lugar. Em pouco tempo todos souberam que **mister** Wickham era botânico e muito interessado nas sementinhas brancas e pontilhadas de marrom que caiam dos ramos das seringueiras. Quando se espalhou que ele comprava sementes aos quilos, muitos meninos passaram a trazer-lhe, diariamente, cestos cheios delas. Numa viagem especial pelo rio Tapajós ele convenceu também os índios a apanhar sementes para ele. Um ano depois, Wickham e sua família disseram adeus aos amigos que haviam encontado e voltaram para Londres. Com ele, foram também 70 000 sementes da **hevea brasiliensis**, apesar do cuidado que certos caboclos seringueiros tinham: ferviam todas as sementes que eram entregues à estrangeiros!

Na Inglaterra as sementes foram transformadas em mudas e estas entregues a **sir** Joseph Hooker, então diretor do Real Jardim Botânico de Kew, em Londres. Três anos antes, **sir** Joseph tinha recebido de um **mister** Farris, 2 000 sementes que logo morreram. Joseph estava decidido a fazer vingar essa nova remessa.

As sementes foram plantadas com cuidados, em solo de composição aproximada à da Amazônia. Recebiam, diariamente, a quantidade precisa de água e de sol. Wickham também tinha sido uma espécie de observador meteorológico. Em duas semanas, rebentos verdes e tenros brotavam para a luz de Londres. Dois mil dos mais sadios foram cuidadosamente transplantados, cobertos com uma gaze especial e produtos químicos e levados, na mão, até o Ceilão. Muitos morreram, mas os sobreviventes tiveram bom crescimento. Outros foram enviados, então, para o Jardim Botânico de Singapura. Sobreviveram tão bem que, por volta de 1881, as primeiras sementes tinham sido produzidas ali e foram distribuídas aos técnicos em outras áreas de Ceilão e Bornéu. Em 1883, as sementes produzidas localmente, foram plantadas numa vasta área da ilha de Ceilão. Os cingaleses precisavam, desesperadamente de novo produto, pois a tradicional safra de seu café havia sido destruida pela praga e a exportação caira mais ainda.

Em 1900, quatro toneladas de borracha da plantação cingalesa apareceram no mercado. Seis anos depois, quando mais 500 toneladas foram postas no mercado, um cientista amazonense que regressava de viagem às ilhas, advertiu que "a borracha de Ceilão, Malásia, Sumátra e Java era igual à brasileira" e sugeriu que medidas fossem tomadas no sentido de assegurar o mercado para a borracha natural.

Quem parou para ouví-lo deu gargalhadas altas e prolongadas. Ninguém tinha a mínima preocupação. Não estava a Amazônia cheia de borracha? Não mantinham os melhores freguêses comendo na mão? Ora, só os custos de frete do Ceilão a Nova Iorque colocariam essa nova borracha fora de competição. Que importava se aqueles nativos de olhos oblíquos tinham vendido 500 toneladas naquele ano? A Amazônia produzia quase 35 000 toneladas! — Vamos ver se eles conseguem superar essa marca! — Diziam todos.

Enquanto os brasileiro não faziam caso deles, os orientais continuaram a plantar a **hevea brasiliensis** em fileiras muito retas, em centenas de plantações, pela ilhas todas. Compradores e exportadores amazonenses, ao invés de tentar a mesma tática continuaram penetrando cada vez mais na selva, à procura de mais árvores nascidas ao acaso...

Quando as seringueiras das ilhas estavam prontas para sangrar, era muito mais fácil caminhar de fila em fila com a faca e a tijela, do que vadear riachos, lutar contra os índios e manter-se alerta por causa dos animais selvagens. Um único seringueiro cingalês podia sangrar 2 000 árvores, num sistema rotativo de quatro dias. O seringueiro amazonense visitava 400 árvores, no mesmo período de tempo. O oriental não exigia camisas de Paris, nem mansões decoradas com mármore italiano. Não havia problema de saúde que não tivesse sido resolvido pelos inglêses há anos. Centenas de navios de longo curso, que antes levavam das ilhas carregamentos diários de café, simplesmente mudaram de carga, sem necessidade de organizar novas linhas de navegação ou construir docas. O governo britânico não cobrava os mesmos impostos exorbitantes que exigia o governo brasileiro. O custo de produção de uma tonelada de borracha era 65% menor do que na Amazônia!

Em 1910, a Amazônia produziu 38 177 toneladas, enquanto a Ásia inteira produziu apenas 8 200. Os brasileiros pediram — e obtiveram — US$ 102 por tonelada. Os asiáticos cobravam apenas US$ 87 por tonelada. No ano seguinte, 1911, a Amazônia superou todas as marcas. Vendeu 44 296 toneladas, ou seja, um aumento de 6 000 tonelada. Os asiáticos também aumentaram suas exportações em 6 000 toneladas. E continuaram aumentando desde então. Os brasileiros entraram em rápido declínio. 1911 tinha sido para eles o melhor ano; nunca mais dominaram o mercado mundial da borracha.

Em 1914, os asiáticos estavam vendendo 71 000 toneladas e o Brasil apenas 37 000. Vei a primeira Guerra Mundial e, mais do que nunca, precisava-se de borracha; mas o desencanto dos brasileiros e a convicção de que sua sorte fantástica tinha-se acabado reduziram-lhes a produção para apenas 30 700 toneladas, em 1918. Naquele mesmo ano, os asiáticos — então em grande expansão por muitas ilhas e países — venderam quase 256 000 toneladas ao mercado de guerra. O preço da borracha brasileira caira para somente 44 dólares por tonelada.

A ostentosa flor tropical, que tão rapidamente se fizeram em botão e desabrochara na prosperidade amazonense, murchava, lentamente, enquanto desbotava-se a cor e caiam-lhe as pétalas. As estradas feitas na selva, até às seringueiras, encheram-se de capim. As palhoças dos trabalhadores ruíram ao longo dos rios, comidas pelo cupim, abandonadas em desespero. Em residências das cidades grandes como Manaus e Belém houve silêncio por trás das janelas escoradas com madeira. Azulejos e estátuas de porcelanas soltaram-se à medida que os cipós e trepadeiras invadiam quintais e jardins já sem cuidados. Pianos e sofás, forrados de seda, encheram-se de ratos e insetos. A frota fluvial foi vendida a exportadores de café, no Sul, ou devolvida aos fabricantes europeus, ainda com débitos não saldados.

As casa flutuantes de crédito já não subiam até os pequenos rios e igarapés. Ninguem recebia coisa alguma à crédito. O seringueiro voltou para sua terra no Nordeste ou foi para as cidades grandes, levantar favelas de vícios e de doenças. Outros ficaram na terra, levantando-se todos os dias, não mais para cortar borracha, porém para plantar arroz e feijão, com que manter vivas as suas famílias. As portas do Teatro de Manaus foram aferrolhadas. Sobre o palco onde antes soaram vozes do Scala de Milão e dançaram os leves pés de Pavlova, caira uma camada de poeira. O cupim devorou as vigas de madeira que sustentavam a abóboda de azulejo e o candelabro de cristal da Bohêmia espatifou-se no chão...

Ao que tudo indica a história vai se repetir. Em 1914, o Brasil produzia 97% da borracha vendida no mundo. Hoje numa área 25 vezes menor a Malásia graças a plantações racionais feitas com sementes de seringueiras brasileiras, produz 35 vezes mais borracha que a Amazônia. Enquanto o Brasil não produz nem o suficiente para seu consumo interno! Importamos toneladas e mais toneladas de borracha por ano. E o que é pior, até hoje o brasileiro não chegou a uma conclusão quanto a melhor técnica do plantio. Experiências feitas plantando-se racionalmente a seringueira nativa não deram muito bons resultados. Os fungos que atacavam as árvores, e que levavam certo tempo para ir de uma a outra na selva natural, alastrou-se facilmente encontrando-as enfileiradas. Tentaram enxertar o caule de seringueiras do Oriente. Novo fracasso, a copa das árvores, que na Ásia não agradava aos bichinhos orientais, revelou-se um prato apetitoso para os locais. Enxertou-se então uma copa nativa na árvore com pé nativo e corpo alienígena. Não funcionou também. As árvores ficaram disformes, finas nos pés, largas no meio, grossas na cabeça, ou vice-versa. Deram borracha mas não com bom rendimento econômico...

A história vai se repetir, porque as castanheiras seguem o mesmo trágico destino: se plantadas racionalmente numa área de 10 quilômetros por 10, produziriam a mesma quantidade de castanha que sai de 1 milhão de castanheiras nativas espalhadas pelos 3,5 milhões de quilômetros quadrados de floresta amazônica. Mas todos por comodismo preferem apanhá-las na floresta.

O Brasil é o único pais do mundo produtor de castanhas do Pará, mas, na Malásia já estão fazendo experiências com o cultivo de castanheiras! Será brevemente, a repetição da história da borracha...

Deixando de lado o desleixo brasileiro, Mavutciním, fez novo retrospecto, desta vez para lembrar mais um caso, da desonestidade dos norte-americanos, nas matas amazônicas:

Como vimos, foram os seringais nativos da Amazônia que, em fins do século XIX e início do século XX, levaram mais alto a economia brasileira, até que a partir de 1911, surgiu o Sudoeste Asiático, com sua área das **plantations**, como o grande concorrente do Brasil na produção da borracha.

Nascida do contrabando de 70 mil sementes de seringueiras do vale do Tapajós, feito em 1876 pelo inglês Wickhan, com a ajuda de caboclos e dos índios muras, as plantações da Ásia ultrapassaram, em 12 anos, o volume de 40 mil toneladas de borracha, tendo atingido um milhão de toneladas em pouco mais de 30 anos. Enquanto isso, a produção amazônica nunca ultrapassou a casa das 44 296 toneladas.

Mavutciním prosseguia no pensamento:

A partir de 1912, o extrativismo na Amazônia entrou em es tado de hibernação, até que o eclodir da II Guerra Mundial — com a carência do produto, resultante do confisco pelo Japão de todas as plantações do Extremo Oriente — determinou uma mobilização geral para incrementar a coleta do latex objetivando um maior fornecimento de borracha para atender ao esforço de guerra dos países aliados. É criado então o Banco de Crédito da Borracha, decorrente do "Acordo de Washington", em 1942, estabelecendo um sistema de incentivos à produção da borracha no Brasil, cujos excedentes do consumo doméstico, o governo brasileiro se comprometia a vender integralmente aos Estados Unidos, em transação diretas entre as agências signatárias do acordo.

O capital desse banco — posteriormente transformado em banco de Crédito da Amazônia S.A. — era subscrito pelo governo brasileiro (55%), pela agência representativa do governo norte-americano, a **Rubber Reserve Company** (40%), ficando os 5% restantes para subscrição pública, restrita à pessoas físicas e jurídicas de nacionalidade brasileira.

Finda a guerra, com vitória aliada e a consequente liberação das **plantations** orientais, O governo norte-americano notificou a diretoria do Banco de Crédito da Amazônia S.A. de que a **Rubber** entrara em liquidação e o Departamento de Estado não considerava conveniente a participação dos Estados Unidos naquela organização de crédito.

Em 19 de dezembro de 1951, a Embaixada dos Estados Unidos dirigiu nota ao Itamaraty, fazendo vaga referência a "uma remessa de quaisquer somas que venham a ser recebidas por força da possivel liquidação, no futuro de parte, ou de todas as ações do governo dos Estados Unidos da América do Norte no Banco de Crédito da Amazônia SA". Em notas posteriores, o governo norte-americano já falava, em termos mais objetivos, no pagamento do valor nominal das ações e mais os dividendos vencidos.

Os incentivos concedidos pelo Banco de Crédito da Borracha, consistiam, principalmente, na fixação de um preço considerado de sustentação e na instituição de prêmios para venda de quantidades que excedessem os limites determinados pelo "Acordo de Washington", bem como para a canalização de mão-de-obra destinada à produção de borracha na Amazônia.

Assim os preços de sustentação celebrados com o governo dos Estados Unidos sempre foram inferiores aos do mercado interno brasileiro pois, em 1944, quando chegou ao máximo de CR$24,33 o quilo o preço do mercado interno era, à mesma época, de CR$25,99.

Sabendo-se que as expotações de borracha do Brasil para os Estados Unidos totalizaram 78 695 toneladas, no período de 1942 a 1947, conclui-se pela impossibilidade de considerar-se a participação do governo norte-americano no Banco de Crédito da Borracha como um empréstimo de guerra e, muito menos como um investimento externo no Brasil.

O que houve, em realidade, foi um esforço conjunto das duas nações para a vitória final na guerra, e os investimentos efetuados pelo governo brasileiro para cumprir o "Acordo de Washington" anularam com larga margem de diferença, a participação financeira dos Estados Unidos no Banco de Crédito da Borracha. E sobre tudo isso, essa participação foi devidamente remunerada pelo pagamento de dividendos até o ano de 1947, data da cessação da mesma, representando 5,01% do volume monetário da produção da empresa.

Numa época em que nazistas tentavam contrabandear borracha, o governo brasileiro teve que arcar com as despesas militares para evitar que o produto fosse servir ao inimigo.

Por outro lado, a exportação da borracha era feita à custa de severas restrições ao consumo interno e, portanto, à expansão da indústria nacional, que poderia vir a contituir um excelente e permanente mercado para essa produção. Além disso o Brasil, por intermédio do Banco de Crédito da Borracha, exportava o produto sem atingir a finalidade de gerar divisas destinadas à importação de equipamentos, combustíveis e matéria-prima necessários ao seu desenvolvimento econômico. Era uma valiosa cooperação do Brasil à causa aliada.

A região amazônica por sua vez, para dar cumprimento ao "Acordo de Washington", adaptou-se a uma economia de guerra para a produção de borracha, paralisando todas as demais atividades que poderiam proporcionar-lhe rendimento marginal mais elevado.

A diplomacia norte-americana entrou em ação e o ditador Vargas se encontrou com Roosevelt, em Natal, abordo de um cruzador. No encontro, acertou-se a participação brasileira na guerra, através do fornecimento de soldados, de mantimentos e de matéria prima para as fábricas de material bélico. Em troca, os norte-americanos investiriam aqui grandes somas em dólares, os dólares de que Getúlio necessitava para salvar a ditadura da ruína econômica.

Enquanto a Fôrça Expedicionária Brasileira, nos campos de batalha da Itália, lutava ombro a ombro com os norte-americanos para extirpar o nazi-fascismo do mundo, na região amazônica, com o mesmo objetivo, organizava-se uma tropa diferente: era o "Exército da Borracha".

Esse "exército" (engôdo em que cairam 60 mil brasileiros patriotas e bem intencionados, atraidos pela farta propaganda e pelas promessas nunca cumpridas pela ditadura Vargas), com um corpo de tropa mobilizado principalmente entre nordestinos tinha por finalidade obter a borracha indispensável à indústria bélica dos paises aliados que estavam privados de seus fornecedores habituais, no Sudeste da Ásia. E o "Exército da Borracha", enfrentando as condições mais adversas, tais como o problema sanitário, a carestia de vida, o clima rebelde e a natureza dominadora, chegou a suprir os outros exércitos aliados da borracha necessária ao seu esforço de guerra, coroado, finalmente, com a rendição incondicional dos paises nazi-fascistas.

Finda a "Batalha da Borracha", esse exército singular cujas armas eram a machadinha, a tijela e o balde, apresentou o trágico saldo de 40 000 mortos que ficaram sepultados nas regiões insalúbres dos seringais! Foi o grande genocídio cometido no Brasil!

A guerra fôra vencida. O Brasil incluia-se entre as nações vitoriosas. A Amazônia, contudo estava obrigada a "honrar" o compromisso no qual ela é que apresentou maior soma de sacrifícios.

A nota de 19 de dezembro de 1951, em que o Governo norte-americano fazia vagas referências ao recebimento de seus "direitos" sôbre o investimento aplicado ao Banco de Crédito da Borracha, seguiu-se a 19 de fevereiro de 1955. Nessa nota, os norte-americanos propunham o recebimento do valor nominal das ações e mais os dividendos vencidos num total de oitenta e três milhões e quatrocentos mil cruzeiros, a ser pago pelo Brasil, parceladamente.

Outra nota, de 3 de março de 1965, estabelecia a compra das 60 000 ações do governo norte-americano, pelo Banco de Crédito da Amazônia, mediante o pagamento de três milhões de dólares, exigíveis na data da transferência das referidas ações. Para justificar esta última proposta, o governo dos Estados Unidos alegava que, se o preço estipulado para a transferência das ações fosse aceito pelo nosso governo, a operação corresponderia, apenas, ao pagamento do capital originariamente investido, desprezados os dividendos e os juros do referido capital.

Em proposta, de 3 de março de 1965, parece ser definitiva, pois o governo dos Estados Unidos já sugere que a resposta do governo brasileiro constitua um acordo formal entre as duas nações, para resolver a pendência.

A atitude do governo dos Estados Unidos em pretender considerar a sua participação no Banco de Crédito da Borracha como um investimento reembolsável não encontra justificativa, em face de sua posição em relação aos paises europêus.

Com efeito, se considerarmos a intensa atuação dos Estados Unidos na Europa, no periodo do após guerra, e o vulto das doações concedidas pelo governo norte-americano para a reconstrução européia, verifica-se que o Brasil, mesmo figurando entre os paises vencedores, teve tratamento diferente tendo de liquidar todas as suas dividas da II Guerra Mundial.

Aliás, num confronto histórico do que ocorreu com as dívidas interaliadas e alemães das duas guerras mundiais, o que se viu foi uma atitude extremamente benigna do governo de Washington, permitindo o reescalonamento das dívidas, através do qual o montante exigível ia se diluindo e chegando mesmo à anulação pura e simples.

Foi o que ocorreu com a França que por meio de recusas e adiamentos, nunca chegou a liquidá-las.

E vale mais uma vez ressaltar que, no caso da borracha amazônica, o investimento do governo brasileiro e o sofrimento e restrições impostos à população significaram, realmente, um gigantesco esforço de guerra para atender ás necessidades bélicas dos Estados Unidos, com vistas ao objetivo comum de restaurar a democracia no mundo ameaçado pelos exércitos nazi-fascistas.

O fim da guerra provocou, também o desinteresse norte-americano pela sorte da borracha amazônica. O governo brasileiro, para amenizar a ruína da economia da região, procurou modificar a estrutura de emergência do Banco de Crédito da Borracha, transformando-o em instrumento permanente do desenvolvimento regional. Assim, pela lei nº 1184, de 30 de agosto de 1950, o Banco de Crédito da Borracha, passou a denominar-se Banco de Crédito da Amazônia S/A., entidade de caráter semi-oficial. Apesar dessa transformação, o governo dos Estados Unidos continuou a participar do capital social da entidade, muito embora a **Rubber** já estivesse extinta e as ações em poder do **Export Import Bank.**

Mais tarde, pela lei nº 5122, de 28 de setembro de 1966, o Banco de Crédito da Amazônia transformou-se em Banco da Amazônia S/A., entidade destinada a "executar a política do Governo Federal na Região Amazônica, relativa ao crédito para o desenvolvimento econômico e social". Dado o caráter oficial da entidade a lei previu, em seu artigo 3º, que "somente pessoas brasileiras física ou jurídicas poderão ser acionistas do Banco".

O secretário de Comércio norte-americano, visando a resolver todos os problemas que a borracha vinha apresentando, transferiu a administração do programa para uma organização denominada **Pacific Development Corporation,** subsidiária da **Rubber Reserve Company,** que ainda não havia entrado em funcionamento e teve o seu nome mudado para **Rubber Development Corporation.**

Aos poucos, a **RDC** foi aumentando seu raio de ação, passando de uma agência meramente interessada na procura e aquisição de borracha, para um órgão mais complexo, que atuava em diferentes setores, inclusive no aeronáutico, primitivamente sob as ordens da **Defense Suplies Corporation**, na construção de aeroportos e estações de rádio (posteriormente a **RDC** encampou as atividades da **DSC**). Em 1943, a **RDC** era a única agência encarregada do programa de procura e aquisição de borracha. Com o cancelamento das plantações de **guayule**, no México, a **RDC** cada vez mais dependia dos esforços que estavam sendo realizados na Amazônia.

Em 1947, o Consulado dos Estados Unidos da América em Belém enviou ofício a diretoria do Banco de Crédito da Borracha, notificando-a de que a **Rubber Development Corporation** entrara em liquidação e o Departamento de Estado, apoiando resolução da **Rubber Finance Corporation** — incumbia da liquidação — não considerava conveniente a participação dos Estados Unidos na entidade creditícia. Não se falava, aí, em reembolso de investimento, talvez por estar muito vivo, ainda, trecho de um relatório norte-americano sobre as diversas agências do governo de Washington, durante o período de 1939-1945. no qual se refere à borracha natural.

Mas, de longe, o maior esforço feito pela **Rubber Reserve**, foi na América Latina, onde se acreditava existir o maior número de seringueiras em estado nativo. Portanto, foram assinados convênios e acordos, com 16 países latino-americanos, para a busca e aquisição de seus excedentes de borracha. Os governos dessas 16 nações concordaram em restringir o consumo de borracha em seus próprios países, para poderem aumentar a disponibilidade de exportação para os Estados Unidos.

Com a extinção da **Rubber** — a **Reserve Company**, a **Development Corporation** e a **Finance Corporation** — as ações que esta (ou estas?) agências detinham no Banco de Crédito da Borracha foram parar às mãos do **Export-Import Bank**, sem que fosse efetuado o competente registro de transferência no "Livro das Ações Nominativas", no Brasil, conforme estipula o decreto-lei n° 2627, de 26 de setembro de 1940. E essa formalidade é absolutamente essencial, não sendo admitido o reconhecimento tácito das transferências de ações para o **Export-Import Bank**, mesmo porque a lei que criou o Banco da Borracha estabelecia, em seu artigo 2° que "respeitados os princípios fixados no presente decreto-lei, a organização e funcionamento do Banco de Crédito da Borracha reger-se-ão pelos dispositivos do decreto-lei n° 2627, de 26 de setembro de 1940".

E assim, apesar de fortemente apoiada em princípios políticos morais e jurídicos, a borracha da Amazônia vai seguindo seu triste destino: provoca grande fastígio na economia brasileira, para depois cair em estado de hibernação. Cede mudas à SM Britânica, para a criação de forte concorrente e motiva mais tarde, um autêntico genocídio. Atraidos pela ilusória propaganda do governo do ditador Vargas, e imposta pelos Estados Unidos, 60 mil brasileiros de varias regiões do Brasil abandonaram suas casas e famílias e foram extrair borracha, necessária ao esforço de guerra aliado. Logo, porém, as atraentes promessas oficiais transformaram-se em fome, doença e abandono. 40 mil morreram e a maioria dos que sobreviveram, vive hoje espalhada pela região amazônica, nas mais precárias condições. Genocídio na selva, que europeus não comentam, por desconhecimento, e que norte-americanos nada falam por vergonha!

E finalmente, após servir, com "lágrima, suor e sangue", ao esforço de guerra dos países aliados, vê-se obrigada ao pagamento de dividendos e reembolso de um capital que representava, a época, simples "despesa de guerra". Era mais uma manobra desonesta, tipicamente norte-americana...

Só ele viu beleza
no bombardeio de Hué, Vietnã.

Ilustração: Rigsil.

*Brinquedo amargo;
lembrança do bombardeio que
destruiu Tan Uyen, Vietnã.*

Ilustração: Rigsil.

"Um instrumento pode ter inúmeras finalidades. Os cegos se servem da bengala para encontrar o caminho enquanto os estúpidos usam-na para agredir".

NAQUELA GUERRA, OS COMPUTADORES APENAS LIMITAVAM-SE A MULTIPLICAR MILHARES DE VEZES A ESTUPIDEZ HUMANA.

Mavutciním sacudiu a cabeça como querendo esquecer o passado, pelo menos naquele instante. Havia chegado à seu alvo, onde nuvens baixas e chuvas impediam a visibilidade parecendo tentar impedir também o ataque. Mas, já há algum tempo inconvenientes desse tipo deixaram de ser obstáculos intransponíveis para os aviões norte-americanos em missões de bombardeios. Os radares orientavam os computadores e os computadores transmitiam às cabinas dos caças-bombardeiros a localização dos alvos.

Partindo de onde partissem; das bases da Tailândia ou dos porta-aviões estacionados no mar da China, os pilotos podiam fazer a guerra sem jamais pisar em território vietnamita. Eles não sabiam nem ao menos se suas bombas haviam atingido o alvo: um computador lhes diria mais tarde, com base nos filmes rodados pelas câmaras automáticas instaladas nos aviões.

O bombardeio naquele dia seria maciço. A Fôrça Aérea enviara para auxiliar a esquadrilha aéro-naval de Mav, várias outras e entre elas uma de bombardeiros pesados. Eram os famosos B-52, que atiravam suas bombas guiando-se pelas coordenadas fornecidas por aviões de reconhecimento, tentando atingir os pontos onde se concentravam os inimigos. O B-52 era movido por oito reatores a jato, sendo o maior avião de combate do mundo; tão grande que no sólo usava rodas nas extremidades das asas. Carregava até 60 toneladas de bombas. Voava a grande altitude — entre 15 e 18 quilômetros — e levava uma tripulação de seis homens. Um computador de bordo, com base nas informações dos observadores, programava automaticamente os bombardeios. Tudo o que os **cowboys** pilotos e o resto da tripulação faziam era decolar e pousar com o aparelho, além de manter o equipamento em ordem e corrigir eventuais distorções.

Uma missão de bombardeio poderia lembrar uma inocente diversão eletrônica. O piloto confortavelmente instalado em poltrona estofada, tinha sua tarefa limitada a localizar o alvo em uma pequena tela alojada no painel. Dai para frente a bomba procuraria seu objetivo sozinha, orientada por minúscula câmara de televisão fixada em sua ponta. Ou então, equipados com diminutos cérebros eletrônicos, bombas igualmente obedientes se encaminhariam para o objetivo, dirigidas por feixes de raio laser voltador para o alvo. A destruição seria da mesma forma, precisa, científica, cronométrica conforme aquela guerra computarizável, impessoal e teleguiável mandava.

Os estragos dos B-52 eram terríveis. Eles usavam o sistema "desenho de tapete", isto é, voavam em formação de três. Saturavam completamente uma área de pouco menos de duas milhas de comprimento por três quartos de milha de largura. Isto vinha provar como eram mentirosas as palavras do presidente-mafioso dos Estados Unidos, quando dizia que os bombardeiros B-52 somente atingiam alvos estratégicos.

Ao descarregar suas bombas, em questão de meio minuto, de altura de cerca de 10 mil metros, apesar da precisão, era impossivel acertar alvos como um entroncamento ferroviário ou uma estação de rádio, no centro de uma cidade populosa, sem destruir também vários quarteirões, tal o poderio. Por outro lado os B-52 eram os melhores agentes para recrutar guerrilheiros para os grupos de autodefesa. Cada vez que eles faziam estragos, centenas de voluntários, indignados, pediam armas e uma oportunidade para se vingar.

Com as chuvas contínuas, os caças supersônicos Phanton, Skyhawk e outros, perdiam a eficácia. Além disso os espertos vietnamitas do Norte, capazes de realizar verdadeiras proesas, as vezes faziam com que a maior Força Aérea do mundo fosse ludibriada com pequeno truque. Atiravam bombas cheias de estanho na rota dos aviões norte-americanos que se encontravam a baixa altitude; o sistema de radar do aparelho alterava-se e ele ficava fora de controle...

Os B-52 eram os únicos que conseguiam pleno êxito em suas missões. Além dos enormes super-bombardeiros, helicópteros Cobra, também entravam em combate, enquanto quatro destroiers ancorados no Mar da China disparavam tiros de artilharia.

A ofensiva geral. Os super-bombardeios B-52 — que representavam em poder de destruição o grau imediatamente inferior ao das armas atômicas táticas — bombardeavam por dezesseis horas ininterruptas Hanói e Haiphong, regiões de maior população do Vietnã do Norte.

Mais de sete milhões de toneladas de bombas e obuses tinham sido utilizados no Sudeste Asiático em bombardeios ou canhoneios efetuados por bombardeiros, helicópteros e navios norte-americanos. Três vezes mais que os dois milhões de bombas empregadas na segunda Guerra Mundial!...

Um exemplo foi a ilhota Nhoc, ocupada pelos soldados regulares norte-vietnamitas. Nessa ilhota eles instalaram alguns canhões antiaéreos para atingir os aviões navais norte-americanos que regressavam para o mar voando baixo para escapar aos mísseis da defesa do Vietnã do Norte. A Marinha norte-americana levou o encouraçado "New Jersey" para 15 quilômetros da ilhota e a belonave bombardeou-a durante duas horas. O "New Jersey" possuia nove canhões de 16 polegadas, que despejavam, por minuto, mais de trinta toneladas de alto explosivo até 35 quilômetros de distância.

A ilhota simplesmente afundou sem que sua guarnição sequer soubesse de onde estavam chegando as bombas!...

O massacre norte-americano parecia de nada adiantar. Cento e trinta superfortalezas B-52, mil caças e bombardeiros, centenas de helicópteros Cobra, do Exército, armados de metralhadoras, mais centenas de aviões de combate da Fôrça Aérea do Vietnã do Sul, não resolviam a contento. Só na região de An Loc caiam cerca de 500 toneladas de bombas por dia!

Isso tudo obrigava os milicianos do Vietnã do Norte, a permanecerem colados às baterias anti-aéreas. Os abrigos subterrâneos coletivos e individuais — dezenas de buracos feitos nas ruas, com tampas removíveis, de cimento — eram, um por um, cuidadosamente revistos. No fim de cada tarde, homens e mulheres voltavam do trabalho em bicicletas, levando ao ombro submetralhadoras ou fuzis, prontos para qualquer eventualidade. Mesmo com sua linha de abastecimento cortada, as tropas de Hanói, tinham fôlego para prosseguir por meses e meses. Era como uma cobra decapitada que continuava mexendo o corpo.

O Vietnã do Norte tinha sobre o Sul, uma incontestável superioridade militar. Para começar, porque não cessara de guerrear desde a década de 40 quando expulsara os japoneses de seu território. Os tonquineses eram uma raça forte, o que lhe vinha do pais, do clima. Este último desempenhava um importante papel. Os do Norte viviam mal, alimentavam-se pouco, mas sua resistência física era excepcional. Além disso, sua tradição religiosa era composta de um conjunto de práticas, onde a morte não passava de um fato natural e familiar.

Portanto, há trinta anos, o Norte e seus habitantes achavam-se envolvidos na guerra. Sem contar um passado mais distante, quando expulsaram os chineses de suas terras. Era sua vida de todos os dias e o exército o instrumento de sua política revolucionária. Encontrava-se nas tropas de Giap,(*) agora lutando contra os norte-americanos, as antigas divisões da época francesa, a 308, a famosa "Divisão de Hanói", a 312, a 316, a 325 etc, que lutaram contra os franceses. Soldados, que naquela época tinham vinte anos formavam agora quadros aguerridos.

Os habitantes do Vietnã do Sul (antiga Cochinchina), achavam-se mais próximos dos europeus, enquanto que os do Norte sofriam forte influência da civilização chinesa. O Sul tinha uma sorte extraordinária, era terra abençoada, que obtinha diversas colheitas de arroz por ano. Seus rios eram tranquilos e os camponesses viviam na abundância. No tempo dos franceses, em que eles ensinavam no Vietnã, História francesa no lugar de História vietnamita, era o Sul quem atendia as necessidades do Norte.

(*) Nota do Autor — Vo Nguyen Giap, ministro da Defesa do Vietnã do Norte. General conhecido como "Napoleão Vermelho". Estrategista da derrota francêsa em Dien Bien Phu e comandante das trópas de Hanói, na guerra contra os Estados Unidos.

A superioridade militar dos nortistas vinha também de seus chefes. Giap provou indiscutivelmente ao mundo que era um grande estrategista, um dos melhores generais da nossa época. A derrota dos franceses em Dien Bien Phu, tinha sido sua obra máxima, e os norte-americanos com todo seu poderio bélico jamais derrotariam o famoso general.

No Vietnã do Sul, os quadros formaram-se bem mais tarde e com muito menos rigor. Praticamente, não participaram da guerra-francesa, da expulsão dos franceses. Chegaram no fim, e foram utilizados somente na regularização do problema interno indochines. Viram-se brutalmente em face de um exército experimentado e poderoso. Por outro lado, o Norte recebeu dos russos um material de grande luxo. Esse material, como se percebeu no curso das batalhas era nitidamente superior, sobre tudo no que se referia à artilharia, ao armamento norte-americano. Os quadros nortistas formados por técnicos russos (artilharia, tanques). No que se referia a infantaria, não precisavam de ninguém. Eram o melhor corpo do mundo.

Os invasores norte-americanos eram fortes, mais fortes que seus antecessores chineses, japoneses e franceses, quem poderia negar? Num ataque aterrorizante, sem precedente na história não haviam matado dez mil pessoas e ferido outras tantas, num só bombardeio em Hanói? Naquela noite de Natal fatídica, quando eram feitos os preparativos para a Missa do Galo, jogaram sobre a área mais povoada, quantidade equivalente em TNT a duas vezes à bomba atômica de Hiroshima e a metade dos explosivos lançados sobre a Inglaterra na Segunda Guerra Mundial!

Suas armas poderosas destruiam e riscavam do mapa de Hanói, quadras e bairros, numa orgia nunca visto de massacre e destruição. Mas não resolviam, porque a guerra no Vietnã não era apenas uma guerra militar. "É uma matança horrível" — dizia um coronel dos Estados Unidos — "matamos, matamos, e cada vez eles voltam com mais gente!"

A força e a estratégia militares não bastavam para vencê-la, nem para entendê-la. Os Estados Unidos guerreavam com a estratégia matemática. Consultavam seus computadores, faziam somas e subtrações, extraiam raizes quadradas e agiam em função disso. Mas a estratégia matemática ali não funcionava. Se valesse os norte-americanos teriam exterminado as tropas de Hanói no início.

Aquela era uma luta, do que os homens do Pentágono e da Casa Branca tinham pouco: inteligência. De inteligência e não de computadores. Os computadores apenas limitavam-se a multiplicar milhares de vezes a estupidez humana.

Os aviões norte-americanos, em poucas semanas descarregaram sobre a população, bilhões de explosivos, sem entenderem que a guerra no Vietnã não era questão de efetivos e de números. Com o passar do tempo alguns bombardeios norte-americanos tornaram-se desumanos demais. Os sofrimentos de Hanói e Haiphong foram comparados à passadas experiências de Guernica, Oradour, Katyn, Shaperville, Lídice, Babi Yar e Treblinka, cidades destruidas em guerras passadas. "Logo não haverá mais alvos a atacar" — Comentavam oficiais dos Estados Unidos.

Os anos de batalha confirmaram que aquela não era uma guerra comum. Os soldados norte-vietnamitas eram pacienciosos. Sabiam que somente poderiam superar as forças inimigas mais poderosas, com o tempo, pelo cansaço.

Todos os dias, na semi-obscuridade das manhãs úmidas e abafadas da região mais setentrional do país, caminhões especiais do exército do Sul percorriam os angustiados 40 quilômetros da estrada número 1, que separavam Hué de Quang Tri. Seu trabalho era limpar a rodovia das minas colocadas pacientemente durante a noite pelos guerrilheiros vietcongs. Por muito e muito tempo a cena se repetiu, até que os sulistas cansaram.

Os soldados sul-vietnamitas eram diferentes. Não tinham ânimo, porque no fundo, ajudavam soldados invasores a matar seus irmãos. Não acreditavam naquilo que faziam, por isso faltava-lhes qualquer espírito combativo. Disso até os norte-americanos sabiam. Se não soubessem, não teriam a necessidade de levar ao Vietnã tantas tropas suas.

O guerrilheiro vietcong, por sua vez, no início, não possuia equipamento bélico pesado. Seu fuzil   uma cópia chinesa do rifle russo AK.47 (Automat Kalashnikova modelo 1947) cópia rústica, desenhada para dar cem tiros apenas. Depois podia ser jogado fora. Usava granadas checas e norte-americanas do tempo da Segunda Guerra. Até material bélico japonês capturado em 1945 por Stalin na Manchúria, passado em 1949 a Máo Tse Tung, de segunda mão e repassado em terceira mão, aos guerrilheiros. Além disso, ele passava a maior parte do tempo no mato, comendo relativamente pouco e exposto ao tempo.

Era um regime duro, mas o vietcong conhecia o terreno e tinha motivação. Sabia por que e para que lutava. Acreditava em seus líderes e nos seus propósitos. Seus comandantes eram fiéis e honestos. O mesmo podia ser dito do soldado regular norte-vietnamita, menos bem equipado que seus primos regulares do Sul, mas profundamente motivado num movimento que Hanói apresentava como de unificação nacional.

O soldado do Sul (cujos comandantes eram corruptos e interesseiros) era bem equipado, bem armado, mas mal acostumado. Seu treinamento, ministrado por instrutores norte-americanos, fazia dele, basicamente, um homem da cidade, preparado para defender cidades, estradas, posições fixas e depósitos. Enquanto o soldado do Norte e o guerrilheiro pensavam e treinavam para atacar, o soldado do Sul era treinado para defender. O ataque cabia à aviação. mas quando os aviões norte-americanos fossem embora em seu lugar ficaria um vazio que os comandantes militares de Saigon não saberiam preencher.

Os norte-americanos estavam derrotados militar e politicamente. Cometeram um erro gravíssimo: escolher o Vietnã do Sul como aliado. Os sul-vietnamitas eram fracos. Tão fracos que não conseguiam nem tirar proveito da ajuda norte-americana. As tropas do Sul eram bem equipadas, mas sua moral era notoriamente baixa e seriam totalmente inúteis, sem o maciço apoio dos Estados Unidos.

Os sulistas sabiam que o helicópteros norte-americanos sempre trariam novos canhões para substituir as peças de fogo avariadas. E a munição era praticamente inesgotável. O dia em que faltasse munição necessária e transporte aéreo, os serviços de suprimento do Exército sul-vietnamitas não conseguiriam mais acompanhar o movimento de suas tropas.

Sem Força Aérea, sem munição, sem motivação e sem Marinha além da persistente corrupção dos mandatários, o soldado sul-vietnamita abandonaria suas posições uma após outra, deixando aos inimigos largas quantidades de material bélico intacto, o dia em que não mais contasse com o apoio dos norte-americanos. Isso mais uma vez provaria a velha tese de Napoleão Bonaparte:"É preferivel meia duzia de maltrapilhos que desejam lutar, do que um exército gordo e bem vestido".

Era mais fácil lutar tendo o apoio aério quase imediato e sempre garantido, Na fase mais dura das operações, os norte-americanos mantinham mil helicópteros a jato, além de quase 500 aviões modernos de diversos tipos para atacar posições inimigas em poucos minutos,sempre que um simples tenente pedia ajuda pelo rádio. Esses ataques nem sempre resolviam devido a desorganisação da Força Aérea, mas não deixavam de ser ataques violentos e desumanos. Como dizia um analista militar, as vezes eram tão intensos e tamanha a quantidade de bombas jogadas que obrigavam os guerrilheiros e principalmente os soldados regulares de Hanoi a "ficar com a cabeça abaixada", reduzindo seu poderio bélico.

Durante o dia a noite, com bom ou mau tempo, caiam bombas do céu. A aviação norte-americana chegou ao requinte de utilizar satélites dotados de sensores infravermelhos para detectar o fogo de cozinhas subterrâneas de acampamentos camuflados. E minutos depois chegavam os B-52, despejando cada um deles dez a doze toneladas de alto explosivo que penetravam dez metros na terra antes de detonar, esmigalhando homens e instalações.

Embora atacando a foguete, canhão e avião, tudo o que se movia na costa, como fazia a frota dos Estados Unidos, ou tendo a infantaria disparado seus obuses de 105 e 155 milímetros até o cano ficar rubro e as estrias desaparecerem, os homens dos Estados Unidos se encontravam num paradoxo. Não podiam se retirar do Vietnã do Sul mesmo que quisessem, porque para faze-lo tinham de deixar uma situação política estável. O governo de Saigon não era forte nem sério. Por demais corrupto, não servia nem como criado.

Como teriam que fazer para ir embora? E tinham que ir. Não podiam manter milhares e milhares de homens no Vietnã, por outros dez, quinze anos! Era portanto sua derrota política: não obter nada do ponto de vista político, malgrado o enorme aparato militar de que dispunham.

Os norte-americanos começaram no Vietnã com os métodos convencionais que costumam usar, isto é, com dólares. Acham que podem sempre resolver tudo com dinheiro. Acreditavam mesmo poder implantar um governo com dinheiro, um exército de soldadinhos de chumbo comprados com dólares. Com conselheiros e tudo. Mas o povo interveio e o plano dos norte-americanos fracassou. Falharam os conselheiros, os comprados, falharam os exércitos de marionetes. E os norte-americanos se viram obrigados à interverção militar, cometendo atrocidades, no insensato desejo de impor a decisão de um poder estranho.

Tantos males causaram, que o Vietnã teve a infelicidade de testemunhar a mais horrível tragédia de que se tem memória na História do homem. Foi a força bruta e desumana contra a inteligência e o patriotísmo.

Se a Coréia tinha custado aos norte-americanos 20 bilhões de dólares, o Vietnã, "potência de quarta classe" — conforme gostava de citar o presidente-mafioso — já custava bem mais de 100 bilhões. A Coréia custou-lhes mais de 54 mil mortos, e o Vietnã já há muito superara essa cifra. Anos após anos os norte-americanos obsessivamente tentavam vencer a estranha guerra, julgada invencível por alguns estrategistas do Pentágono. Mas eis que havia (e sempre) a ofensiva do Tet(*) e a Frente de Libertação Nacional demonstrava poder atacá-los quando quisesse e onde quisesse. Mesmo nas cidades mais próximas, mesmo na capital, Saigon. Até os norte-americanos admitirem que aquela guerra era um erro estratégico, e que seria a primeira que os Estados Unidos não venceriam, por mais que se esforçassem.

Da mesma forma que derrotaram os invasores japoneses, e os franceses, no passado, as tropas de Hanói acreditavam derrubar os norte-americanos. O Dien Bien Phu deles ainda viria. Se houve no passado um dia em que a França chegou à conclusão de que devia abandonar definitivamente a Indochina, esse dia também haveria de chegar para os Estados Unidos. Era o pensamento de todos e até do garotinho, vendedor ambulante que oferecia cigarros e chicletes de bola, aos norte-americanos, e que também podia transportar granadas em seu caixote, para ajudar a expulsão dos invasores de seu pais.

A estratégia das tropas do Vietnã do Sul era curiosa. Para eles os norte-americanos perderiam definitivamente a guerra

(*) Nota do Autor — Tet, ano lunar vietnamita. Data em que os norte-vietnamitas renovavam suas ofensivas, todos os anos.

quando seus efetivos chegassem ao máximo. Quando a grande máquina que montaram não conseguisse mais mover-se. Isto é, quando os norte-americanos tivessem mais homens, mais armas, mais esperanças de vitória. Porque toda aquela força se tornaria inevitavelmente numa pedra amarrada no pescoço.

Quanto tempo mais duraria a guerra? Os vietnamitas do Norte não tinham pressa. Dez, quinze, vinte, cinquenta anos, o tempo não importava para as tropas de Hanói. "Depois de trinta anos de lutas e sacrifícios, não vamos ajoelhar agora" — diziam. Não tinham pressa nem medo. Os generais norte-americanos tinha urgência, pois sofriam pressão do mundo inteiro, e desprezo do seu próprio povo!

Anos de guerra e tudo voltava a estaca zero. O vai e vem continuava com mais dólares gastos e mais vida ceifadas. Cidades eram tomadas e logo perdidas novamente. Os homens dos Estados Unidos embora poderosos, encontravam-se no Vietnã de mãos atadas; trancados a chave em sua própria força. Somente poderiam esperar alguma coisa na Conferência de Paris, para uma saída menos feia. Mas lá também os teimosos belicosos não abandonavam suas posições. Atitude clássica de errados, buscando inutilmente uma saída honrosa, porque moralmente já haviam perdido a guerra, e ganho o desprezo de todos os povos amantes da paz.

A Conferência de Paz, em Paris, arrasta-se também, graças aos homens dos Estados Unidos que diziam uma coisa e faziam outra. Propunham e quando o adversário concordava, eles voltavam atrás. Usavam a pressão, através de bombardeios, jogando toneladas de explosivos sobre cidades indefesas, cada vez que seu ponto de vista não era acatado. Enquanto o sofrido povo vietnamita, ansiosamente esperava o par de assinaturas para trazer o que 30 anos de guerra não trouxeram...

O ambiente de Saigon era mais horrível a cada dia que passava. Várias cantinas para oficiais norte-americanos tinham sido instaladas precariamente. Numa delas, verdadeiro festival de portadores de penduricalhos, fitinhas, medalhas e doenças venéreas, era onde o piloto Mav após o bombardeio, conversava com vários colegas.

A frente da cantina estava sofrendo reforma por ter sido atingida, dias antes por dois morteiros de fabricação chinesa, destruindo totalmente a porta principal. Os foguetes de 107 milímetros, foram disparados de rampa de fabricação caseira, montada a uma distância aproximadamente de cem metros, disfarçada em carrinho de sorvete. Tres carros em que desciam oficiais, na ocasião, tinham sido completamente destruidos por um incêndio que se seguiu à explosão.

Na porta, uma velha cafetina francesa, ruiva, que ninguem sabia se era mulher ou travesti, conversava com soldados encostados num jipe da Quan Canh, temida polícia militar sul-vietnamita. Prostitutas entravam e saiam, no meio de uma briga proveniente da recusa de um cozinheiro branco em fornecer um sanduiche a um marinheiro negro.

La dentro, contrabandistas negociavam as claras, enquanto o uisque, o baralho, o dado e o dólar corriam e ricos privilegiados sul-vietnamitas compravam vistos para abandonar a corrupta capital do Vietnã do Sul. Nas mesas havia desde **hot-dog** e **hamburguer**, até jantares típicos do Vietnã: sopa de asas de morcego, galinhas servidas com as cabeças intactas, porco cru com môlhos e azeite feito de peixe apodrecido. Além de outras estranhas e surpreendentes comidas, para o paladar norte-americano.

As incríveis negociatas para as saidas de Saigon eram feitas na frente de qualquer oficial. Ninguem ligava mais para aquilo. Começaram quando dos primeiros violentos bombardeios contra bases norte-americanas, instalações militares e propriedades do governo na capital. Sul-vietnamitas influentes e ricos não preocupados com o desenvolvimento das lutas começaram a agir como se a guerra já estivesse no fim. Centenas deles trocaram o Vietnã do Sul pela Europa ou pelos Estados Unidos e outras centenas estavam prontas para acompanhá-los.

— Cedo ou tarde as tropas de Hanói entrarão aqui e poderemos ficar sem nada — dizia um negociante enquanto exibia seu passaporte. Dos negociantes que deixavam legalmente o Vietnã do Sul, a cada semana, mais da metade não voltava. Esse êxodo incontrolável criava sérios problemas para o governo, que proibia os funcionários de falar sobre o assunto. Enquanto alto funcionário do governo observava:

— Um escândalo arruinará nossas próprias chances de fugir!...

Teoricamente, era quase impossível que um cidadão sul-vietnamita saisse do pais levando as bençãos de seu governo

Mesmo para viagens curtas, os passaportes e os vistos de saida, requeriam uma exaustiva coleção de papéis, licença e... largas gorgetas!

Entre rodadas de uisque, prosseguia o jogo de dados e baralho e as negociatas na cantina militar de Saigon. Logo adiante da mesa de Mav, um casal milionário sul-vietnamita negociava junto a autoridade para que seu filho adolescente tivesse facilitada a sua viagem à Paris. Fora o que o casal já havia perdido na partida de poquer, para o alto oficial sul-vietnamita e sua acompanhante, o marido colocou 40 000 dólares nas mãos do coronel. Nenhum rapaz em idade militar podia viajar sem autorização expressa de oficiais do Exército sul-vietnamita, de major para cima. Esses militares eram responsáveis pela volta dos viajantes, no entanto esses próprios oficiais eram os primeiros a fugir quando surgia oportunidade.

A maioria dos oficiais do Exército corrupto de Saigon posuía contas bancarias na Europa, e seus filhos estudavam no estrangeiro. Alguns compravam casas na Suíça e outros tinham os filhos morando na Itália. Altos funcionários do governo, quando iam ao estrangeiro desertavam. Até um Minístro que foi à Paris como observador especial nas negociações de paz, sumiu. Quando seus superiores lhe ordenaram que retornasse a Saigon ele continou não dando sinal de si. Meses mais tarde, um velho amigo o encontrou no Quartier Latin, trabalhando como garção de boate. Um adido militar sul-vietnamita seguiu rumo parecido: para poder viver definitivamente na França... filiou-se ao sindicato dos padeiros!

Alguns deles encontravam meios mais práticos: "arranjavam" um ascendente francês e reclamavam cidadanía francesa para sair de Saigon. No mercado negro da própria cantina, onde havia desde encontro marcado com garotas de doze anos, tóxicos, uma "prova de parentesco" chegava a custar 5 000 dólares. Havia também um "acordo naval", a fuga pura e simplesmente num navio de carga, cujas "passagens" custavam cerca de 1 500 dólares. As fugas por terra chegavam a 6 000 dólares, pois os intermediários precisavam subornar os soldados sul-vietnamitas. Alguns oficiais que se responsabilizaram por viajantes que não voltaram, foram incriminados, rebaixados e presos apenas porque não tinham muito "prestígio" e para que o mal não se alastrasse tanto. O governo sul-vietnamita pouco podia fazer para sustar as deserções, conforme comentava desanimado um general na mesa da cantina:

— Nós podemos mandar agentes especiais de segurança buscar os fugitivos. Mas nesse caso, certamente todos ficarão por lá!

Alguns oficiais sul-vitnamitas preferiam beber na cantina dos soldados norte-americanos para não assistirem certas cenas: soldados, comandados seus, tinham adquirido o hábito de entrar em restaurantes, comer, beber e puxar... a arma na hora de pagar! Muitas vezez chegavam até a cobrar algum dinheiro pela "honra" que tinham dado ao restaurante! Os proprietários não tinham a quem reclamar, já que a polícia agia da mesma forma. Não podiam também apelar aos altos oficiais do Exército, pois tinha sido nele que a corrupção havia iniciada em larga escala, sem que ninguem conseguisse impedí-la.

Todo mundo roubava em Saigon. A situação chegou a um ponto tão crítico, que os oficiais norte-americanos insistiam em fazer contagem do número exato de soldados sul-vietnamitas achando que os oficiais aumentavam para solicitar ajuda econômica e militar, em pelo menos o dobro. O roubo ia dos oficiais aos praças sul-vietnamitas, que deixava seus aliados norte-americanos sem saber o que fazer para acabar com a corrupção e a baderna. Essas tropas sistematicamente saqueavam casas e violentavam mulheres por toda aldeia em que passavam. Alastravam doenças venérea além de contrabandear tóxicos...

Quando o oficial sul-vietnamita que aparentava uns quarenta anos entrou na cantina, algumas mesas foram logo desocupadas para ele. Apenas os norte-americanos permaneceram frios em seus lugares. Não se preocupavam nem com violenta briga, apartada a custas momentos antes, onde brancos e negros se golpeavam ferozmente com correntes, bastões e pedaços de ferro, porque um soldado branco teria derrubado insolentemente a ponta pé, a bandeja onde um soldado negro carregava seu jantar.

O oficial asiático usava um impecável uniforme preto de piloto acompanhado de invariável lenço violeta e de um revolver banhado a prata. Ridícula figura de **cawboy** anão e subnutrido. Era o "Morcego roxo", um semi-deus dos sul-vietnamitas, corrupto e prepotente. De bigodinho bem aparado, exageradamente perfumado, o homem estufava seu esquelético peito e pegava pelo braço a atual esposa Boa Constrictor,(*) exuberante morena, ex-prostituta de luxo, 30 anos, exímia atiradora, entendida em rifle e metralhadora. A míni-saia justa, colante e os longos cabelos negros chamavam a atenção para aquela bela mulher, grande admiradora de cavalos, e que tinha como passatempo pilotar aviões a jato. Além de formosa e inteligente ela era mais conhecida nos meios norte-americanos como: "a maravilhosa lingua de asa de borboleta".

O "Morcego roxo", de enormes orelhas e pronunciadas olheiras, era um dos mais altos mandatários do Vietnã do Sul. Seu herói: Hitler. O oficial todo de preto ajeitava o lenço violeta enquanto sorria para a esposa que por sua vez era toda sorriso para os norte-americanos. O portador do revolver de prata era um dos chefes da quadrilha que controlava o comércio de ópio, no Vietnã do Sul. Seus guarda costas correram logo para que o casal sentasse, sob o imediato olhar de desprezo dos norte-americanos.

No poder, esse homem foi eliminando aqueles que não faziam o seu jogo; os vietcongs e os norte-americanos fizeram o resto. Os homens dos Estados Unidos mataram de uma só vez, com um tiro de morteiro aparentemente acidental, meia duzia de oficiais, que não eram bem vistos pelo homem de negro e lenço violeta, numa casa em Saigon.

Em sua farta mesa, na cantina, eram traçadas desde diretrizes de guerra, como o roteiro do contrabando de tóxicos. Logo cercado por oficiais que já o esperavam, o assunto em pauta era a retirada das tropas que ajudavam o Vietnã do Sul. Os primeiros a sairem daquela guerra foram os filipinos que retiraram seus 2 000 homens. A Coréia também desiludida ini-

(*) Nota do Autor — Boa Constrictor, nome científico da enorme serpente jibóia.

ciara a retirada de sua fôrça de 50 000 homens. A Tailândia repatriara a metade de seus 12 000 soldados e os outros 6 000 retornariam logo em seguida. Assim pouco a pouco o Vietnã do Sul perdia seus aliados. A Austrália e Nova Zelândia anunciaram simultaneamente a retirada de seus contingentes daquela praça de guerra. Encerrava-se assim, também aos poucos, a participação dos aliados dos Estados Unidos na guerra do Vietnã.

A imponente presença militar dos Estados unidos naquela guerra sem fim, chegara a ser composta por mais de 500 000 soldados! O medo do oficial fantaziado de negro e violeta era que os norte-americanos também fossem embora, pois estavam retirando uma média de 14 000 homens por mes. Eram milhares de repatriados que se viam livres da teia de tóxicos e que não mais davam dólares ao "Morcego roxo".

Inicialmente os Estados Unidos tiveram dificuldades em convencer alguns de seus aliados a socorrerem Saigon, mas, um forte auxílio financeiro ajudou-os a tomarem a decisão. A Tailândia chegou a receber 1 bilhão de dólares para manter suas tropas no Vietnã do Sul por cinco anos. Os filipinos contaram com o auxílio de 38 milhões de dólares, incluindo nesta quantia não apenas o pagamento de seus soldados e a compra de armas, como as despesas com os costumeiros conselheiros norte-americanos para ensinar a utilização do material bélico.

A decisão de retirar suas tropas, no entanto não foi difícil para nenhum dos aliados. Vários deles — como a Tailândia e a Coréia do Sul — enfrentavam problemas internos de guerrilhas e necessitavam de seus soldados para enfrentar as dificuldades. Outros como a Austrália, defrontaram-se com a justa contestação popular à participação naquela guerra, e resolveram respeitar a voz do povo.

Desta forma, paulatinamente, o Vietnã do Sul se via obrigado a contar apenas com os Estados Unidos para fazer a guerra contra seus irmãos. O descontentamento do "Morcego roxo", na mesa da cantina era bem visível, pois a sua rêde de tóxicos contava agora com "apenas" 1 100 000 vítimas. Eram os homens da fôrca do Vietnã do Sul.

A mesa do "Morcego roxo" estava sendo observada sem que ele percebesse. Dois oficiais norte-americanos a paisana faziam discretamente algumas anotações. Queriam descobrir atè onde ia a ligação do homem de negro e roxo com as tropas **green berets**, os "boinas verdes".

Um coronel dessas tropas especializadas, amigo pessoal do chefe do Estado-Maior do Exército norte-americano e protegido especial do Pentágono, estava preso acusado de juntamente com sete outros **green berets** (dois majores, tres capitães e dois sub-oficiais) ter assassinado um civil sul-vietnamita.

O caso passaria mais uma vez despercebido, se o morto em questão não fosse figura importante. Os "boinas verdes", abatiam qualquer suspeito sem dar satisfações a ninguem. Frequentemente tratavam os uspeitos com requintes de perversidade. Essa tropa que trabalhava com mercenários e com fôrças escolhidas sul-vietamitas, tinha como especialidade as missões clandestinas. Espancamento de civis, torturas, processos-relâmpagos e execuções as escondidas, eram praticados a todo instante por aquelas forças especiais norte-americanas. Agora, porém, o público já tomava conhecimento dos seus estilos de trabalho.

Sem motivo aparente o homem tinha sido executado a tiros; seu cadáver amarrado a um lastro, foi transportado de helicóptero e jogado ao mar. Porque um caso como esse, bastante rotineiro na fria lógica da guerra secreta teria sido levada até o alto comando dos **green berets**?

Acontece que o sul-vietnamita eliminado era um espião; mas não um agente comum. Mataram um tipo mau caráter, sem saber que ele era muito ligado a pessoas importantes que mantinham amizades e relações de família com altos funcionários de Saigon. Surgira a dúvida. Quem era final o homem importante assassinado pelos norte-americanos? Agente especial de um serviço amigo? Oficial de alta patente, membro do Estado Maior sul-vietnamita, servindo de contato nas negociações secretas entre Hanói e Saigon?

A CIA financiava os **green berets**, que eram seus agentes, e o Exército norte-americano pressionado pelo governo do Vietnã do Sul estava investigando as denúncias para decidir se o caso seria levado à côrte marcial.

Durante toda a história militar dos Estados Unidos, nenhuma organização conseguiu penetrar com tanta facilidade na imaginação do povo norte-americano, graças a uma propaganda bem trabalhada, como as forças especiais **green berets**. Homens tidos como incorruptíveis supertreinados, no Exército, instruidos em todos os segredos da batalha franca e da luta clandestina. Eram treinados para qualquer tipo de guerra. Transformaram-se em lenda e agora conhecida sua verdadeira história, e seus métodos, decepcionava a própria opinião pública norte-americana.

Vários tinham sido os crimes praticados pela fantástica e misteriosa organização custeada pela CIA (**Central Inteligence Agency**) e que agora tanto decepcionava seus patrícios. O último caso então, havia demonstrado ou ineficiência e despreparo, ou corrupção. O homem executado pelos "boinas verdes", era agente da própria CIA!...

A Central de Inteligência, no Vietnã, não era nada daquilo que os filmes de propaganda mostravam na televisão do mundo inteiro. Mais parecia a organização do agente secreto da piada, que escrevia a profissão na lapela...

No palco da guerra do Sudoeste Asiático, a CIA não passava de um rico elenco de personagens desastrosas, em situações embaraçantes, que frequentemente invadiam os limites da ópera bufa. Certo coronel desse departamento chegou a garantir, certa vez, perante a TV norte-americana, que fora necessário arrasar uma aldeia sul-vietnamita "para que pudéssemos salvá-la".

Afinal, o homem morrera por engano? Surrado a pontapés, fuzilado a tiros de metralhadora, empacotado num saco de lona e lançado com lastro nas águas do mar, o espião além das ligações importantes no governo, era amigo pessoal do presidente do Vietnã do Sul!

A vítima, milionário, ex-proprietário de terras confiscadas pelos homens do Vietnã do Norte, possuia um ódio desesperado e franco pelos vietcongs, e como ironia do destino: era verdadeiro admirador dos "boinas verdes".

Apesar de pr tígio que ainda possuia, o espião além da tarefa de espionar, era obrigado pelos norte-americanos, a fazer café, lavar o chão da caserna e até mesmo procurar prostitutas para os oficiais. Os **green berets** acusados confirmaram tudo isso, enquanto a CIA negava qualquer envolvimento no caso. Para complicar definitivamente as coisas, um agente da organização de Saigon deixou escapar que eles realmente tinham sido consultados pelo coronel dos "boinas verdes" antes da morte do importante homem:

— Nós informamos ao coronel que o suspeito devia ser "confinado com estrema cautela", e eles nos interpretaram mal,eliminando-o.

Falhas dessa espécie sempre foram abafadas. Desta vez o próprio comandante suprêmo das fôrças norte-americanas no Vietnã, resolveu que a investigação fosse completada, pois estava complicando-o demais junto ao Govêrno do Vietnã do Sul. Além disso, perante a opinião pública mundial, os membros das forças especiais **green berets**, precisavam mostrar mais respeito pela vida humana.

— Não somos assassinos, mas o próprio Exército nos obriga a conhecer todos os métodos de matar. É a lei da sobrevivência na guerra — dizia um dos oficiais.

No mínimo deviam ser condenados por burrice, pois afinal mataram um homem, mas não conseguiram provar que ele fosse culpado de coisa alguma. Mas a verdadeira história tinha sido outra. Bem diferente, conforme ficou apurado depois. Alguem havia pago com ouro pequena fortuna aos **green berets** para eliminar a importante figura! Isto provou que aquela tropa era dura, mas não tão incorruptível como se julgava. O método de acabar com aliado, parecido com o usado pelo "Morcego roxo", dai a presença de oficiais norte-americanos próxima a sua mesa para melhor observação...

O movimento nas ruas de Saigon, a noite, não era menos calmo que o da cantina militar dos norte-americanos. Se numa rua um bonzo budista se queimava em protesto à continuação da guerra, em outras estudantes amotinados atrás de barricadas de arame farpado, arremessavam bombas incendiárias contra veículos norte-americanos. Ao mesmo tempo em que numa praça mais distante veteranos de guerra entravam em choque com a polícia e acusavam o governo não assistí-los.

Enquanto discussões, planos, observações, contrabando, propostas desonestas e outras aberrações eram feitas na cantina militar, de Saigon, tremendo ataque tinha sido desfechado à base aeronaval de Cam Ranh, segunda maior do Vietnã do Sul e até então considerada inexpugnável. Na madrugada, sapadores vietcongs romperam todos os sistemas de defesa do complexo militar, sem qualquer luta, e provocaram um incêndio que destruíu 7 000 toneladas de gasolina! O suficiente para manter 850 helicópteros em vôo por 24 horas. Cam Ranh, fortaleza tão segura que serviu para hospedar importantes visitantes, como um dos presidentes-chefões, ficara reduzida a um amontoado de destroços.

Mesmo assim, a surpresa causada pelos ataques não superou a euforia provocada pelo alcoól na cantina militar de Saigon, onde Mav conversava com alguns colegas. Com exceção do brasileiro que tinha a cor de cobre, de índio, os outros da mesa eram negros. Os oficiais de cor, eram olhados com desprezo por certo major, pertencente a sociedade secreta Ku-Klux-Klan, que representava o lado mais violento da luta racial nos Estados Unidos. Esse major celebrava aterrorizantes e ridículos rituais no Vietnã, lembrando o tempo em que dirigia uma ala da sociedade que promovia assassínio de homens e mulheres negras, na sua terra. Contava com maior prazer, os incêndios de casas e de igrejas, pertencentes aos negros, além do absurdo dos absurdos: descrevia rindo, com ar de sadismo, que jogava bombas nas escolas matando inocentes criancinhas negras...

O major de costas para a mesa de Mav e seus acompanhantes, ouvia atentamente a conversa:

— Na minha terra, quando criança, tinha odio de mim mesmo porque era negro — contava um dos pilotos para o brasileiro. Pertencia ao porta-aviões "Constelation", onde 250 rebeldes, a maioria negros, mas contando com a colaboração de alguns brancos, iniciaram um movimento de protesto contra a discriminação racial, sendo cercado e imobilizado por força de fuzileiros navais. Prosseguia o piloto:

— Eu não era uma criança, era uma piada, para todos rirem na rua. Tinha de andar cinco milhas para chegar à minha escola, que era velha e suja. E passava no caminho por tres belas escolas de crianças louras, que eu não podia frequentar. Em Boston, quando já rapaz me serviram salsicha crua, num restaurante. Nunca pude esquecer aquela humilhação. Afinal eu não era um cachorro! No início, quando fazia o curso militar, oficiais brancos cuspiam em mim e gritavam: negro! Eu não sabia porque estava estudando ou porque ir lutar.

Não tinha causa. Nenhuma lista da bandeira norte-americana me pertencia...

— Só prestamos na hora de cantar em festivais internacionais ou representar os Estados Unidos em Olimpíadas. Fora disso somos jogados às feras da Ku-Klux-Klan... Era o desabafo de outro oficial negro, que servia no navio-tanque "Hassayampa", onde marinheiros negros e brancos por questões raciais fizeram também uma sangrenta luta no convés, quando ancorado na Filipinas, produzindo saldo de mais de sessenta feridos, participava da conversa na mesa de Mav:

— Infelizmente em nossa terra esses lamentos são comuns. Agora nos trazem para cá, e chegam aqui também essas mesmas perseguições — lembrando que o negro se sentia punido em criança, por alguma coisa que não havia feito...

Um terceiro oficial negro também tomava parte. Era do porta-aviões "Kitty Hawk", outro famoso "campo de batalha sobre as ondas", entre marinheiros brancos e negros. Numa dessas "batalhas", que durou 8 horas consecutivas de lutas e desordens, ficaram feridos 83 pessoas e foram presas mais de 300. O conflito racial entre seus integrantes era explosivamente misturado aos protestos contra a guerra no Sudoeste Asiático:

— Nos sindicatos o branco tem sempre prioridade de trabalho e melhores salários. Ao negro resta o desemprego. Uma entre cinco criança negras consegue atingir o curso secundário, e as quatro restantes ficam de fora, por questões financeiras. Assim as crianças negras tem educação inferior à dos brancos. Quando a criança branca vai ao colégio leva quatro ou cinco livros. A criança negra só consegue carregar um caderno.

O major branco e racista ouvia a conversa e fingia estar distante do assunto, sempre de costas para a mesa onde Mav e seus colegas conversavam:

— Enfim, o negro está colocado fora da comunidade norte-americana, enquanto o branco tem seus privilégios. Mas na hora da convocação para a guerra no Vietnã, ai sim aparece a oportunidade do negro! É enviado em massa para a luta; para servir de bucha de canhão...

Os negros se queixavam entre outras coisas, de serem mais raramente promovidos e mais frequentemente punidos que os colegas brancos de farda. E sua rebeldia tinha se manifestado de forma particularmente franca nos navios da frota do Pacífico, criando situações em que norte-americanos, paralelamente à guerra contra o inimigo norte-vietnamita, combatiam entre si.

Mav como brasileiro não entendia bem aquilo. Porque aquela perseguição toda? Brancos, vermelhos, amarelos ou negros deviam receber o mesmo respeito o mesmo tratamento. O negro norte-americano somente desejava melhor emprego, melhor pagamento, melhor casa. O direito de união com brancos, de trabalhar ao lado destes e as crianças negras o direito de frequentarem as mesmas escolas de crianças brancas. Era crime desejar comer nos mesmos restaurantes? Frequentar as mesmas igrejas? Morar parede-e-meia com os brancos? Usar os mesmos transportes, e os mesmos hotéis? Ter as mesmas oportunidades de trabalho? Enfim, ter direitos iguais, exatamente iguais aos dos brancos?

O major racista na outra mesa ficava vermelho de raiva, fingindo que não ouvia a conversa, enquanto um dos oficiais negros encerrava:

— Nós preferimos a cadeia, a ter que continuar com nossos direitos não reconhecidos; confiamos em nosso talento, em nossa capacidade, em nossa inteligência. Nós os negros ajudamos a construir e a projetar os Estados Unidos, quer na música, quer nos esportes e em outros setores de atividade humana. Portanto confiamos na Justiça norte-americana. Chega de perseguições...

Na liberal cantina havia de tudo. Enquanto soldados dos Estados Unidos faziam piadas com o presidente-mafioso chamando-o de **"Tricky Dick"** ("Ricardinho, o Espertinho") os sul-vietnamitas comentavam entre si a fama de alcoólatras dos norte-americanos e a falta de inteligência do Pentágono, Casa Branca, CIA, Corpo Diplomático etc. Fócos de **cowboy** da politicagem, corrupção e crime organizado. Casos verídicos que iam dos cães policiais amestrados que os norte-americanos ingenuamente levaram, a certos lugares do Vietnã, e que foram rapidamente mortos e devorados pela população carente de alimentos, as desastrosas tentativas de espionagens, até as gafes diplomaticas famosas. Contava-se entre tantas um caso passado com importante senhora que por sugestão de seus assessores, levou á Índia presentes de couro bovino para entregar a Indíra Gandi. Somente depois da gafe foi que os norte-americanos perceberam que a vaca na Índia era animal sagrado. Ou mesmo durante a visita do presidente-mafioso à China, em que ele levou grande quantidade de presentes e tecidos brancos — cor de luto e do desespêro na Ásia. Pormenor que o corpo diplomático não lembrou, ou que não sabia...

A conversa foi interrompida por violenta briga na cantina. Mesas, garrafas, copos e dinheiro, saltavam entre socos e pontapés. Gritos, urros; palavrões em inglês e na língua vietnamita eram misturados com gemidos numa confusão louca, para terminar num assassinato! Um oficial sul-vietnamita passou a navalha no pescoço de um coronel norte-americano, degolando-o! O corre-corre foi aumentado com a vinda dos polícia-militares que apareceram de todos os lados.

A briga teve origem numa mesa em que jogavam e bebiam oficiais norte-americanos e vietnamitas do Sul. Depois de muito beberem os homens dos Estados Unidos passaram a ofender seus colegas de mesa e aliados, chamando-os de mentirosos e convardes, incompetentes, imbecis e até de ladrões. Quem mais bebia e chingava era um coronel que transportava sempre ostensivamente em seu uniforme, uma granada de mão. E volta e meia na discussão ele passava a mão na granada, para aflição de todos que o rodeavam...

Os norte-americanos bastante embriagados, haviam mostrado aos oficiais sul-vietnamitas um exemplar de uma revista dos Estados Unidos e que tinha sido proibida no Vietnã do Sul, por conter material considerado "nocivo ao moral das tropas combatentes do Vietnã do Sul". A condição psicológica do soldado vietnamita aliado dos norte-americanos, já não era muito boa, e isso preocupava muito Saigon. Agora reforçado com a matéria da revista, criticando o desempenho dos pilotos de helicópteros e a descrição da retirada sumamente vergonhosa dos soldados sul-vietnamitas, do Laos era a gota que faltava no copo cheio.

Os soldados estavam profundamente abalados com os resultados negativos da Lam Son 719. O governo sul-vietnamita e o comando militar norte-americano estavam desapontados. Além de abandonarem os companheiros mortos, os soldados do Sul ficaram marcados pelos apelos patéticos dos companheiros feridos que ficavam para trás, implorando aos amigos que lhes dessem um tiro ou deixassem uma granada de mão para que pudessem escapar pelo suicídio aos norte-vietnamitas e aos bombardeios dos aviões norte-americanos. Cercados pelas tropas de Hanói, os soldados não tinham a quem obedecer, pois os oficiais de comando foram os primeiros a cumprir suas próprias ordens de dispersar. Centenas de soldados fugiram do Laos sem mochilas, rações, capacetes de aço e, até mesmo, sem suas armas.

Em oposição ao moral baixo dos soldados sul-vietnamitas, que desertavam por qualquer coisa, havia maior confiança por parte do inimigo. Os comandos do Vietnã do Norte, que atacavam severamente em vários pontos do Vietnã do Sul, penetraram na base norte-americana Mary Ann, 80 quilômetros ao Sul de Danang e em pouco mais de uma hora destruiram inteiramente as instalações militares matando 96 norte-americanos e deixando centenas de feridos, enquanto perdiam apenas 10 homens. Foram das maiores baixas sofridas pelo Exército dos Estados Unidos, desde o início da guerra da Indochina. Segundo o comando norte-americano, o principal motivo das pesadas baixas foi o pânico que tomou conta dos soldados — o que não deixava de ser um consôlo para os sul-vietnamitas.

Na mesa da cantina, norte-americanos e sul-vietnamitas acusavam-se e defendiam-se mutuamente, no início da discussão. Um dos oficiais norte-americanos, justamente o coronel que transportava pendurada em seu uniforme, uma granada, e que participara das operações, citava as cenas de desconfiança mútua, ou mesmo de hostilidade, que passaram a ocorrer com frequência no final da operação. Na falta de piloto ele mesmo pilotava um helicóptero Huey-Cobra aproximando-se do campo laociâno onde os soldados sul-vietnamitas esperavam ser removidos. O coronel-piloto perguntou então pelo rádio qual era a situação. **"OK. Come in"** respondeu o operador sul-vietnamita no solo, em seu inglês confinado as necessidades básicas. **"Come in. No enemy. Come in"**, repetia ele. Quando o helicóptero tocou o solo, iniciou-se uma tempestade de balas norte-vietnamitas. O coronel que o pilotava arrancou imediatamente, com soldados pendurados nas portas, e apesar das avarías conseguiu chegar a Khe Sanh. "Os sul-vietnamitas querem sair de qualquer jeito" dizia ele. "Não adianta muito pedir informações. A resposta é quase sempre a mesma. **"No enemy, my ass"** ("nenhum inimigo, coisa nenhuma").

Como em toda a campanha do Laos, o trabalho dos helicópteros foi o mais sacrificado; o oficial norte-americano que havia escapado por milagre, bebendo cada vez mais, desabafava ofendendo os aliados sulistas.

Ele queria explicar que embora ficasse mais de cinco segundos no solo, a cada missão de resgate, muitas vezes voltava ao Vietnã do Sul sem cumprir os objetivos originais que eram os de recolher os feridos graves. Nos rápidos segundos de embarque, muitos feridos morriam em meio do tiroteio e o helicóptero acabava levantando vôo com muita gente dentro, mas sem nenhum dos soldados que devia oficialmente trazer. Mas a quantidade de álcool consumida pelo coronel impedia de dar aquela explicação. Ele simplesmente se limitava a ofender os sul-vietnamitas em geral e em especial os que estavam na mesa.

Para os 1 200 pilotos norte-americanos envolvidos naquela operação do Laos, a atuação dos soldados sul-vietnamitas foi decepcionante. E marcados pela tensão, os sul-vietnamitas passaram a acusar os norte-americanos de não lhes proporcionarem apôio aéreo suficiente.

Esse estado de espírito que acabou por contaminar os soldados norte-americanos sediados em Khe Sanh (cercada e intensamente bombardeada pelos inimigos) e em outras bases nas proximidades, era o mesmo que acabava de contaminar os ocupantes daquela mesa da conturbada cantina militar de Saigon.

Um oficial sul-vietnamita que estava na mesa afirmava que também participara daqueles combates, e que a tensão dos soldados norte-americanos encarregados de dar cobertura aos seus aliados em retirada acabou se traduzindo em insubordinação contra ordens superiores, e censurava muito os norte-americanos por isso. Dizia ele que por três vezes, dois pelotões da Primeira Cavalaria da Divisão norte-americana avançaram contra uma posição inimiga, que impedia a retirada sul-vietnamita. Por três vezes, diante do fogo inimigo, os pelotões recuaram, à espera do apôio aéreo e da artilharia pesada. Na terceira investida, o blindado do capitão que comandava a tropa, foi inutilizado pela explosão de uma mina. O comandante e seus homens não puderam recuar e ficaram isolados dos pelotões. Pouco antes de escurecer, dois carros blindados chegaram até eles e todos foram resgatados, ao mesmo tempo que pousava um helicóptero avariado. À noite, o capitão ordenou que os soldados avançassem pela quarta vez para recuperar o blindado e o helicóptero. A missão não foi cumprida. Num caso de indisciplina coletiva 55 homens recusaram-se a obedecer o capitão. Mais tarde nova missão foi recusada pelos praças norte-americanos. O grupo rebelde simplesmente não cumpria ordens superiores para salvar soldados sul-vietnamitas encurralados.

O coronel norte-americano, cada vez mais embriagado, chamava seus colegas sul-vietnamitas de mentirosos:

— Depois que vocês homens de Saigon, afirmaram que mais de 13 000 norte-vietnamitas morreram durante a operação no Laos, contra 1 146 sul-vietnamitas, fontes militares nossas divulgaram outra estimativa. Além de considerarem exageradas as perdas dos nossos inimigos, descobrimos que vocês sul-vietnamitas sofreram cerca de 10 000 baixas, isto é quase 50% das tropas que entraram no Laos: 3 800 mortos, 775 desaparecidos, 5 200 feridos e cerca de 800 desertores! Nós os norte-americanos controlamos tudo, direitinho, por isso não adianta vocês mentirem.

Novo gole de uísque e nova investida do coronel famoso por ter tirado vários pilotos a tapa, quando estes tremiam ao entrar no helicóptero. Os pilotos nada faziam porque ele andava sempre bêbado, e não largava da granada pendurada na roupa:

— Também não acreditamos que vocês sul-vietnamitas, mesmo com o nosso apôio aéreo, tenham conseguido destruir, como afirmaram, 176 000 toneladas de munições no Laos — quase quinze vezes mais a quantidade capturada em santuários cambojanos no ano passado! No máximo que vocês conseguiram destruir, segundo estimativas de nossos homens encarregados de controlar suas mentiras, foram 500 toneladas!

Cansados de serem acusados de mentirosos em voz alta e no meio de todos, os oficiais sul-vietnamitas ficaram furiosos e viraram a mesa sobre os oficiais dos Estados Unidos.. Ao mesmo tempo em que um deles passava a navalha na garganta do coronel!...

Aquilo era uma verdade que não deveria ser exposta na cantina, assim tão duramente. Para os norte-americanos o insucesso da ofensiva revelou uma série de aspectos negativos a longo prazo: mostrou toda a fraqueza dos soldados sul-vietnamitas, sua total dependência ao apôio aéreo norte-americano — que foi seriamente posto em cheque pela defesa anti-área dos norte-vietnamitas — e criou novas tensões entre os combatentes amigos.

O pior é que a briga toda, que culminou com a morte do oficial, degolado (e a alegria de alguns por ele não ter tido tempo de tirar a granada do uniforme), fôra focalizada por uma equipe de televisão norte-americana. Ela transmitia diretamente, aos Estados, aspectos da cantina militar de Saigon.

Essa mesma rede de televisão já havia mostrado cenas comprometedoras para os Estados Unidos, dias antes. Dentro de um calor insuportável e úmido, na frente de batalha, apesar dos rumores de que três divisões norte-vietnamitas rondavam por perto, transmitiram diretamente para os Estados Unidos, aspectos de rebeldia. A equipe de televisão focalizou com bastante nitidez quando vários soldados da Companhia C da 196ª Brigada de Infantaria em serviço na base de Phu Bai, recusaram as ordens de um coronel. Este lhes ordenou que saissem em patrulha pelos arredores.

— Porque eu tenho de sair e lutar pelos vietnamitas? — perguntou um soldado de 20 anos, enquanto seu companheiro, com os polegares no cinturão cheio de balas, argumentava:

— Mais uns dias, vou embora deste inferno. Não quero ser morto justamente agora!...

Mais de uma hora durou a discussão entre os praças e seu superior, enquanto milhões de telespectadores nos Estados Unidos, puderam ver no episódio uma eloquente demonstração do baixo moral de seus soldados na Indochina. E tiveram também uma idéia precisa do que poderia acontecer se as ordens fossem para lutar e não para uma simples patrulha...

De nada adiantava o argumento do coronel:

— Se temos o privilégio de viver num país bom e rico e gozar de inúmeras vantagens e benefícios, temos também a obrigação de serví-lo!

— Servir é uma coisa, matar é outra — retrucava um jovem pastor e universitário — matar é contra lei. Mas existe um assassínio legalizado; é quando o governo diz: "Aquele você pode e deve matar". Deus diz não, mas o governo diz sim, e este nós não respeitamos...

A indisciplina confirmada; mostrada nua e crua, como um dos mais graves problemas para o comando militar dos Estados Unidos em Saigon. Para os civis, porém, era perfeitamente compreensível a posição daqueles que se recusavam a participar da guerra. Os jovens não eram covardes nem traidores. Agiam em obediência a uma lei moral superior. Simplesmente se negavam a matar.

Como tudo nos Estados Unidos, as televisões eram também muito bem organizadas e caprichavam sempre nas cenas mais violentas. Como a apresentada para comprovar que o excesso de álcool e de tóxico desorientavam os pilotos norte-americanos. A cena mostrava a aviação atingindo por engano, com bombas de **napalm**, durante um ataque próximo à aldeia de Trang Bany, 40 km a noroeste de Saigon. Entre os feridos, o video mostrava uma menina de oito anos, correndo, gritando e despindo-se tentando livrar-se do **napalm** incandescente em suas costas. Inutilmente, pois a gelatina aderia ao corpo da pobre garotinha e somente se apagou depois de totalmente consumida pelo fogo.

A TV captava tudo com muita nitidez e à cores. Assim tinha sido transmitido o degolamento do coronel na cantina militar e as cenas de guerra. Para encerrar mostraram um menino ajudando o pai a amarrar uma bicicleta num caminhão, repleto de refugiados. O caminhão se afastava e a câmara testemunhava a passagem de um avião norte-americano, e a explosão de mais uma bomba lançada por engano, com pedaços de corpos voando e caindo na estrada. A cena seguinte terminava com o mesmo menino morto ao lado da bicileta em frangalhos. Tudo mostrado bem a gosto dos diretores como se fosse um filme de ficção. Bem ensaiado, um show macabro. Onde a tecnologia e os computadores massacravam uma população inteira, que há vinte anos vivia e morria na guerra. As crianças eram as mais atingidas. Quer como combatentes ou como vítimas civis. Perdiam a razão e conheciam desde cedo a luta entre irmãos e todos os horrores da destruição do seu país...

Sobreviventes de My Lai, Vietnã.

Ilustração: Rigsil.

VITÓRIA AMARGA

Renato Ignácio da Silva

Céu vermelho; destruição
dos campos pelas bombas de fósforo.
Vietnã.

Ilustração: Rigsil.

"Lamentável condição, a de quem adquiriu fortuna e depois grita aos quatro ventos: — Quanto custa o mundo?"

O CONVITE ERA PARA UM ENCONTRO AO PÉ DO ARCO-ÍRIS, A FIM DE DIVIDIR O POTE DE OURO.

A nova missão do piloto Mav era toda coberta de sigílo. Levaria em seu avião uma equipe de técnicos norte-americanos até o delta do Mekong. Não seria missão de bombadeio, onde os Estados Unidos já tinham perdido mais de 8 500 aviões e helicópteros num valor financeiro de mais de 10,5 bilhões de dólares, além de mais de 2 000 pilotos.

Durante dez anos, os norte-americanos inventaram inúmeras razões para justificar seu envolvimento no Vietnã. As explicações iniciais falavam sobre o direito dos vietnamitas à autodeterminação, quando a coisa era ao contrário. Depois, a credibilidade da palavra empenhada e dos compromissos assumidos, pelos Estados Unidos. Em seguida falaram sobre a ameaça chinesa (que nunca existiu) e finalmente, já que tinham entrado na casa sem.ser chamado, apelaram para a necessidade de proteger os próprios soldados norte-americanos.

Mas a missão oculta de Mav mostrava uma outra faceta dos interesses norte-americanos. Se descoberta a verdade seria mais uma nova e incômoda razão para os grupos de oposição à guerra: os ricos lençóis petrolíferos que existiam nas proximidades do delta do Mekong, sob a plataforma continental do Vietnã do Sul!

O governo norte-americano não abandonava a guerra da Indochina, além de outras razões, também para garantir as atividades na região de vinte companhias petrolíferas, quase todas norte-americanas!

Era o governo mais uma vez deixando-se influenciar pelos interesses das empresas exploradoras de petróleo. Os **cowboys** norte-americanos precisavam garantir a primazia, senão outras companhias petrolíferas internacionais poderiam tentar obter concessões de exploração junto ao governo de Saigon.

·O segredo por enquanto era mantido.Inúmeras pesquisas tinham sido feitas desde que foram descobertas riquíssimas jazidas em torno do arquipélago da Indonésia. Os norte-americanos ajudaram a depor o presidente em 1965 e dai em diante as empresas dos Estados Unidos encontraram maiores facilidades para explorar o petróleo do pais. Em seguida, conseguiram concessões na Malásia e na Tailândia sempre na base do dólar ou da pressão, e em seguida passaram a olhar na direção do Vietnã do Sul.

Em 1969, uma empresa do Texas, a **Geophisics Company of Houston** iniciou trabalhos de pesquisas nas águas costeiras sul-vietnamitas. Enquanto outras empresas descobriram concentrações de depósitos de óleo cru entre o Japão e Formosa, com eventuais extensões por todo o mar do Sul da China. Até na ilha-prisão de Con Son, a sudeste do Vietnã, os norte-americanos encontraram sinais de petróleo.

A corrida pela riqueza natural sul-vietnamita, foi facilitada quando os norte-americanos através de seu velho jogo de chantagem, obrigaram o presidente do Vietnã do Sul, a assinar uma lei permitindo que companhias dos Estados unidos obtivessem concessões para explorar seu petróleo. Por essa lei o presidente receberia pequena porcentagem.

Por outro lado, nos Estados Unidos havia crise no abastecimento de petróleo. Os norte-americanos não se envergonhavam em fazer mais uma crua ameaça, desta vez contra o Oriente Médio: Intervenção militar para garantir os recursos petrolíferos! O petróleo dos árabes, e que estava faltando aos Estados Unidos, seria tomado pela força!

Os militares do Pentágono afirmavam que nem precisariam intervir diretamente, uma vez que contavam com Israel e Irã como "poderosos delegados", fortemente armados, naquela região. Nos moldes nazistas, "aconselharam" os países árabes a adotarem uma atitude mais "flexível", com relação ao suprimento de petróleo para os norte-americanos.

Sempre o velho jogo sujo norte-americano. A CIA - Central de Inteligência, possuia um departamento que se dedicava a "operações especiais", cuja intenção era criar situação de cáos econômico, em países cujos presidentes ou candidatos não eram do agrado dos Estados Unidos.

Assim tinha sido em outros países, como no Chile, por exemplo onde os norte-americanos falharam em 1970. Orientada pela CIA, a empresa particular **ITT - International Telephone and Telegraph,** proprietária da companhia telefônica chilena, tentou através de obscuras manobras, influir na política chilena para impedir a posse do presidente eleito, Salvador Allende. A companhia norte-americana se dispunha a gastar 1 milhão de dólares, para barrar o caminho de Allende, cuja promessa eleitoral, entre outras coisas, nacionalizar a companhia telefônica chilena.

Allende havia triunfado nas urnas, mas sua eleição ainda dependia da ratificação do Congresso. O objetivo da **ITT** era financiar uma coligação oposicionista no parlamento chileno que derrotasse o candidato esquerdista, mas descobriu-se toda a trama, que mais uma vez comprometeu o já desacreditado governo dos Estados Unidos.

O presidente-mafioso, na Casa Branca, incentivava o envolvimento de grandes companhias particulares em duvidosas manobras políticas, em outros países, toda vez que o candidato não lia pela cartilha dele.

O plano da CIA no Chile, no início, era fazer chantagem, cuja ameaça seria cortar o crédito do governo norte-americano e sob pressão exigir o mesmo dos bancos particulares europeus e japoneses. Suspender as compras naquela país. Contatar militares chilenos. Interromper os suprimentos dos Estados Unidos à Marinha e Força Aérea chilenas, para irritar os oficiais e voltá-los contra o presidente eleito pelo povo. Evitar que norte-americanos fizessem turismo no Chile etc. Essas medidas tentavam impedir que Allende durasse seis meses no governo. Desta maneira, procuravam sabotar a preferência do povo chileno, e impor um regime que interessasse aos Estados Unidos.

Mas como sempre, e para tudo, faltava inteligência aos homens da Casa Branca, Central de Inteligência e outras e sobrava canalhismo. Os norte-americanos sabiam que algumas das empresas estrangeiras seriam nacionalizadas, porém não percebiam uma coisa, que se houvesse realmente colápso econômico provocado, como é que o presidente do Chile poderia pagar às companhias dos Estados Unidos?

Descoberto o plano vergonhoso, confessou o diretor da **ITT**, — "Nossa oferta, tinha intenções construtivas. O objetivo era defender o mundo livre contra o avanço dos comunistas".

Mas se era assim, então porque a ITT se dispunha a construir sistemas telefônicos e hotéis na Rússia, a mãe do comunismo?

A pressão para derrubar o governo da Unidade Popular do Chile prosseguiu. O golpe já tinha nome na CIA, chamava-se plano "Centauro". Os norte-americanos chegaram a colocar em circulação, dinheiro chileno falsificado nos Estados Unidos (praticamente inundando o país), para agravar a inflação, enquanto agentes da CIA arruinavam grande parte da agricultura do país, usando venenos químicos já experimentados com sucesso no Vietnã. Ao mesmo tempo, em que a companhia norte-americana de cobre, **Kennecott,** fazia pressão judicial para impedir que as exportações de cobre chileno entrasse na Europa. E tinha já conseguido sua proibição na Alemanha, Itália e França, causando enorme prejuizo ao Chile.

Até que finalmente, depois de anos de pressão, não deixando o presidente Allende governar um só dia tranquilo, os norte-americanos, depois de financiarem com dólares a última greve, a dos frotistas de caminhões, venceram. Quando quatro navios de guerra dos Estados Unidos se encontravam a vista do litoral chileno e o embaixador norte-americano em Santiago era chamado as pressas a Washington, foi desfechado o golpe. O presidente eleito pelo povo, foi assassinado, crivado de balas na cabeça, no ventre e em todo o peito e a nova ordem da CIA surgiu: o presidente Allende suicidou-se!

Era mais uma decepção para aqueles que achavam que a vontade do povo devia ser obedecida e respeitada. Do povo, não dos Estados Unidos...

No avião de Mav os técnicos entre rodadas de uísque, discutiam abertamente:

— Continuo achando arriscado investir na perfuração exploração de poços sul-vietnamitas. Mais tarde poderemos ser expulsos ou mortos, caso os norte-vietnamitas acabem vencendo a guerra — dizia um dos técnicos mascando seu enorme charuto de Havana.

Enquanto um dirigente de uma das maiores companhias petrolíferas norte-americanas, vivamente interessada na exploração protestava:

— Será um negócio de grande riscos, mas as recompensas também serão altíssimas...

Generais e representantes do Governo apoiavam a idéia da exploração. O petróleo tornava-se o "calcanhar de Aquiles" dos Estados Unidos, que brevemente teria de importar a metade de suas exigências de consumo.

Apenas um detalhe passava despercebido pelos homens que voavam com Mav, interessado também no petróleo, o Vietnã do Norte mostrava maior disposição em chegar a Saigon antes das empresas norte-americanas!...

Mav cada vez que olhava o infinito, através do vidro do avião, lembrava a imensidão da sua querida e distante Amazônia. A maneira que o aparelho a jato avançava, sua mente retrocedia. Lembrava o tempo em que pilotava seu velho teco-teco transportando patrícios de seu pai, compradores de terras da Amazônia. Era exatamente como agora: estrangeiros se apoderando de novas terras para exploração de minérios e de petróleo. Só que havia uma pequêna diferença, na Amazônia os norte-americanos compravam as terras de seus patrícios grileiros e de maus brasileiros. Mas a finalidade a mesma: a ganância desenfreada do imperialismo dos Estados Unidos, pondo em risco a segurança nacional de outros países.

A Amazônia lembrava sua mão, Maici, bela índia e seu pai, o velho norte-americano Serrasalmus Rhombeus, mais conhecido como Capitão Piranha.

Com os olhos umedecidos Mav lembrou-se de uma viagem que havia feito com o pai, pelo Estado de São Paulo e todo o diálogo veio a mente:

— Como são lindas estas terras paulistas, todas cultivadas, e enorme a variação de plantas: uva, laranja, soja, banana, cana, milho — dizia o velho Serrasalmus enquanto o trem percorria o interior de São Paulo, e o jovem Mavutciním observava com atenção — pêssego, morango, café, algodão, azeitona, castanha, rosa...

— É meu pai, mas aqui as terras pertecem a brasileiros. O mesmo já não ocorre em outros Estados, onde seus patrícios estão comprando tudo. Geólogos e engenheiros agrônomos meus conhecidos, que trabalham para o governo, confirmaram que os norte-americanos já conseguiram estabelecer verdadeiros " paises" dentro do Brasil. Um deles, observa bem meu pai, apenas um deles, comprou todo o município de Ponte Alta do Norte, em Goiás. São mais de 650 mil hectares! Isto quer dizer que pelo menos um município do Brasil, com quase um milhão de hectares, não pertence mais a brasileiros!...

— Isso não é nada, meu filho — respondeu o grandalhão Serrasalmus Rhombeus — somente na Bahia, uma firma de meus conterrâneos, já adquiriu terras com extensões superiores a essas que um latifundiário norte-americano, representando interesses de firma dos Estados Unidos, comprou em Goiás, e que você está admirado.

Lembre-se meu caro Mavs, que foi mais ou menos assim que surgiu a Libéria, adquirida à África Ocidental Francêsa, em 1816, quando a companhia **American Colonization Society** recebeu instruções do Congresso dos Estados Unidos para instalar em suas regiões de origem os negros africanos alforriados pela abolição de Lincoln; em 1816, quando a Libéria proclamou sua independência. Tomando a cidade de Monrovia por capital, em homenagem a Monroe, a **American Colonization** já havia somado a extensão territorial de 111 370 quilômetros quadrados!

Outros paralelos são feitos com o Congo, que era propriedade particular do rei da Bélgica, antes de ser uma nação, e com o Estado de Israél, praticamente constituido de lotes comprados aos árabes para colonização.

Serrasalmus demonstrando sempre grande cultura, conhecimento, e estar a par de tudo, após um gole de cerveja gelada, protegida pelo balanço do trem, prosseguia. Agora comparava as terras que o seu patrício comprou em Ponte Alta do Norte, com as áreas de Estados brasileiros e norte-americanos:

Os 650 mil hectares do norte-americano (afora o resto do grupo) era maior do que o Distríto Federal (5 814 km2) e quase seis vezes o tamanho da Guanabara (1 356 km2. Tres Estados dos Estados Unidos — Delaware (5 328km2), Rhode Island (179km2) e o Distríto de Columbia, com a capital

Washington (3 144km2) — tem superfícies territoriais inferiores à das terras adquiridas por apenas um norte-americano, no Brasil!

Novos goles de cerveja gelada, e o velho Capitão Piranha que já estava mais vermelho que pimenta, preparava muito contra a vontade, como se fosse dar um golpe final, uma notícia má para o jovem que defendia sua terra com tanta devoção:

— Meu caro Mavs, de todo coração estou sendo muito sincero com você, comprendo seu espanto, sua decepção. Você è moço e faz muito bem em defender sua Pátria, quero apenas que você se coloque em nosso lugar; quem é mais culpado, quem compra ou quem vende?

Vou lhe dar um exêmplo: geólogos do governo brasileiro, encarregados do Projeto Araguáia deram as informações minerais da Serra dos Carajás como sendo de calcário, "sem valor econômico". Tempos depois um geólogo da **U.S.Steel**, possante organização norte-americana, previamente instruído, desceu na serra que se julgava sem valôr econômico e constatou a primeira vista que se tratava de uma das maiores, senão a maior jazida de minério de ferro, do mundo! E correu registrá-la! Você entende, meu filho, "entregaram o mapa de mina". As pessoas encarregadas pelo governo, para examinarem antes a região, eram afinal de contas técnicos no assunto, as pedras cinzento-avermelhadas à flor da terra indicavam que ali era uma mina, por que mentiram no relatório? Esconderam o ferro, da mesma maneira que à serviço de interesses estrangeiros escondem o petróleo. A bacia amazônica é a mesma. Na Venezuela, Peru, Bolívia dá petróleo, na parte brasileira não! A culpa não é somente de estrangeiros,como se vê, é também de maus brasileiros que pactuam com a bandalheira.

Portanto, tudo isso que você admirou de ter sido comprado por um só norte-americano, como o município todinho em Goiás,ou todo o terreno adquirido por firma estrangeira, na Bahia; quantidade que é muito mais do que a primeira citada; tudo junto não representa nada perto dos milhões e milhões de quilômetros de terra, que meus patrícios norte-americanos estão adquirindo na Amazônia, e que você sabe bem é rica em ouro, pedras preciosas, petróleo, borracha, minério atômicos!...

Passando o lenço sobre o rosto suado e vermelho, tendo a cabeleira branca em desalinho o grandalhão Capitão Piranha prosseguia:

— As terras adquiridas por meus conterrâneos, inicialmente foram compradas em pequenas quantidades para não levantar suspeitas. E durante anos, como nunca houve protesto,por parte de governo nenhum, os norte-americanos resolveram negociar abertamente milhões de hectares onde encontram-se enormes jazidas de diamantes, ouro e cassiterita. Uma só companhia norte-americana a **Bolt Carries**, possui mais de dois milhões de hectares às margens do rio jari (afluente da margem esquerda do Amazonas), que separa o Amapá, do Pará! Sendo esta sim, a maior concentração de terras brasileiras em poder de estrangeiros!

Mavutciním prosseguia pensando na viagem de trem que fizera com o pai e pensando também na sua querida Amazônia. Só que agora ele sabia mais, muito mais...

Que o objetivo mais imediato era a exploração das riquezas, inclusive material atômico, daí a corrida para a compra de terras na Amazônia por parte dos homens dos Estados Unidos. Mas, havia também outros objetivos ocultos. Por exemplo a insistência na criação de um gigantesco lago artificial no Xingu, que iria submergir dezenas de cidades brasileiras, inclusive Manaus! Destruindo assim uma civilização de 200 anos, conquistada duramente no amor a terra. A Academia de Ciências de Washington, o Laboratório de produtos Florestais de Madison, o Serviço Florestal dos Estados Unidos e o Centro do Trópico Unido, trabalhavam muito para que isso ainda viesse a acontecer um dia...

Como a Amazônia é um ponto estratégico no flanco Sul do Hemisfério Ocidental, no caso de uma terceira Guerra Mundial, o enorme lago artificial iria substituir o Canal do Panamá na ligação Atlântico-Pacífico! Como vemos tudo muito bem estudado.

O Instituto Hudson de Nova Yorque, instituição que congregava um grupo de cientistas norte-americanos do mais alto nível e que estava a serviço da organização militar-político que era o Pentágono, programava a nova penetração na Amazônia. O plano pertencia a um físico famoso, teórico preferido pelos homens do governo dos Estados Unidos. Usando a acusação de que os trópicos eram impróprios à vida humana e a desculpa de criar ali altos padrões de existência, onde o que os norte-americanos realmente pretendiam fazer, era criar abrigo para defender parte de sua população no caso de uma guerra nuclear. Numa estratégia diabólica, num futuro não muito remoto, depois de tentar o extermínio de seus inimigos, milhõs de norte-americanos invadiriam toda a região amazônica, convertida em imenso abrigo anti-nuclear, na guerra total...

O físico autor dos gigantescos lagos amazônicos, era Herman Kahn, um desajeitado de 150 quilos, apelidado em sua própria terra de "Matador Megaton" e de **"Dr. Strangelove"** (amor esquisíto), por ser ele amante da bomba nuclear. Futurologista diabólico, cujos livros eram verdadeiros tratados sobre o assassinato em massa. No perigoso jogo de pensar o impensável o maquiavélico paquiderme Kahn, chegara a estudar uma Máquina de Juizo Final **(Doomsday Machine)**, o que não era de estranhar para quem já confessara nunca ter considerado como catástrofe, uma guerra termonuclear. Perguntado certa vez como ficaria o mundo, depois de uma guerra termonuclear o tarado da futurologia norte-americana respondeu calmamente: "Bem, o mundo ficaria mais radioativo e, mesmo milhares de anos após, nasceriam crianças defeituosas. Porém, vastas regiões do hemisfério sul permaneceriam intactas". A Amazônia está no hemisfério sul!

No caso do lago do rio Amazonas, praticamente toda a civilização criada no Estado do Amazonas e em parte do Pará, seriam destruidas pela inundação, e o rio Amazonas teria sua navegabilidade atravancada por uma barragem. Uma vez criado um tal lago, grande parte da Amazônia ficaria ainda mais isolada do resto do Brasil. Com o falecimento de Herman Kahn, o projeto para sorte nossa esfriou um pouco...

Outro projeto da mesma **gang** de Herman Kahn, era a **Carretera Marginal de la Selva,** rodovia estudada também pelo **Hudson Institute** e financiada pelos norte-americanos com a intenção de isolar o Brasil. O loteamento de grandes áreas da Amazônia, por grileiros norte-americanos, associados a maus brasileiros; as missões religiosas que em vez pastores tinham geólogos e outros especialistas; o contrabando desenfreado que contava inclusive, com inúmeros campos de pouco clandestinos, era movimentação com só objetivo: internacionalização de toda a região amazônica!

O **Hudson Institute,** instalado em Nova Yorque tinha como lema, "**National security international order**", que se podia traduzir: a segurança nacional dos Estados Unidos depende da ordem internacional ou a ordem internacional interessa à segurança nacional dos Estados Unidos. Era entidade dedicada à pesquisa e ao planejamento, sobretudo de problemas referentes à política internacional e à segurança dos Estados unidos. Considerada instituição privada, trabalhava, no entanto, estreitamente vinculada ao Departamento de Defesa e a outros setores do governo norte-americano, de onde provinham 85% do seu orçamento. O resto vinha do bolso dos grandes industriais. Era lobo que não comia lobo, pois para não perder sua isenção de impostos, lançava sempre maiores despesas na sua conta de serviços por conta própria, sem comprovantes, alegando programas secretos de pesquisas...

Na Alemanha nazista funcionava um **Institut fur Geopolitik,** cujos objetivos e fontes de orçamento eram idênticos aos do **Hudson.** Eram dirigidos por um major-general e também professor. Esse instituto alemão fazia pesquisas de campo em vários países sobre geografia, clima, povo, política, indústria e outros itens de interesse geopolítico. Dizia que estava estudando as aves e as plantas. Naquele tempo, os computadores e cérebros eletrônicos ainda não tinham sido aperfeiçoados, essa era a única diferença.

Conhecendo o precedente do **Institut fur Geopolitik**, que planejava a política internacional de Hitler, e cuidava da segurança da Alemanha nazista e da insegurança do resto do mundo, é que dava intranquilidade os trabalhos do **Hudson Institute.** Principalmente porque esse instituto vivia fazendo pesquisas e planos que não tinham sido encomendados pelos governos dos países que eram objeto ou cenário de tais planos, mas sim encomendados, pelo governo e pela indústria norte-americana.

Considerando que os norte-americanos estavam muitos anos à frente dos peritos de Hitler, e dispunham do que havia de mais moderno em aparelhagem eletrônica!

Desta forma todas as pessoas de bom senso tinham que ser contra, as idéias que saiam do cérebro frio e doentio de Herman Kahn; o louco que procurava "ver" o futuro para montar a sua estratégia, ou melhor a estratégia dos que pagavam a conta do **Hudson Institute.** O projeto de um dos grandes lagos amazônicos (ao todo sete grandes lagos artificiais), na maior região florestal e fluvial do planeta, represaria o rio Amazonas, na altura de Monte Alegre, formando um lago de mais ou menos 240 mil quilômetros quadrados! Esse lago inundaria a região mais densamente povoada do Estado do Amazonas e a zona do delta(*) do Tapajós, no Pará, das mais povoadas da despovoada Amazônia.

Os argumentos para encobrir o verdadeiro interesse de Kahn, eram fracos e típicos de quem desconhecia a região. Para reduzir as dificuldades de navegação conforme alegavam os norte-americanos não eram necessários lagos desse porte e no caso do rio Amazonas, este já era navegável, para navios de grandes calados, até Iquitos no Peru, a cerca de 3 mil quilômetros da sua foz. Quanto a idéia da **Carretera Marginal de la Selva**, "para lugares dantes inacessíveis", nós da Amazônia, os brasileiros agradecíamos a "gentileza", pois já tínhamos traçado (e logo foram concretizadas) a Transamazônica, Belém-Brasília, Brasília-Acre, Rodovia Marechal Rondon, ligando Cuiabá no Mato Grosso a Porto Velho, em Rondônia etc e para a drenagem jamais seria preciso fazer um lago do tamanho do Estado de São Paulo!

Com relação ao intercâmbio de técnicos e os programas de cooperação, entre países sul-americanos, já existiam, independentemente de subordinação à geopolítica do **Hudson Institute**. E quanto aos "esforços estrangeiros de desenvolvimento", de que falavam os norte-americanos, sabiam os brasileiros que o desenvolvimento seria mais uma vez dos Estados Unidos e não da Amazônia...

Um dos objetivos não declarados, do projeto "Grandes Lagos Amazônicos" era isolar grande parte da Amazônia brasileira do resto do país. Além disso, a represa projetada entre o Guaporé e o Paraguai resultaria no alagamento do Pantanal matogrossense, cuja recuperação estava sendo estudada, por técnicos da UNESCO, por encomenda e conforme os interesses do governo brasileiro. Isso porque o divisor de águas do Guaporé e do Paraguai tinha, no território nacional, uma altitude

(*) Nota do Autor — Terreno triangular compreendido entre os braços extremos de um rio que deságua por muitas bocas.

mínima de 315 metros e, na Bolivia, cerca de 200 metros de altura, e não poderia assim, ser inundado pela represa idealizada erroneamente pelo **Hudson Institute.**

A preocupação do **Hudson Institute**, no sentido de que certos rios da Amazônia podiam receber embarcações de até 20 mil toneladas era fora de propósito. No atual estágio de desenvolvimento da região, e por muitos anos ainda, o sistema de transporte por combôios de barcaças satisfaz bem às necessidades. Tal sistema é utilizado nos grandes rios norte-americanos. Ao se ocupar da ligação das bacias do Paraguai e do Amazonas, o **Hudson Institute** não poderia deixar de planejar, também, a melhoria das condições de navegabilidade dos rios Madeira e Mamoré, se estivesse realmente interessado em servir ao Brasil e a Bolivia.

Todo esse esquema era aperfeiçoado pelo lago de Monte Alegre (Amazônia brasileira). Esse lago viria completar o esquema montado pelo **Hudson Institute**, dificultando a navegação de um rio que já era navegável numa extensão de 3 mil quilômetros. Para evitar o desnível a ser criado pelo lago, em Monte Alegre, o escoamento da produção do médio e do alto Amazonas (Solimões) se orientaria para Letícia, na Colômbia, e para Iquítos, no Peru. Dali outros lagos artificiais, rios e a **Carretera Marginal de la Selva** se encarregariam de encaminhar essa produção a um destino que, certamente, não seria o Brasil.

Calculava-se que os canais verdadeiramente navegáveis, no projeto do **Hudson Institute**, após a inundação das terras baixas seriam pouco mais largos que os atuais leitos dos rios. Além disso, as áreas alagadas seriam de reduzidas profundidades e prejudicadas pela vegetação submersa. A não ser que se desmatassem uma área equivalente ao território do Estado de São Paulo!... Sem esquecer que nessa área estavam localizadas as maiores cidades da Amazônia, com exceção de Belém do Pará, e as poucas indústrias. Ali estava plantada a pouca civilização da região. A inundação periódica das terras baixas, segundo alguns técnicos, era boa e mesmo indispensável, para a fertilização dos solos e consequente aproveitamento agrícola. Lembrava esses mesmos técnicos, que fenômenos semelhante, no vale do Nilo e no seu delta, era responsável pelo florescimento da civilização egípcia.

Além da barragem do **Hudson Institute** atrapalhar a navegação do rio Amazonas, criando ali um ponto de estrangulamento, as redes fluviais dos seus afluentes ficariam isoladas: as embarcações que se utilizam dos afluentes não poderiam navegar no lago fantástico, que teria condições de mar. Fora isso tudo, teriam as modificações climáticas desconhecidas e seus efeitos; o fluxo de sedimento, isto é, lama e outras matérias que o Amazonas levava para o Atlântico seria interrompido ou alterado, acarretando substancial revisão da sua oceanografia.

A segurança nacional (do Brasil) correria riscos verdadeiros, numa hipótese de conflito, hipótese não desprezível em uma região que interessava à segurança dos Estados Unidos. O eventual rompimento da barragem, provocado pelo conflito, causaria calamidade e caos.

Para o **Hudson Institute** fazer seus planos de represas e grandes lagos na América do Sul não esperou pelo convite dos países da Amazônia. Bastava que tais planos interessassem à segurança dos Estados Unidos, estando assim ligados aquela ordem internacional de que faz o lema do **Hudson: "National security international order"**. Mas, como era preciso interessar os governos "nativos", emissários percorrerem a América do Sul procurando adesões com vantagens mirabolantes. Quando na verdade, tudo não passava de loucura total.

A criação dos grandes lagos amazônicos foi estudado, **in loco** pelas firmas **Coyne et Bellier** e **Woodward-Clyde-Sherard & Associates** sem nenhum pedido de licença para trabalhar na Amazônia brasileira, tampouco nenhum órgão do governo brasileiro encomendou tais trabalhos. De onde se concluia que o **Hudson Institute** como outras arapucas norte-americanas continuavam a vontade na Amazônia...

As vendas de terra, na região, também por arapucas norte-americanas se resumia no seguinte: grupos imobiliários dos Estados Unidos, juntamente com sócios e testas-de-ferro brasileiros adquiriam ou grilavam, isto é, legalizavam com títulos falsos, imensas extensões de terras na Amazônia, principalmente nos Estados de Goiás, Pará e Amazonas.

Os norte-americanos consideravam o Brasil um verdadeiro paraíso para negócios imobiliários, e especialmente a Amazônia.

As firmas dos Estados Unidos proprietárias dessas enormes glebas de terras, trabalhavam nos ramos de mineração, produtos químicos e agricultura. O nome dado as terras era: "Fazendas mundiais". Nome que soava como se a Amazônia não pertencesse mais ao Brasil.

— Queremos ensinar a essa gente um modo de vida mais confortável. Desejamos incentivar os nativos e os imigrantes a observarem nossas atividades... — dizia os norte-americanos — O Brasil é uma nação esfomeada; claro, apenas uma das nações esfomeada do mundo. Nós achamos que podemos ajudar gente esfomeada a alimentar-se. Nosso projeto produzirá excedentes agrícolas, para ajudar o resto do Brasil e talvez outros paises esfomeados do mundo. Precisamos da garantia do governo brasileiro para que nossos fertilizantes, nossa maquinaria e outras coisas de que precisamos, e que traremos dos Estados Unidos, possam entrar no Brasil sem pagar direitos alfandegários, e num mínimo de tempo...

E continuavam com outras "preciosidades" desse tipo. Mas quais seriam essas "outras coisas de que precisamos"?

Acontece que as terras de Ponte Alta do Norte, eram de péssimas categoria, não se prestando à lavoura ou à pecuária. Para esta ultima, só traria proveito, só seria desenvolvida com vastíssimas áreas e não divididas em glebas de 500 acres. Na impossibilidade do cultivo, da lavoura, ou da exploração proveitosa da pecuária, restava apenas para justificar semelhante loteamento, a circuntância da existência de grandes riquesas minerais. As terras foram divididas em pequenas glebas de 500 acres com a intenção de se formar ali uma colonia norte-americana, para pesquisa, prospecção e lavra de minérios, disfarçada de instituição agro-pecuária.

Exatamente na área mais procurada pelos norte-americanos, uma equipe do **Bureau of Reclamation**, do Departamento do Interior dos Estados Unidos, realizava prolongados estudos em 1964.

Um outro aspecto grave de toda essa questão o que se refere à utilização de fotografias aéreas e levantamentos aerofotogramétricos realizados pela Fôça Aérea dos Estados Unidos (USAF). Tanto os hudsonianos, que planejaram os grandes lagos amazônicos, como os grileiros do Norte de Goiás e de outros pontos da Amazônia, tiveram acesso áqueles documentos! Documentos altamente secretos, pois, a permissão na época foi dada pelo marechal Castelo Branco, apenas para uso da USAF. Seria impossível fazer estudos sérios para uma região de floresta virgem, sem conhecer bem o regime das águas, a orografia e as variações de altitude. E a única maneira de obter tais conhecimentos, na região, seriam as fotografias e levantamentos aerofotogramétricos. Além dos aviões comuns para tais levantamentos, os norte-americanos já possuiam na ocasião os célebres aviões U-2 e satélites artificiais.

No Brasil, essas fotos e aerofotogramas eram consideradas segredos de Estado e nem o Conselho Nacional de Geografia—CNG, tinham acesso a tais documentos. Nos Estados Unidos já não acontecia o mesmo. Um geógrafo brasileiro do CNG, enquanto ministrava um curso na Universidade da California, teve acesso aos levantamentos feitos no Brasil, com a maior facilidade e sem mistério algum.

Fotografias tiradas pela USAF—Fôrça Aérea dos Estados Unidos foram encontradas até na documentação apreendida na casa de um grileiro brasileiro sócio dos norte-americanos na negociata de terras amazônicas.

As terras griladas e posteriormente vendidas nos Estados Unidos, pela quadrilha formada por brasileiros e norte-americanos, em diversos Estados e Territórios, principalmente na Amazônia, elevavam-se a mais de 5 milhões de hectares somente em Goiás!

Fora de Goiás, os casos mais conhecidos de terras em mãos de estrangeiros eram: mais de 3 milhões de hectares no vale do Jari,(*) que cobrem parte do Estado do Pará e parte do Território do Amapá cortadas transversalmente pelo rio Jari, afluente da margem esquerda do Amazonas. Tudo isso era uma só fazenda, maior do que a Bélgica ou o Estado de Alagoas! Essa maior fazenda do mundo pertencia a Jari Florestal e Agropecuária, com sede em Belém. Tinha dois proprietários: 95% de ações pertenciam à **Universe Tankships**, com sede nas Bermudas, e as outras 5%, à Entrerica Comércio e Administração, com sede no Rio de Janeiro, cujas ações pertenciam, todas elas, à **Universe Tankships** acima citada. Essa **Universe**

(*) Nota do Autor — Foi o maior cancro imperialista da selva brasileira. Hoje salvo. Pelo menos, nas mãos de brasileiros...

Tankships, por sua vez, pertencia à **Oceanic Tankships**, com sede no Panamá, que por sua vez, pertencia à **National Bulk Carriers**, com sede em Monróvia, Libéria, que por sua vez, pertencia 99% a um único homem, Daniel Keith Ludwig.

Em outras palavras, a maior fazenda do mundo era propriedade de um único homem, uma das tres maiores fortunas do mundo. "Pão-duro" como todo super-rico. Viajava sempre sozinho e nunca de primeira classe. No Jari usava sempre a mesma calça cinza de 25 anos de uso e velhos sapatos pretos. Alto e magro, só comia vegetais, devorava continuamente bananas como um gorila e sua bebida predileta um coquetel de vodka com um pouco de leite. Tipo realmente estranho, esse excêntrico norte-americano de mais de 80 anos de idade, nenhum herdeiro e que jamais bebeu água local, preferia sempre a que trazia engarrafada dos Estados Unidos. Dono de minas de carvão na Austrália, jazidas de ferro no Canadá, campos de potássio na Etiópia, salinas no México e mina de alumínio no Vale do Trombetas, aqui no Brasil, além de hotéis de veraneio nas Bahamas, Bermudas e em Acapulco no México. Sua frota de petroleiros era maior do que a dos gregos Onassis e Niarchos juntos, e dava duas vezes a tonelagem de toda a Marinha Mercante brasileira! Seus bens somados, davam muito mais de duas vezes o capital da Petrobrás, a maior empresa brasileira!

Segundo os norte-americanos, esse fantástico Projeto-Jari, chamado por seu criador de "sonho tropical", traria 30 000 empregos para os brasileiros. Mas na verdade o que se viam constantemente, eram manifestações de trabalhadores do projeto — supostamente seus principais beneficiários, que denunciavam as condições ilegais de trabalho impostas pelos norte-americanos. Mais de 4 000 deles eram temporários, recrutados por empreiteiros que os alugavam ao Jari e a outros empreendimentos na Amazônia, com seus baixos salários aviltados por descontos obrigatórios com alimentação e sem qualquer assistência médica ou social. No local onde trafegavam 1 500 veículos que não eram emplacados, e havia uma ferrovia própria de 48 quilômetros, se falava inglês. Os trabalhadores nativos eram proibidos de frequentarem os clubes e eram obrigados a comprar em armazens da companhia.

Estavam montando, com autorização das autoridades brasileiras, um Estado dentro do Brasil, com exército particular, clandestino, onde brasileiros não podiam entrar e sair livrementes, a não ser na forma escrava de trabalho. E promovendo a maior destruição de floresta natural do planeta, embora plantassem outro tanto de madeiras estrangeiras, pois o objetivo da Jari Florestal, a madeira nativa não servia. Foi graças a esse projeto e outros mais, que a Amazônia, de primeira, passou a segunda floresta do mundo.

Os projetos de Daniel Keith Ludwig, comprido e misterioso vegetariano chamado na região de "Tio Patinhas", eram de fábricas de ácido sulfúrico, cloro papel etc., algumas já em pleno funcionamento. Os cursos fluviais do Sul do pais já se encontravam com altos índices de poluição, agora começavam a contaminação da selva pura, em grande escala, numa ironia a seu nome: "sonho tropical". Que na verdade não passava de mais uma amostra do império econômico das multinacionais neste pais. A nível de mineração, na região existiam as maiores reservas mundiais de caulim, avalidadas em 50 milhões de toneladas, e que já estavam sendo exportadas para o mundo inteiro. Além de minas de ouro, urânio, bauxita e outros minérios em escala totalmente desconhecida pelas autoridades brasileiras.

O que chocava ali, além da forma opressora da exploração dos trabalhadores brasileiros por um dos homens mais ricos do mundo, era o descaso, além da clara comprovação da incompetência dos órgãos de segurança do Brasil, deixando mais de 3 milhões de hectares, localizados em ponto estratégico da fronteira do pais, nas mãos de um só estrangeiro, como se fossemos uma **"Banana Republic"** ao velho estilo.

O território autônomo do Jari era, graças a maus brasileiros vendedores da Pátria, um enclave, isto é, uma área administrada e controlada por um monopólio internacional, de forma independente e sem nenhuma integração econômica com o país. A característica do Grupo Ludwig era internacional. Localizava-se em várias partes do mundo, mas o centro de decisão ficava nos Estados Unidos. Pais que já controlava, para vergonha nossa, 58 municípios amazônicos!

Iria acontecer na Amazônia, fato semelhante ao ocorrido em 1848 na América do Norte, quando os Estados Unidos arrebataram do México cinco Estados, entre os quais a California e o Texas, que são hoje os Estados norte-americanos mais ricos. A questão com o México começou com um processo de enclave, como o do Jari, passando depois à conquista armada.

O que não aconteceu no tempo do Império, poderia acontecer com esse enorme pedaço do pais nas mãos dos estrangeiros, sobre o qual o governo brasileiro não tinha mais nenhum controle. Não fosse a clarividência e a honestidade dos brasileiros daquela época, tão escassas hoje em dia, e a firme atuação da nossa diplomacia, a Amazônia pertenceria de papel passado aos Estados Unidos. Hoje a nossa Região Norte faria parte da fortuna norte-americana, como um Estado descontínuo, a exemplo do Havai e do Alasca.

Portanto não está longe o dia que os Estados Unidos farão a mesma coisa. Como fizeram no Texas e na California: vem para a região aos poucos, aumentam gradativamente, formam colonias, fomentam o separatismo e depois o governo norte-americano invoca o direito de **primi-occupantis**. Como sempre fizeram, os fuzileiros navais aparecem para "proteger os cidadãos" e "suas" propriedades. Só que já com foguetes e satélites...

Fora esse cavalo de Tróia colocado na Amazônia, chamado Projeto Jari, (felizmente desmanchado a tempo), vinham depois as grandes áreas em Mato Grosso, do Grupo **Rockefeller**; outras enormes áreas em Roraima, arrendadas a **Georgian Pacific** e outras em menores proporções.

Um dos territórios mais prejudicados era o Amapá. Por isso falava-se que todo brasileiro devia visitá-lo antes que ele desaparecesse! Atrás de manganês, a **B&S- Bethlehen & Steel,** uma das grandes firmas que comandava o truste internacional do aço, estava levando o Amapá aos poucos para os Estados Unidos!...

As áreas mais cobiçadas pelos norte-americanos eram justamente as mais arenosas e sem vegetação. Onde havia mais areia e menos vegetação, indicava existências de minério e petróleo!

A presença do capital monopolista na exploração das riquezas amazônicas se tornava cada vez mais forte na região. Fora a **B&S- Bethlehen & Steel**, havia também a **United Steel**, a **Light Smelters Metal Association** e outras extraindo minérios. A **Swift- Armour** e a **Bordon**, atuando na pecuária; a **Jari** plantando **pinnus** do Caribe; a **Brunnzell N.V.Caribbeon Lumber** explorando madeira. Os japonêses estavam também tomando já seus lugares, com os mapas das minas nas mãos.

As multinacionais atuavam em todas as áreas. Agiam na mineração, na produção da borracha natural, na extração e produção de madeira etc.

Estava próximo o dia em que para explorar minério em sua terra, o brasileiro teria que pedir permissão às empresas estrangeiras.

Não era à toa que um dos folhetos norte-americanos para a revenda de terras amazônicas, nos Estados Unidos, possuia o título poético: "Convite para um encontro ao pé do arco-íris, a fim de dividir o pote de ouro"!...

Ilustração: Rigsil.

Desprezo para aqueles
que lançaram gasolina gelatinosa
sobre a população. Vietnã.

"Triste e terrivel ao mesmo tempo é
a posição dos homens, que podem mais
do que sabem".

AS ARMAS FORMAVAM UM CONJUNTO MAQUIAVÉLICO, COM REQUINTE DE PERVERSIDADE JAMAIS VISTO PELA HUMANIDADE.

Serrasalmus Rhombeus quase sofrera um colápso e sua esposa estava inconsolável com a desgraça! Numa radiofoto, publicada em jornal brasileiro, mostrando dois pilotos norte-americanos prisioneiros no Vietnã do Norte, o casal identificou um deles, era sem dúvida seu filho Mavutciním!

Alucinado o velho **yanque** pôs-se a ler rapidamente toda notícia e olhar insistentemente a fotografia, em que se viam pilotos da **USAF** aprisionados pelos vietcongs, nas matas, distantes da capital do Vietnã do Norte. E entre eles estava o querido Mavutciním, que o pai tanto pedira para que não fosse aos Estados Unidos se alistar.

Enquanto isso a população de Hanói, saia de suas casas para ver centenas de pilotos norte-americanos, prisioneiros do Vietnã do Norte, desfilarem pelas ruas centrais da capital. E que ao serem obrigados a andar pelas ruas de Hanói num desfile humilhante, alguns tinham que ajudar uns aos outros, em virtude de debilidade física em que se encontravam, em consequência de ferimentos. As tropas da polícia e do Exército estenderam cordões de isolamento nas calçadas para conter a multidão que tentava linchar os pilotos.

Os pobres homens da **USAF** caminhavam lentamente, de cabeça baixa. A maioria mostrava boa aparência, embora todos estivessem magros. O desfile acabou sem maiores consequências para os norte-americanos, que voltaram para a prisão onde estavam. A "Hanói Hilthon Hotel", como eles mesmo chamavam e onde tanto pavor tinham de cair. O regime de Hanói pedira à população para que fosse ver os presos, mas que nada fizesse contra eles.

Nos círculos militares de Saigon, o desfile causou apreensão pois o comando militar norte-americano temia pela sorte das centenas de prisioneiros da Fôrça Aérea Norte-americana. Acreditava-se que a multidão enfurecida e incontrolável pudesse chacinar os prisioneiros. Principalmente porque o hospital Bach Mai, que tinha a cruz vermelha pintada no telhado indicando que ali cuidavam de feridos, tinha sido propositadamente atacado. E porque o povo já sabia que os norte-americanos estavam utilizando contra a capital do Vietnã do Norte, bombas de Octol, duas vezes mais potentes que Trinitrotolueno (TNT), que provocavam uma onda expansiva muito mais rápida.

Era dolorosa a situação daqueles pais. O que não estariam sofrendo o velho Serrasalmus e sua esposa Maici, já separados há algum tempo do único filho e agora prisioneiro de guerra?

O outro lado também causava pena, a sofrida população do Vietnã do Norte. A mesma indignação que causou nos Estados Unidos, o ataque japonês à Pearl Harbor, sem prévia declaração de guerra, o que sentia o povo norte-vietnamita, ante os bombardeios norte-americanos, realizados, também sem a mesma declaração.

Os 900 aviões de bombardeios norte-americanos que atacavam ao mesmo tempo, as vias de comunicação terrestes e marítimas da região, além de navios estacionados nos portos, causavam grande número de mortes na população. Morriam nesses bombardeios em massa, milhares de homens, mulheres e crianças inocentes. Tudo isso acrescentado ao fato de mercenários alemães ocidentais, rotulados em "técnicos e químicos" que combatiam ao lado dos homens dos Estados Unidos, usarem aquela guerra para experimentar também suas novas armas. Formavam um conjunto maquiavélico com requinte de perversidade jamais visto pela humanidade.

Passado o desfile de prisioneiros, na capital norte-vietnamita, reinou a calma. Num dos hospitais, um cérebro flutuava em frasco de formol e estava cortado em duas partes, para que se pudesse ver claramente as marcas deixadas pelos estilhaços das bombas norte-americanas, de fragmentação, altamente aperfeiçoadas pela técnica moderna.

Essas bombas no início eram de aço, depois passaram a ser de plástico, com o que se resolveram dois problemas: o custo de produção e a maior "funcionalidade".Ao contrário da de aço, a "metralha de plástico" não podia ser detectada por radioscopia.

O cirurgião europeu que mostrava à uma comitiva européia de paz, que visitava Hanói para testemunhar as atrocidades dos monstros militares norte-americanos, expressava sua perplexidade:

— Não chego a compreender como cérebros forjados nas melhores universidades tenham podido utilizar todo o poder de sua matéria cinzenta para elaborar instrumentos tão diabólicos. Quando tenho de operar os feridos, não me resta outro remédio senão voltar aos processos primitivos e esgaravatar com o dedo, para ver o que se passa. Os raios-X já não servem para nada!

Em outra sala do hospital, entre coisas horríveis, um menino de dez anos tinha o corpo transformado em peneira. O garoto perecia lentamente por causa dos furos que uma bomba norte-americana denominada "pinha tropical", tinha feito em seu pequeno corpo.

No improvisado hospital que tinha parte destruida pelos bombardeios assassinos, o pessoal especializado, distribuido em tres equipes se sucediam e trabalhavam com rapidez. Muitas instalações tinham sido levadas para os subterrâneos, onde simultaneamente eram praticadas várias operações cirúrgicas. Numa desajeitada sala de operações se praticava, ao mesmo tempo, uma trepanação, uma intervenção de torax e uma amputação.

Nas macas ficavam os feridos ensanguentados e aqueles que o pessoal civil procurava tranquilizar e ajudar. Após a operação, os feridos eram transportados para lugares de construção ligeira e colocados em colchões, no chão. Eram lugares escuros, com paredes de tijolos e com teto de apenas um metro e meio de altura.

Num canto da acanhada sala de operações, uma menina de olhos doces, tinha tido uma perna amputada. No travesseiro, duas bonecas, e sua mãe ao lado segurava-lhe a mão trêmula. No corredor uma outra jovem ferida, tinha no colo seu irmãozinho que agonizava.A fila de feridos ia pelos túneis afora, a maior parte, composta de queimados pelo terrível **napalm.**

A"velha" bomba de **napalm**, dos norte-americanos, irradiando calor de 900 a 1300 graus centígrados, tinha sido rebaixada à condição de arma convencional. Para substituí-la, surgiram o **napalm**-pirogel, o super-**napalm** (capazes de atingir de 1300 a 2000 graus centigrados) e principalmente, as bombas de fósforo de 3500 graus. O **napalm** gruda na carne e queima até os ossos; o fósforo tem ação mais profunda: prende-se ao figado, ao rim, ao sangue, ao sistema nervoso central! Eram os últimos e refinados lançamentos norte-americanos, no campo de provas da distante península indochinesa. Estranhos e complexos artefatos bélicos, de uma série para melhor destruição do ser humano, com requinte de perversidade nunca visto.

No hospital quase não havia água, devido a ruptura dos canos. Eletricidade para conservação do sangue e do plasma era remediada com geradores enviados pela Suécia. Além desses problemas, os feridos padeciam de desnutrição crônica e os médicos eram escassos. No Vietnã do Norte havia um médico, para cada 4 000 habitantes! O consumo diário de sangue naquele improvisado hospital era de vinte litros, mas felizmente havia muitos doadores para atender às necessidades.

Por outro lado, o hospital não dispunha de albumina suficiente, soro glicosado hipertônico, anti-bióticos por via bucal e para as transfusões sanguíneas, plasma seco, tubos, frascos e tampões.

O médico dizia à comitiva de paz, que olhava de perto os atos desumanos dos norte-americanos, que devido ao estado de guerra e ao correspondente aumento da tensão nervosa, tinha crescido o número de apendicites e de perfurações gástricas, assim como acidentes de transito.

Em seguida o doutor mostrava à comitiva de paz, o prédio ao lado, onde no porão, funcionava o "depósito de bombas" causadoras de todas as degraças, afim de exibir aos presentes, entre outras, a terrível "pinha tropical". Também chamada "abacaxi","bomba de bolas", ou de fragmentação, a arma diabólica que tantos furos tinha feito no pobre garoto, e tanto sofrimento provocava. Era composta de 19 tubos lançadores, capazes de "semear" eficientemente 360 000 mortíferas bolinhas, num raio de 300 metros!

O último modelo da "pinha tropical", ou seja a "abacaxi-melhorada", um prodígio da arte de matar diabolicamente: a bomba girava 650 vezes sobre si mesma, antes de explodir a uma altura calculada em função da estatura dos vietnamitas!

Ao explodir, a bomba inicial, do formato da fruta que lhe emprestava o apelido, liberava 104 pequenas esferas metálicas de 3,7 cm de diâmetro, que por sua vez se espalhavam em todas as direções, voando a uma altura, entre 1 m e 1,70 m do solo — engenhosamente calculada, como sempre, tendo em vista a estatura média do vietnamita. Geralmente as vítimas eram atingidas no pescoço ou na cabeça. Uma vez alojada no organismo, a bolinha metálica ainda podia ser localizada e extraida por meio de cirurgia. Já no caso das bolinhas de plástico, que passaram a substituir as metálicas, a estração tornou-se impossivel: o plástico não era localizável por radiografias!

O depósito de bombas era um verdadeiro museu de horror. Toda bomba norte-americana que por defeito ou outro motivo qualquer, não detonava, era desmontada por técnicos e levada para lá. Assim a coleção tornou-se enorme e variada. Das bombas clássicas e novos engenhos exterminadores, como as minúsculas granadas que se incrustavam na carne e explodiam no interior do corpo humano às bombas feitas sobre medidas, especialmente adaptadas conforme a estatura do inimigo!

Na entrada ficava exposta uma bomba de 500 libras que não explodiu por defeito e na qual foi colocada uma etiqueta amarela com a indicação:"produto garantido por doze meses'... conforme "contrato nº F 43 500-70-C-0518 da US Air Force" ("**This item warranted 12 months, contract number...)**"

Seguiam depois amostras das bombas pessoais idealizadas pelos "gênios" norte-americanos. Baseadas nas "canetas-tinteiros" que os alemães a fim de criar pânico, jogavam de avião na Inglaterra e que explodiam ao ser retirada a tampa. Para fazer voar cabeça e mãos, os norte-americanos usavam o mesmo processo, porém mais perverso e covarde: em forma de isqueiro e brinquedo!

A amostra servia para alertar a população, principalmente mulheres e crianças, que cruzavam pelas estradas com centenas de granadas de todos os calibres, cuidadosamente disfarçadas. Apesar da atenção os acidentes eram numerosos e preocupavam seriamente as autoridades, em especial a equipe de "desminagem".

As "armas antipessoais", classificação usada pelo Pentágono, para descrever os artefatos especificamente projetados para a destruição do homem, iam do fuzil **spew** que disparava dardos de aço a alta velocidade, em vez de balas comuns, às "flechinhas", pequenos projéteis disparados por metralhadoras ultra-rápidas, que afundavam na carne e a dilacerava. Das minas "teias de aranha", com aspecto de inocentes bolinhas de pingue-pongue lançadas por aviões,que ao tocarem o solo, teciam explosivos fios de nailon de 8 metros de comprimento, às minas "dente-de-dragão", levíssimos e minúsculos artefatos que caiam do céu como se fossem bonitas folhas de figueiras.

De tudo quanto havia de mais moderno, no mortífero museu existia um pouco. Numa verdadeira "feira de amostras", do arsenal de guerra dos Estados Unidos, na Indochina. O presidente-mafioso empregava cada vez mais, o dinheiro dos contribuintes, na compra e no preparo de armas, para aniquilar vidas humanas.

Havia ali, bombas de tres mil libras (1,5 T) que mediam mais de dois metros e pequenas bombas, finas como canelas, mas com estranhos efeitos ciclônicos, capazes de arrasar num instante um enorme edifício. Bombas magnéticas de ação retardada que, "semeadas" na terra, explodiam à simples aproximação de uma peça metálica. Uma pequena corrente ou um anel eram suficientes para que o mortífero engenho explodisse.

Foguetes de 70mm, para serem utilizados entre 65 graus e 150 graus abaixo de zero, Fahrenheit. Junto a esses foguetes havia outros de 127mm, com uma mistura incendiária de **napalm** e fósforo. Estas ultimas e outras bombas contendo magnésio, faziam parte dos projetos "Rosa encarnada" e "Floresta de Sherwood", com as quais os norte-americanos, queimavam grandes trechos de florestas e plantações, tentando não só destruir refúgios de tropas inimigas, como abalar e mesmo aniquilar a economia dos vietnamitas.

Como o fogo provou ser incapaz de vencer a resistência

dos pequenos, corajosos e heróicos homens do Vietnã do Norte, os frios e calculistas maníacos dos Estados Unidos apelaram então para as operações "Popeye" e "Compatriota intermediário", que nada mais eram do que chuvas artificiais. Lançando cristais de iodeto de prata nas nuvens os norte-americanos provocavam tremendos temporais, tentando fazer com que os aguaceiros impedissem a passagem de tropas e equipamentos do Norte para o Sul. Ao mesmo tempo em que inundavam lugarejos estragando as plantações de arroz, provocando o caos e a miséria...

Começou numa madrugada, quando um avião transporte WC-130, da Força Aérea norte-americana, decolou secretamente de uma base tailandesa para cumprir a missão super-secreta, que fora batizada de "Operação Popeye". Nem mesmo os homens do governo da Tailandia sabiam do que se tratava. Naquele momento, porém, estava sendo iniciada a primeira batalha da guerra meteorológica ou geofísica.

O avião estava carregado com 101 "bombas de chuva" que levavam no seu interior cristais de iodeto de prata. Trinta minutos depois delas terem sido disparadas contra certas nuvens, uma boa parte do território vietnamita, ocupado pelo inimigo, foi vítima de chuva torrencial. O aumento pluvial causou tragédia inimaginável. As águas dos rios cresceram tanto rápida e assustadoramente, causando inundações e levando tudo à sua devastadora passagem. Homens afundavam na lama, jipes e caminhões desapareciam enquanto as pontes desabavam. Durante cinco anos as tropas aéreas dos Estados Unidos, empregaram esse tipo de guerra. Foram lançadas 47 mil "bombas de chuva" sobre a península indochinesa, durante 2 602 missões aéreas. Era a destruição mediante a provocação de tremores de terra que derrubavam lugarejos inteiros, marés altas, capazes de engolir cidades litorâneas e ciclones que arrebentavam tudo que encontravam pelo caminho.

Porém, nem a fúria dos elementos conseguia acabar com o ânimo dos soldados norte-vietnamitas. Nem acabar com a longa e angustiante luta na Indochina.

O médico, agora já acompanhado de um técnico em explosivos, continuava mostrando aos visitantes da missão de paz e testemunhas dos covardes e desumanos ataques norte-americanos. Era a vez de serem exibidas as bombas pertencentes aos projetos "Cortador de margaridas" e **"Cheeseburger"**.

Petardos de choque violento, para criar locais onde facilitassem o pouso de helicópteros. Devastavam toda a vegetação onde caiam.

Tambores guardavam química para a desfolhação. Tinha sido recolhida de bombas defeituosas. Os agentes contidos nos tambores eram "Azul", "Branco" e "Laranja", cujos nomes derivavam das cores que produziam esses agentes químicos, que haviam devastado 24 000 quilômetros quadrados de florestas e plantações. Cerca de 15% do território sul-vietnamita!

Pequenas embalagens como favos, acondicionavam lagartas vivas que tinham sido jogadas sobre as plantações. Eram as chamadas "bombas-com-vidas". Enquanto cápsulas continham... percevejos. Os cientistas norte-americanos haviam descoberto que a atração desses insetos pela carne humana era tanta que lhes provocava pequenos grunhidos de excitação, sempre que encontravam suas presas. Dai partiram para seu uso, contra manobras táticas do vietcong. Os percevejos eram colocados em pequenas cápsulas e ligadas a míni-rádios transmissores. Ao pressentirem a aproximação dos guerrilheiros iniciavam a zoada de alerta...

Na ala esquerda do depósito ficavam os foguetes **shrike**, cujas cabeças continham dez mil fragmentos cúbicos de aço e que foram lançados por aviões a 20 quilômetros de altitude. E mais adiante a "árvore tropical", com pequenas asas, de um metro de altura. Ao cair penetrava profundamente na terra. O que ficava enterrado era a "raiz" e o que se via na superfície, era uma inocente arvorezinha com ramos de plástico, que se confundia com a vegetação. Cada ramo uma antena que detectava os ruídos circunstantes e os transmitia!

Substituia as patrulha de reconhecimento do campo inimigo, com considerável vantagem e nenhum risco de vida para os norte-americanos. Eram detonadores eletrônicos, lançados de aviões e facilmente camufláveis nas selvas. Detonadores de variadas espécies foram espalhados pelos campos de batalhas: auditivos, sísmicos, térmicos. Captavam o som dos passos e por vezes até a conversa do inimigo. Apanhava a vibração de seus veículos ou mesmo o calor humano. Suas informações eram transmitidas aos centros de computação. De lá passavam aos pilotos em vôo e em questão de minutos um bombardeiro era capaz de atingir um ponto de concentração do adversário. Um sistema ultra-sensível muito usado, capaz de detectar a presença de soldados inimigos escondidos na mata pelo cheiro do suor de seus corpos, era o **sniffer**, ou "cão mecânico", como os **mariners** os chamavam, mais eficiente que o focinho de um cão treinado.

A "árvore tropical" registrava todo o movimento de tropas. O sistema denunciava pelo rádio qualquer presença humana. Um vietnamita que urinasse nas proximidades era logo "detectado". Está claro que a técnica moderna tem seus limites e, mais de uma vez, os aviões norte-americanos lançaram suas bombas contra elefantes que se aliviavam calmamente, depois de ter bebido muita água no rio...

A comitiva de paz, sempre sob a orientação do médico e do técnico em explosivos, passava para a sala das bombas "frutíferas". Havia as "bombas-goiabas", as "bombas-maçãs" e outros violentíssimos petardos. As "goiabas" também estavam estruturadas de tal forma, que podiam girar como piões sobre si mesmas, para ganhar velocidade na queda, o mesmo acontecendo com a "abacaxi" ou "pinha tropical", que vinha logo depois. Outra "maravilha" da tecnologia bélica norte-americana era a "bomba aranha". Tratava-se de uma minibomba verde com oito tentáculos que cravados na terra, esperavam apenas um pé humano para explodir.

O mostruário sinistro parecia inesgotável. Caixas e mais caixas de cápsulas contendo gases, que foram atiradas por helicópteros, estavam ali armazenadas para provar a quem quizesse. O gás não era mortal. Produzia violentas náuseas e incapacitava temporariamente as tropas inimigas.

Em mais de dez anos de luta no Vietnã, os norte-americanos tinham "progredido" muito em seus testes. Para qualquer caso possuiam bombas específicas. As armas ecológicas produziam desde chuvas artificiais até incêndios. Iam dos herbicídas, ou desfolhadores, ás lagartas vivas e micróbios...

O robô tomava o lugar do recruta. Os generais reunidos com o presidente-mafioso diziam: "os soldados norte-americanos estão iniciando a guerra automática", enquanto os técnicos afirmavam: "estamos diante de um dos mais consideráveis avanços desde a descoberta da pólvora!" Viviamos tempos estranhos, em que aviões cumpriam suas missões sem pilotos. Era tarefa para os **Firebee** (Abelha de fogo) em dois modelos: que decolavam e aterravam sozinhos e aqueles que eram rebocados por outros aviões até uma determinada altitude, seguiam um programa de vôo, e no fim da missão eram resgatados por helicópteros, no ar, depois de freados por paraquedas.

Os norte-americanos procuravam dar maior segurança possível à seus homens. Equipavam suas tropas com toda uma família de equipamentos novos. A lista incluia desde coletes a prova de balas, radios miniaturizados colocados no capacete dos soldados, para comunicação fácil no campo de batalha, até visores de infra-vermelho para o tiro noturno e óculos do tipo **starlight scope**, que ampliavam a fraca luminosidade da mata e revelavam o inimigo como se fosse em dia claro.

Mas eram uns bárbaros com os inimigos. Desapiedados como ninguém. Os métodos norte-americanos no Vietnã tornaram-se por demais violentos, brutais, porque acabavam sempre atingindo a indefesa população. Os civis: homens, mulheres e crianças eram os maiores prejudicados. Inocentes vítimas das bombas especialmente feitas para a destruição de soldados, tanques, trens, caminhões, pontes, indústrias, centrais elétricas, usinas, oleodutos, arrozais etc.

Das bombas **crazi dog** (cachorro louco) que explodiam como um ouriço, lançando em volta milhares de dardos de aço, às bombas "inteligentes", guiadas por pequenos dispositivos de TV, radar, ou **laser;** quase infalíveis..

Uma das últimas armas mortais mostradas à comissão de paz: um "saquinho bomba". Chamado também de "bomba de trapo". Coloração amarela, para uso nas regiões arenosas costeiras e verdes para as zonas de bosque. Quando alguém pisava nela, seu pé imediatamente era destroçado. Um avião podia lançar mais de sete mil dessas bombas, que não eram localizáveis pelos detectores de minas tradicionais. Por isso havia tanta criança sem pé, no Vietnã...

Seguiam-se as bombas "dentes de dragão", por sua semelhança com a dentadura de um animal pré-histórico e uma infinidade de projéteis que se desintegravam em pequenas flechas de aço de 3 ou 4 cm de comprimento. O último modelo possuia ranhuras especiais para explodir no interior do corpo da vítima...

A CBU-50 era um aperfeiçoamento das CBU-14 e CBU-24 ou "ramalhete mortífero". Superbomba muito cara — cada uma custava aos Estados Unidos 1 561 dólares — com gases asfixiantes, que, além do seu poder explosivo, absorviam o oxigênio circulante, aniquilando instantaneamente toda vida humana em um raio de 250 metros! A CBU-50, evolução dos artefatos 14 e 24 eram como estas últimas transportadas por caças-monomotores T-28. As CBU (**Cluster Bomb Unit**) empregadas anteriormente, possuiam 320 pequenas bombas, cada uma da dimensão de uma bola de tênis. O recipiente explodia ao chocar-se com o solo e projetava sua carga sob a forma de uma chuva, de suas mini-bombas de três diferentes tipos, cujo impacto quando não matava causava horríveis dores aos feridos. Umas explodiam no ato, outras depois, graças a um dispositivo de ação retardada. As do último tipo explodiam somente quando alguém pisava sobre elas ou queria apoderar-se de um de seus artefatos.

Uma foto pendurada na parede mostrava o efeito da maldita bomba de depressão, que ao cair impedia a respiração e matava por afixia todo ser vivo que se encontrasse no local. No quadro exposto via-se que os mortos estavam com a boca exageradamente aberta e suas mãos apertavam as gargantas.

Antes de deixar o museu de horror, que era aquele improvisado depósito e exposição de bombas, que os homens dos Estados Unidos lançavam diariamente sobre o sofrido povo do Vietnã, a comitiva de paz, olhou sobre o "último prodígio". Eram uns panfletos que jogados sobre a população tentavam fazer guerra de nervos. Anunciavam que os Estados Unidos logo jogariam ali a bomba máxima. A bomba térmica, que mataria desprendendo um calor de 2 800 graus centígrados...

Dai o ódio que a população do Vietnã do Norte tinha pelos homens dos Estados Unidos, que invadiram seus país, incendiaram cidades, destruiram represas, escolas, cooperativas, igrejas, casebres e populações. Somente aquele povo sofrido sabia o que aquilo tudo representava em terror, assassinatos cegos, atrozes mutilações físicas e psicológicas. Estrangeiros que se envolveram numa questão doméstica que podia ser resolvido entre pobres vietnamitas com armas de...bambus! Mas, que agora graças ao "progresso" levado pelos norte-americanos, usavam as mais modernas e mortíferas armas existentes. E eram vítimas de maciços bombardeios diários capazes de fazer desaparecer toda a parte Norte.

Se bem que os precedentes históricos oferecessem pouco apoio à idéia de que os bombardeios convencionais podiam aniquilar a capacidade do inimigo. Durante a Segunda Guerra Mundial bombas de Hitler sobre Londres acirraram ainda mais a combatividade dos ingleses e os ataques ingleses contra o vale do Rhur não diminuiram a produção industrial do complexo militar alemão. Os Estados Unidos com toda a sua descomunal força, não conseguiam colocar Hanói de joelhos...

No Pará, Serrasalmus Rhombeus e a esposa Maici nada mais sabiam sobre o querido filho Mavutciním. Era um prisioneiro dos norte-vietnamitas e só. Ninguém podia informar nada a respeito. O pessoal dos Estados Unidos também pouco sabia sobre as centenas de norte-americanos aprisionados no Vietnã do Norte ou nas zonas do Vietnã do Sul controladas pelos guerrilheiros vietcongs. Nem mesmo o número de prisioneiros era preciso. Milhares de oficiais e soldados do Exército, Força Aérea, Marinha e Corpo de Fuzileiros Navais dos Estados Unidos, estavam oficialmente classificados como desaparecidos. Tanto podiam estar mortos como prisioneiros dos norte-vietnamitas ou dos vietcongs, no Sul.

Também pouca coisa sabiamos Estados Unidos sobre as circunstâncias em que viviam os prisioneiros. Condições de vida, alimentação, assistência sanitária, moral. Nem ao menos se sabia, se eles eram ou não maltratados ou submetidos a lavagens cerebrais, ao estilo chinês; boato espalhado pelos norte-americanos a fim de evitar que desertores passassem para o outro lado. Muitos foram os casos de jovens norte-americanos que passaram para o lado de lá, entregaram as armas ou passaram a lutar contra seus próprios conterrâneos!

A situação dos prisioneiros era especial e complicada. Os Estados Unidos não reconheciam o governo do Vietnã do Norte. Em consequência, Washington não podiam declarar guerra a Hanói. Hanói, por sua vez não dava aos norte-americanos que tinha em seu poder, o estatuto de prisioneiros de guerra, beneficiados pelas normas da Convenção de Genebra. Para Hanói, esses norte-americanos eram criminosos de guerra, aos quais não se aplicavam as normas da Convenção.

Partindo desse princípio, o governo do Vietnã do Norte recusou-se sistematicamente a debater com o governo dos Estados Unidos ou de outras nações o caso dos prisioneiros norte-americanos; ignorava todos os pedidos de informações a respeito e já anunciara que de forma alguma haveria negociações relativas a troca de prisioneiros.

O pouco que os Estados Unidos sabiam a respeito dos norte-americanos presos no Vietnã do Norte procedia de fragmentos de informações e notícias de visitantes estrangeiros, ou ocasionais referências e fotografias divulgadas pelo próprio governo de Hanói.

Uns poucos prisioneiros eram autorizados a escrever à suas famílias. Os pacotes enviados aos prisioneiros, com alimentos, roupas ou livros, eram devolvidos fechados aos remetentes nos Estados Unidos. Não se sabia se os prisioneiros recebiam cartas. Tudo indicava que alimentação, vestuário e abrigo dos prisioneiros eram adequados, embora muito precário em comparação com os padrões norte-americanos.

O governo dos Estados Unidos denunciou então o regime de Hanói, acusando-o de maltratar os prisioneiros por motivos políticos e em benefício de sua propaganda. Essas acusações foram feitas depois da publicação de fotografias de prisioneiros forçados a desfilar entre multidões hostis. Um dos pilotos aprisionados, apresentado nessa ocasião à correspondentes estrangeiros, muito ferido devido a queda do avião, mais parecia um morto-vivo.

O governo norte-vietnamita desmentiu imediatamente todas as acusações. Sustentando que os prisioneiros eram tratados humanamente e que nenhum deles tinha sido submetido a lavagens cerebrais.

Reagindo aos desmentidos, Washington anunciou que desejava certificar-se do tratamento dados aos prisioneiros, por intermédio dos representantes de uma terceira potência ou da Cruz Vermelha Internacional. Hanói respondera com um simples não. Os norte-americanos, a seu ver, eram agressores e invasores, portanto os pilotos que lá caíam eram criminosos de guerra, sem benefícios da Convenção de Genebra...

Com Mav ou sem Mav a guerra prosseguia. Afinal, para os Estados Unidos, ele era apenas mais um piloto que caia com vida no Vietnã do Norte.

Os bombardeios não cessavam. Até aquela altura os norte-americanos tinham lançado 11 793 000 000 de quilos de bombas. Informações do Departamento de Defesa, quando o mais certo seria Departamento de Ataque. Um estudo feito, segundo estatísticas fornecidas por aquele Departamento dava os estarrecedores dados: 53,5 quilos de bombas explodindo a cada segundo — o que equivalia a 3 210 quilos por minuto, 192 600 quilos por hora e 4 622 400 quilos por dia!

Cada habitante do Vietnã, homem, mulher ou criança, recebia uma média de 265 quilos de bombas. Cada área de 5 mil metros quadrados recebia 64 quilos de explosivos!

21 milhões de crateras era o resultado de tantos bombardeios. Os super-bombardeiros B-52 tinham sido figuras de destaque naquela estatística: provocavam cem mil novas crateras por mês. E onde explodia uma bomba não nascia mais nada.

O equilíbrio ecológico foi profundamente alterado, com o desaparecimento de espécies vegetais e animais. Vastas áreas foram devastadas e convertidas em verdadeiras paisagens lunares. Essas crateras costumavam ficar cheias de água estagnadas, que formavam o ambiente ideal para a proliferação dos mosquitos transmissores da malária e de muitas outras doenças características dos países tropicais.

Os agricultores deixavam de cultivar suas colheitas nas zonas atacadas, pois os fragmentos das bombas cortavam-lhes os pés e estragavam as pás dos seus arados. Havia ainda o perigo representado por bombas e granadas que não explodiam.

Em quatro, de cada cinco árvores, havia fragmentos metálicos que acabavam impedindo o seu desenvolvimento. Os estilhaços de metal encravados arrebentavam as serras e impediam o trabalho na madeira.

As zonas não destruidas ou arruinadas pelos explosivos acabavam arrasadas pelas escavadeiras pesadas, que também alteravam substancialmente as terras e a sua conformação natural.

Desta forma além das habitações, escolas, hospitais, fábricas, represas, usinas, oleodutos, pontes, estradas, centrais elétricas e principalmente vidas humanas, as árvores e os animais também desapareciam no Vietnã, em consequência dos terríveis bombardeios.

Enquanto uma esquadrilha especialmente preparada para isso, procurava destruir o campo e as colheitas, jogando até bombas portadoras de esfomeadas lagartas vivas, outra esquadrilha visava estabelecimentos industriais que participavam do esforço de guerra. As zonas rurais recebiam doses maciças de um herbicída tecnicamente conhecido como **2,4,5T.** Explicação química do produto: tinha efeito teratogênico, ou seja, à maneira da **Talidomida,** deformava embriões de animais e de seres humanos. Por ai se nota até onde ia a irresponsabilidade dos norte-americanos. Para destruir o campo, lançavam drogas que poderiam causar gerações de crianças mutiladas, como se não bastassem as portadoras de defeitos físicos causadas pelas bombas.

O próprio vietnã do Sul, aliado dos Estados Unidos, sofria também intensamente. Por anos e anos, aviões norte-americanos lançaram herbicídas sobre um milhão e quatrocentos mil hectares de território sul-vietnamita. Foram lançados dois quilos e meio de produtos químicos, para cada um dos 19 milhões de habitantes do Vietnã do Sul.

As folhas das plantas amareleciam, depois morriam; os frutos inchavam e caiam das árvores para apodrecer no chão.

— Ouvíamos as bananas morrer — disse certa vez um camponês. As galinhas, os porcos e os cachorros morriam. Homens, mulheres e crianças tinham náuseas, vomitavam e algumas pessoas passavam muito mal.

O objetivo dessa guerra química era destruir a vegetação ao longo de estradas e canais, para proteger as forças do governo, de emboscadas, ou florestas usadas para camuflar vias de infiltração e bases militares.

A destruição em grande escala da vegetação, e isto os Estados Unidos não queriam saber, especialmente nos mangues do litoral, prejudicaria por muito tempo o complexo e delicado relacionamento entre os vegetais, a composição da água e as populações de peixes e crustáceos.

Os efeitos provocados pelos herbicídas não eram temporários. Causavam danos permanentes à saúde da população das regiões atingidas. Onde os desfolhantes caiam algumas pessoas morriam de um tipo estranho de paralisia, enquanto bebês nasciam semi-paralíticos.

Do milhão e quatrocentos mil hectares desfolhados, cem mil eram mangues, cem mil de áreas cultivadas, um milhão de florestas e o restante de terrenos de outros tipos. Para a natureza fechar essas feridas deixadas na terra, levaria muitos anos. A restauração seria lenta e custosa. Se a natureza não for ajudada somente dentro de 120 anos esses terrenos estarão recuperados!

As deformações nas crianças e outros problemas do sistema nervoso provocados por impurezas do herbicída Agente Laranja era do conhecimento do laboratório. Ele foi tirado do mercado norte-americano, logo depois que o próprio laboratório produtor descobriu danos nas crias de animais submetidos ao produto. Transformou-se então em poderosa arma de guerra juntamente com outros desfolhantes. Prejudicava não só as matas, como as terras, os animais e os seres humanos! Cerca de 10 espécies de peixes desapareceram definitivamente das águas do Vietnã, graças as empresas norte-americanas **Research Institute Inc.** e **Blue Spruce International**, que produziam milhares de galões do mortífero desfolhante.

A idéia inicial da criação do herbicída, era "limpar" pastos, matando por desequilíbrio hormonal, os vegetais de folhas largas, preservando gramíneas, o capim rasteiro. Mas, infelizmente atingiu um ponto tal que chegou ao desequilíbrio ecológico, atingindo culturas, animais e homens. Neste último conforme o teor de dioxinas (impurezas do processo de fabricação) elevado, pode levar a esterilidade ou impotência. Assim, o produto idealizado para aumentar o rendimento das culturas, passou a prejudicar o solo, a água o ar e finalmente, o próprio homem. Era portanto uma arma ideal para guerra.

As firmas que fabricavam as drogas malditas que iam dos herbicidas ao **napalm**, bomba que ao explodir lançava gasolina gelatinosa, massa inflamada que ao aderir no corpo, não mais saia e provocava queimaduras até os ossos, deviam ser processadas. Como incursas em vários artigos da Carta e Acordo de Londres (1945) e nos Princípios de Nuremberg (1947), pelos quais foram julgados os criminosos nazistas de guerra.

As firmas alemãs **Krupp** e **Farben**, condenadas em Nuremberg, podiam alegar que agiam sob ordens superiores de um Estado ditatorial, mas a **Dow Chemical Corporation, Research Institute Inc., Blue Spruce International** e outras, dentro do regime democrático dos Estados Unidos, tinham possibilidade de recusar-se a produzir as drogas malditas. E no entanto, assim não o fizeram. Logo, melhor se enquadrava, na jurisprudência criada pelos aliados no término da Segunda Guerra Mundial.

A firma norte-americana **Dow**, alegava que agia por patiotismo pois o **napalm** lhe dava somente 5 milhões de dólares por ano, o que equivalia a 1/4 de 1% dos lucros anuais da companhia!

O Pentágono subira os pedidos para 10 milhões de dólares, a maneira que a guerra prosseguia, e a companhia "patrioticamente" mais faturava. A defesa da **Dow** era a de que os Estados Unidos lutavam na defensiva (?) no Vietnã contra os agressores do Norte. Os Princípios de Nuremberg, o Acordo e a Carta de Londres se aplicavam a agressores, o que, portanto, inocentaria a empresa, teoricamente a serviço dos defensores do Vietnã do Sul. Sem discutir a hipocrisa dessa tése, nota-se que o próprio Pentágono a invalidou, ao levar à Côrte Marcial os assassinos de My Lai, por cometerem crimes contra a humanidade, seguindo os Princípios de Nuremberg e Londres.

Os sensores lançados aos milhares, pela aviação norte-americana no Vietnã, eram infalíveis. Alguns pareciam tufos de capim, enquanto outros tinham a aparência inconfundível do esterco de vaca. Eram os aparelhos que verificavam se nas proximidades havia amônia — indício seguro de urina e, por extensão, da presença humana. Detectavam ligas metálicas de uso exclusivo em armamentos. Transmitiam suas informações à computadores, à centenas de quilômetros dali. Os computadores davam as ordens aos B-52. Rapidamente caiam toneladas de "bombas-mãe", que ao explodirem lançavam ao redor várias outras bombas contidas em seu interior.

As **smart bombs**, "bombas espertas", guiadas internamente por pequenos dispositivos de TV, radar ou **laser.** Chamadas também "bombas que pensam", com câmara de televisão na ogiva e um sistema eletrônico de navegação na cauda, atingia seu alvo com uma precisão 10 vezes mais que as bombas convencionais.

As bombas que dependiam do raio **laser** para acertar o alvo, pesavam mil quilos e eram transportadas por aviões Phanton. Um avião dianteiro de controle iluminava o alvo com um raio **laser**; a radiação refletida pelo ponto desejado era recolhido no radar de um segundo avião, que se lançava ao ataque, fixava o alvo eletronicamente e "enganchava" sua bomba dentro do raio **laser**. Um aparelho-guia colocado na ogiva da bomba seguia o raio até atingir o alvo. Elas não podiam transpor os picos de uma colina nem dobrar em ângulo reto, mas podiam atingir alvos como cruzamentos estreitos, pontes, tuneis e esconderijos, que as bombas convencionais tinham dificuldades em destruir.

Os norte-americanos inventaram através de um projeto denominado **Naomi,** venenos capazes de provocar desde medonhas diarréias até perda de memória, paralisia ou morte.

Paralelamente, dentro desse projeto, desenvolveram-se engenhos tecnológicos tão intrigantes quanto um **spray** bacteriológico para ser espalhado nos trilhos das ferrovias ou no leito das estradas de rodagem. A idéia que, quando um trem ou automóvel passasse, a substância se agarraria às suas rodas. E assim seriam disseminadas epidemias fatais nas regiões visadas do Vietnã, sem a necessidade de deslocação de um único agente secreto.

Eram as últimas palavras da ciência a serviço do crime, para juntar com as drogas malditas que poderiam causar deformações em embriões de animais e de seres humanos!

Além de desfolhantes e outras drogas diabólicas que alteravam o clima do Vietnã os homens dos Estados Unidos chegaram a elaborar um projeto de globos gigantescos que refletiriam os raios do sol sobre uma determinada região, suprimindo a noite, o que teria efeitos desastrosos para o clima e o organismo humano!

Os norte-americanos prepararam também no Vietnã, terreno para as superbombas, as bombas de fusão, as bombas térmicas, as bombas de energia concentrada e outras armas terríveis. Era o tempo do Megaton. E essas bombas, instrumentos de opressão psicológica dos "grandes", cuja principal tarefa a intimidação geral, mas que atuava mais sobre a legião daqueles que estavam ainda na era da baioneta calada.

Os megatons entraram para a terminologia guerreira de rua, com a explosão da superbomba soviética tempos atrás. Não se sabe até hoje, com certeza, se a explosão soviética chegou às 100 megatoneladas tão comentada pelos russos. Sabe-se que foi superior a 50, o que lhe dá um poder destrutivo de pelo menos 50 milhões de toneladas de TNT. Era equivalente a 20 mil toneladas de TNT o poder destrutivo da bomba que os norte-americanos criminosamente jogaram sobre Hiroxima!

A superbomba soviética, deu curso efetivo às armas terríveis. A replica dos Estados Unidos verificou-se com uma explosão a grande altura, sobre o Pacífico, a já algum tempo. Quando se anunciou que os norte-americanos preparavam a explosão de uma bomba nuclear a grande altura, cientistas de todo o mundo começaram a indagar se essa experiência não correria o risco de danificar o abrigo que protege o planeta Terra contra bombardeios cósmicos! Portanto experiências cujas consequências seriam imprevisíveis.

A explosão norte-americana foi realizada apesar de todos os protestos, reservas e advertências. Uma explosão nuclear a 500 quilômetros de altitude não apenas romperia a parte inferior da tela, o cinturão de Van Alle é constituido de uma tela tríplice, como deslocaria o campo magnético da Terra. Quarenta dias após a explosão no Pacífico, feita a uma altitude de 320 quilômetros, provavelmente sobre o fio da navalha, informou-se oficialmente que um novo anel radioativo, antinatural, porque provocado pelo homem, se fechara em torno da Terra. Era a primeira consequência conhecida da explosão a grande altura realizada pelos Estados Unidos, sem outra intenção, senão a de atemorizar seus inimigos.

Os "grandes" preparavam armas cada vez mais terríveis. A bomba térmica, cujo calor podia destruir toda espécie de vida num raio de 50 quilômetros. Novas e fantásticas armas de efeito concentrado. A energia concentrada nessas armas poderia cruzar o espaço com a velocidade da luz, para interceptar, destruir ou desviar trajetórias de foguetes.

O tema armas terríveis, como um novo elemento de pavor na corrida armamentista da era atômica, vinha sendo desenvolvida sadicamente cada vez mais.

Terremotos, furações, maremotos, também serão armas do futuro. As chamadas "armas ambientais", que provocarão terremotos, furacões e ressacas oceânicas. A guerra ambiental poderá passar logo do reino da imaginação para uma aterradora realidade. Nos Estados Unidos já era estudada a tecnologia para causar terremotos, dirigir furacões e provocar ressacas violentas, enquanto a Rússia por sua vez, orgulhava-se ao proclamar aos quatro ventos que possuia a mais mortífera das armas.

No Ocidente, fizeram-se expeculações: que arma seria essa? Os cientistas norte-americanos que participaram dos trabalhos de fabricação das primeiras bombas atômicas, sugeriram que os soviéticos talvez estivessem aperfeiçoando as bombas-satélites, isto é, bombas nucleares que permaneceriam em órbita em torno da Terra. Prontas para serem utilizadas em poucos minutos sobre objetivos em qualquer parte do mundo.

Estados Unidos e União Soviética disputavam também

uma corrida de laboratório, em torno de uma arma revolucionária, espécie de raio da morte. Tema clássico dos romances de ficção científica. Invisível, poderoso, preciso, matando à distância sem que se podia imaginar qualquer manobra para interceptá-lo.

Estudavam armas que fariam uso da força centrífuga, da antimatéria, da radiação e a bomba de neutrônio, ou simplesmente bomba N, cujos efeitos destrutivos atingiriam somente à vida humana, num determinado alvo. Isto é, somente a vida humana seria eliminada, na área visada.

A bomba N, ou de neutrônio, pode ser produzida modificando-se a explosão de uma bomba de fusão (termonuclear ou de hidrogênio), de forma a que, no lugar da libertação do calor e formação de uma onda explosiva, se chegue à liberação de neutrons, ou partículas elétricas neutrais, do núcleo do átomo.

O raio da morte, das histórias de ficção científica estará, mesmo as vesperas de realidade? O campo da corrida em torno das armas terríveis ganha assustadoramente, o espaço exterior. O objetivo principal das grandes potências é a parcela de espaço pouco acima de 150 quilômetros, a primeira faixa de vácuo que circunda o nosso planeta. Criminosos norte-americanos, russos e agora também chineses, para maior desgraça nossa, estão convencidos de que o controle dessa faixa significará o controle do mundo em que habitamos.

Um general norte-americano dizia no Vietnã:

— A guerra, tal como a conhecemos, vai acabar se transformando em peça de museu, quando tivermos estoques suficientes, para deixar o céu cruzado de foguetes intercontinentais, capazes de operar no espaço exterior, neutralizando outros foguetes intercontinentais!

Sem contar os estoques de foguetes anti-foguetes, havia a preocupação dos "cientistas" em aumentar as pesquisas sobre a guerra bacteriológica, embora esta estivesse proibida pela convenção de Genebra desde 1925. Procuravam meios de mandar ao inimigo, febre pelo vento ("febre ondulante") e gripe através de submarinos, ou como espalhar o virus da poliomielite!...

Tendo a teoria pronta, procuravam a casa alheia para a prática. Como os Estados Unidos usaram primeiro a Coréia e depois o Vietnã, para seus testes de guerra bacteriológica!

Enquanto pesquisavam, os homens dos Estados Unidos usaram o que possuiam na ocasião, em matéria de destruição, contra o heróico povo vietnamita, cujo lema parecia ser: Ninguém que venha de fora triunfará no Vietnã! Quando os fran ceses apanhavam ali, bem antes dos norte-americanos, duas bombas atômicas foram na ocasião oferecidas por Forster Dulles que representava o Governo dos Estados Unidos, ao presidente do Conselho de Ministro da França, Georges Bidault, para que as jogasse sobre o Vietnã!

Os franceses usaram o bom senso: como eram invasores, reconheceram e acabaram se retirando, antes que a derrota ficasse mais feia.

Já os Estados Unidos, para criar uma zona onde seriam testadas novas armas, chegaram até a fazer agrupamento de um milhão de sul-vietnamitas para limpar uma área onde seriam utilizados bombas nucleares!

Depois de, mais de 10 anos infrutíferos de luta, somente não soltaram bombas atômicas, como fizeram no Japão, porque a situação era diferente. O Japão era um amontoado de ilhas sem nenhum soldado norte-americano. No Vietnã a situação era outra. Além da possibilidade de atingir também seus homens, havia vizinhos fortes com quem os Estados unidos não queriam se meter diretamente. Sem contar a opinião pública que seria toda contrária. De moral já meio arrazada, seria o fim dos Estados Unidos, perante o mundo, uma vez que nem contra o Japão a bomba devastadora devia ser usada da maneira que foi...

Eram os últimos meses da guerra. A Alemanha — em ruinas fumegantes — estava acabada mas o Japão lutava ainda. Todavia, por volta da primavera de 1945, sua posição era sem esperanças.

Estava assediado: submarinos, minas e porta-aviões cercavam seus portos. Estava sem recursos: a falta de máquinas, de peças sobressalentes, aviões e alimentos reduzia as pulsações da guerra.

O Japão foi por demais bombardeado. Quase 125 000 japoneses morreram, foram feridos ou queimados em um único bombardeio sobre Tóquio em 10 de março de 1945 — até então o maior holocausto feito pelo homem na história. E o general Curtis LeMay, mastigando um charuto, disse na ocasião, que seus bombardeios estavam fazendo o Japão regredir à Idade da Pedra.

Houvera muitos sinais evidentes de que o Japão se aproximava do fim do caminho. Mais de um ano antes, alguns japoneses inteligentes haviam concluido em particular que a causa de seu país estava perdida, restando-lhe apenas obter a melhor paz possível. Mas a influência de militaristas era ainda forte em todo o país.

As primeiras tentativas dos japoneses para obter a paz foram moderadas, oficiosas e até mesmo indecisas. A perda de Saipan e derrotas desastrosas na Birmânia e em outras partes incentivaram a deserção dos membros do Gabinete e aumentaram a pressão de importantes estadistas japoneses no sentido da formação de um governo japonês mais dócil a têrmos de paz.

No domingo de Páscoa de 1945, marinheiros e soldados dos Estados Unidos desceram em Okinawa, no limiar do Japão, e alguns dias mais tarde caiu o gabinete do primeiro-ministro Kuniaki Koiso. Sua queda, como a do primeiro-ministro Hideki Tojo, foi resultante de pressões intoleráveis: a insistência militar sobre uma luta até o fim e os estadistas mais velhos cada vez mais conscientes da necessidade de paz.

Um velho almirante reformado, Kantaro Suzuki, foi o último primeiro-ministro do Japão da época da guerra. Suzuki julgou ter uma ordem não declarado do Imperador para obter a paz o mais rapidamente possível, mas era muito mais fácil pensar do que agir. Os líderes militares, antecipando o dia em que os norte-americanos tentariam invadir o solo da pátria, aferravam-se a uma estratégia sanguinária. Sustentavam que as enormes perdas que seriam infligidas ao inimigo durante a invasão forçariam a paz em condições aceitáveis para o Japão.

O novo ministro das Relações Exteriores, Shiginori Togo, sabia que houvera uma reunião em Yalta, na Criméia, em fevereiro de 1945, entre Stálin, o presidente Roosevelt e o primeiro ministro Churchill. Era bastante inteligente para adivinhar que essa reunião dera origem a algum ajuste com relação ao Pacífico. Mas Togo não podia saber, e não sabia, o quanto era específico esse ajuste: que "dois ou três meses após a capitulação da Alemanha... a União Soviética entrará na guerra contra o Japão". Também não sabia que a Rússia recebera em troca a promessa de territórios e concessões que o Japão jamais poderia igualar, "...a parte sul de Sakhalina, bem como todas ilhas adjacentes... as ilhas Kurillas" e a devolução à Rússia de "direitos" sobre a Mandchúria, dos quais desfrutava antes da guerra russo-japonesa.

Togo mostrava-se extremamente cético sobre a Rússia como mediador para a paz. Entretanto, o exército japonês insistiu em que ele sondasse Moscou com esse objetivo. Togo consentiu e, no hotel Gora, nas montanhas Hakone perto de Tókio, seu emissário encontrou-se com o embaixador soviético Jacob A. Malik, no início de junho de 1945. Semanas mais tarde, morreram as discussões.

Na verdade, os japoneses que tateavam em busca da paz encontravam certas dificuldades; nenhum deles oferecia uma capitulação e alguns nem mesmo eram reconhecidos pelo governo japonês. Além disso, os Estados Unidos, perfeitamente cientes dos hesitantes esforços dos japoneses em prol da paz, não estavam dispostos, depois de Pearl Harbor e quatro anos de guerra, a conceder condições ao inimigo. Washington pensava em termos de "máxima força com máxima velocidade".

Em Washington, foram aprovados pela Casa Branca planos para a Operação Olímpic — a invasão da ilha japonesa de Kyushu. O Dia-D deveria ser 1 de novembro de 1945. Alguns estrategistas opuseram-se ao plano. O almirante Willian D. Leahy, chefe do Estado Maior do presidente, acreditava que o bloqueio e os bombardeios já haviam derrotado o Japão; em sua opinião, a invasão significaria um desnecessário banho de sangue.

Ninguém mencionou a bomba atômica. O secretário da Guerra, Henry L. Stimson, disse simplesmente que "esperava algumas realizações vantajosas por outros meios".

A bomba-A, em junho de 1945, foi um fator desconhecido. Mesmo os 150 000 empregados que trabalhavam em uma empresa de 2 e meio bilhões de dólares, chamada de "Projeto Manhattan", estavam confusos, duvidosos ou incertos.

Esse projeto secreto originara-se de uma carta do dr. Albert Eisntein ao presidente Roosevelt, em 2 de agosto de 1939, sugerindo a possibilidade da construção de uma bomba de fissão de tremenda potência.

Da escuridão do deserto de Novo México, em 16 de julho de 1945, surgira um "sol" gigantesco, uma "imensa bola de fogo", "uma estranha luz roxa", "um tremendo reboar", "o cogumelo da morte", a "coisa mais próxima ao fim do mundo", o "próprio fim do mundo!"

Estava pronta a "obra prima", aperfeiçoada por Robert Oppenheimer, então um físico pouco conhecido, mais tarde batizado de "Pai da Bomba Atômica". Era a primeira explosão atômica mundial, em Alamogordo. Dali para cá o mundo não mais seria o mesmo!...

Era necessário lançar duas bombas atômicas sobre o Japão, quando este país já estava de joelhos?

O Japão já entrara em contato com Moscou a fim de sondar os Estados Unidos acerca dos termos de paz. Provavelmente se poderia chegar a um acordo mediante meios políticos. Portanto ter usado a bomba atômica, para por fim a guerra, da maneira feita, foi o crime mais horrível cometido até hoje.

Vamos partir da premissa de que desenvolver a bomba atômica tenha sido um mal necessário, porém, lançada da maneira que lançaram, foi errado. Poderiam ter usado a bomba para por fim à guerra, sem derramamento de sangue, explodindo nos céus de Tóquio, à noite, sem aviso prévio.

Se a fizessem explodir à altitude de 6 000 metros, em vez de à baixa altitude de 600 metros (conforme foi o caso de Hiroshima e Nagasaki), haveria um mínimo de perda de vidas(*) — se é que teria acontecido — e dificilmente qualquer estrago à propriedade, mas haveria o barulho da detonação e os efeitos luminosos. Os norte-americanos poderiam então ter ditos aos líderes japoneses: "Essa foi uma bomba atômica. Uma delas pode destruir uma cidade. Rendam-se para não serem destruidos!"

Eles teriam rendido, assim como o fizeram após a destruição das duas cidades. Se isso tivesse acontecido, aí sim os norte-americanos teriam alcançado enorme vitória tanto moral, quanto militar. Poderiam então dizer ao mundo: "Estão vendo o que a ciência pode fazer? Pôs fim à guerra sem derramamento de uma só gota de sangue!"

Por outro lado, se o Japão não tivesse rendido, e dado boa razão para que os norte-americanos utilizassem de nova carga, deviam pelo menos ter esperado mais tempo antes de lançar a segunda bomba.

(*) Nota do Auto — 80 000 pessoas morreram em Hiroshima e 40 000 em Nagasaki, com as bombas atômicas jogadas sobre essas cidades. No total, ficaram 95 000 feridos, na maioria irremediavelmente mutilados.

Foi o mais monstruoso crime cometido contra a humanidade, e repetido. Duas cidades destruídas, por duas bombas, sem ter sido feito antes uma demonstração de todo o seu poderio...

Algumas plantas, as mesmas
da Amazônia, mas nas matas do Vietnã
os pássaros não cantavam,
eram substituídos pelo matracar
das metralhas ao longe...

Ilustração: Rigsil.

"Ninguém conserva por longo tempo o poder exercido com violência".

PERCEBERA TARDE O PILOTO, QUE SOMENTE A PERDA DE UM BEM NOS FAZ AQUILATAR O SEU VERDADEIRO VALOR.

Mahanarva Posticata, o excêntrico milionário da Amazônia, preparava sua festa de aniversário, dando as últimas ordens na cozinha da luxuosíssima mansão de Manaus, onde estava sendo preparado casquinho de muçuã, feito com carne de pequena tartaruga, menor que um palmo, espécime rara ameaçada de extinção. Numa mesa ao lado uma fartura de caranguejo esperava a hora de ser coberta com farinha surui e se transformar em casquinho no forno. Outro tanto seria guisado com leite de côco e servido com arroz branco.

O "Grande Bastardo do Rei Salomão" e "Dono da Amazônia" imitava mais uma vez o Negus Neghesti (Rei dos Reis) da Abissínia e Eritréia, hoje Etiópia, Hailé Selassié, quando de seus famosos banquetes no palácio imperial da capital Addis-Abeba (Nova Flor), enquanto parte da população morria de fome no triste deserto e seus cães e leões eram alimentados com carne importada, servida em ricas bandejas de prata...

Inesperadamente, eis que chega do Pará, o norte-americano Serrasalmus Rhombeus. Desta vez a estada do "Grandalhão" seria curta: apenas para rever o amigo e trazer a boa nova!... Seu filho Mav estava são e salvo!...

Com muita alegria, Serrasalmus contava que Mavutciním não era mais prisioneiro; conseguira o milagre de fugir!...

A platéia ficou silente à espera de outras novidades, pois o velho Capitão Piranha sempre as trazia da selva em grande quantidade. Desta vez não eram muitas. Os broches-vivos feitos com insetos ainda impressionavam os visitantes da mansão, desde a última festa em que o norte-americano estivera presente, porém a melhor novidade agora girava em torno de novo material exportado pelo Capitão Piranha: pés de aves. Que de refugo quase sem valor comercial transformava-se em fino produto de exportação. Especialmente pés de galinha que curtidos no Japão, viravam correias de relógios de pulso das mais procuradas. Graças à fórmula descoberta, a pele ganhava a aparência e a textura do **lézard.**

Novas investidas nas aves estavam sendo feitas no Jovanka Zôo e adjacências, para apanhar o que até então eram jogados fora...

Outra novidade era que o Capitão Piranha na ausência do filho Mavutciním, havia levado para o Jovanka Zôo e proximidades, a seita do "Santo Daime". Aproveitaria a festa dada por Mahanarva Posticata para fazer prosélitos da nova religião que se alastrava, usando um alucinógeno líquido largamente consumida na região do Acre. O Daime era na verdade, a denominação que os acreanos davam ao alucinógeno uasca, extraído do mariri, um cipó amazônico, e das folhas da chacrona, planta da mesma região. Da infusão e prensagem de ambas se chegava a uma beberagem grossa e amarga que os incas já conheciam pelo nome de **ayuasca.**

Serrasalmus falou sobre as "viagens" que duravam em média 4 horas. Nesse tempo sob efeito do estranho líquido, as pessoas "entravam na luz". Ficou para o dia seguinte o teste para a primeira dose de bebida, chá grosso de gosto horrível mas "suave no espírito" segundo seus adeptos, e os efeitos "fantásticos, misteriosos e belos", as "mirações" nome pelo qual são conhecidas as visões provocadas pela uasca. Já que o Capitão Piranha estava aflito para contar ao anfitrião as novidades sobre a fuga do filho, de prisão até então julgada impossível de se escapar.

Abraçado a Mahanarva Posticata o velho **ianque** explicava entre risos e lágrimas a espetacular fuga, segundo informações vindas dos Estados Unidos, através de carta que um amigo pertencente ao Pentágono, lhe enviara. Um antigo colega que trabalhara com Serrasalmus no Serviço de Inteligência e

Contra Espionagem dos Estados Unidos. Os detalhes da fuga não eram narradas, porque segundo o patrício, as autoridades norte-americanas pretendiam mantê-los dentro do maior sigilo...

Descalço, os pés cobertos de bolhas, soluçando e parcialmente ensanguentado, um piloto aeronaval da Marinha norte-americana foi içado a bordo de um helicóptero de salvamento, ao norte do paralelo 20 do Vietnã. Em seguida, vítima de violento choque nervoso, começou a apertar os braços em torno da perna de um dos membros da tripulação, ao mesmo tempo que sob forte emoção conseguiu dizer:

— Meu Deus, meu Deus...

Era o piloto Mav. Graças ao seu conhecimento de sobrevivência na selva, adquirido na América do Sul, pois tinha vivido muito tempo na Amazônia, concluiu a inconcebível façanha de se safar de um campo de prisioneiros. Tratava-se de uma "filial" do tão temido "Hanói Hilton Hotel"; um pequeno campo de concentração no interior norte, onde permanecia já por uns dias. O avião de Mav tinha sido derrubado, durante uma missão de bombardeio sobre a rodovia Ho Chi Minh, na fronteira entre o Laos e o Vietnã do Norte.

Uma vez escapado, após marcha de vinte quilômetros, foi descoberto por um avião Skyraider que efetuava missão de reconhecimento armado, ao norte do paralelo 20. Isso foi possível porque Mav havia desenhado as letras S.O.S. com suas roupas sobre algumas rochas que punham um claro na selva. O Skyraider chamou um helicóptero, enquanto permanecia sobrevoando o local, para assegurar proteção ao fugitivo que, agora, encontrava-se num hospital do Vietnã do Sul.

Evidentemente os detalhes dessa sensacional fuga não podiam ser revelados e, nos dias seguintes à façanha de Mav, o sigilo foi total. Isto para evitar que os norte-vietnamitas viessem a bloquear possíveis rotas de fuga, ou atrair helicópteros norte-americanos usando o mesmo método.

O bravo piloto filho de Serrasalmus, o velho Capitão Piranha, tinha sido o primeiro a fugir de um campo de concentração do Vietnã do Norte. E desde que foi capturado e fotografado com outro piloto, ele planejava a fuga. Não era bem um campo de concentração onde eles se encontravam. Na verdade ele e o colega estavam amarrados e presos em jaulas de bambu e madeira, num lugarejo. Eram alimentados duas vezes por dia com arroz e banha de porco. Daquela prisão improvizada é que seriam enviados a terrível prisão que os norte-americanos chamavam "Hanói Hilton Hotel", na capital do Vietnã do Norte.

Os dois escaparam juntos da rústica prisão e se embrenharam na selva. A milícia norte-vietnamita conseguiu capturar o outro aviador, que foi logo degolado. Mav assistiu a morte do amigo, escondido no mato. Dali só saiu à noite e durante 23 dias caminhou escondido, sozinho, pelas selvas e montanhas, alimentando-se de frutas, insetos e raízes.

Algumas plantas daquelas matas faziam-no lembrar constantemente da sua querida Amazônia. A seringueira, roubada de sua terra, era vista na mata vietnamita com frequência. Porque o inglês, quando roubou a seringueira não levou também sua prima a "árvore de vaca", que produzia um líquido parecido com o leite no aspecto e no sabor? A essa hora Mav poderia estar tomando um bom copo de leite dissolvido na água como fazia as vezes na Amazônia. A água em toda região vietnamita era poluída. Que diferença da sua Amazônia que possuia em estado puro, um quinto das reservas superficiais de água doce do mundo.

O patchuli, conhecido nas matas do vietnã como patchuli de Singapura outra planta sua conhecida, a mesma da Amazônia. Planta usada na fabricação de perfumes e que seu pai exportava muito para Paris. Na capital da França o patchuli amazônico juntava-se a outras exóticas plantas cultivadas nos mais estranhos lugares do mundo, como as rosas búlgaras, o sândalo das Índias Orientais, o alecrim espanhol, o almíscar asiático e onde até o esperma de uma raça de gatos da Etiópia entrava no mais fino composto de essencias refinadas para os melhores perfumes do mundo.

Os perfumes franceses que passavam pela cabeça de Mav foram logo abafados pelo pior mau cheiro que pode existir na face da terra: o cheiro de carne humana podre. O piloto logo deparou com corpos de combatentes guerrilheiros perto de um tanque T-54 destruido. Depois de diversas semanas, sob o sol e a chuva, os corpos quase esqueletos eram testemunhas mudas de um massacre. Entre corpos de vietcongs e soldados vietnamitas do Norte, havia covas rasas, com pessoas enterradas as pressas. No rosto da maioria dos cadáveres expostos, estavam espetados, pedaços vermelhos de galões, pertencentes a fardas norte-americanas.

Durante as primeiras horas da manhã a caminhada era menos difícil. O sol não estava ainda a pino e a terra, na sombra das árvores da borracha, era fresca e branca. Mav com muita cautela notou que todas as tropas que haviam participado da batalha naquela vasta floresta de seringueiras, desapareceram. A área estava abandonada dentro de um silêncio total. Isto é que a fazia diferente da Amazônia. Nas matas do Vietnã os pássaros não cantavam mais, eram substituídos pelo matracar das metralhas ao longe.

Mav sentou-se em baixo de uma árvore para pensar e descansar da longa caminhada. Enormes troncos ramados formavam teto como grande e verde catedral, por onde passavam poucos raios de sol procurando alcançar o chão. Eram sem por nem tirar as verdes catedrais amazônicas. Avistou de repente o que parecia ser uma mina terrestre parcialmente oculta, e estava a poucos metros a sua frente. Gelou, mas examinando melhor a mina na realidade, apenas uma tijela usada para a extração da borracha. A peça estava virada e mais ou menos do mesmo feitio da tijela usada na sua terra e que era aplicada nas árvores para coletar o latex branco e pegajoso.

As árvores estavam danificadas, e por toda parte havia casamatas escavadas. Naquele cenário agora silencioso, tinha sido travado uma das maiores e mais confusas batalhas do Vietnã. Por ali tinham passado as Companhias Alfa e Delta do 1° Batalhão do 28° de Infantaria dos Estados Unidos.

A Companhia Delta cruzou o campo de batalha sem nenhum incidente, mas, depois quando surgiu a Companhia Alfa, tôda a área entrou em erupção. Formou-se um triângulo de fogo. As tropas norte-americanas confundiram-se na selva e atiravam uns contra os outros, norte-americanos matavam norte-americaos na confusa batalha, onde as vezes entravam vietcongs que surgiam de buracos feitos no chão e tropas norte-vietnamitas.

As balas traçadoras, verdadeiros ricochêtes de fogo apareciam por entre as árvores como estranhas varas incandescentes. A selva toda despejava o fogo de suas armas automáticas, enquanto alguns homens se arrastavam em busca de cobertura.

— Parem de atirar, parem de atirar... — gritava um capitão — parece que é a Delta que está do outro lado!...

Era tarde, sua voz fôra abafada pelo barulho e pelas granadas. A Delta respondia ao fogo, enquanto o capitão da Alfa, comandante da Companhia, dirigia-se a passos largos para campo raso começando a explorar por trás de um grupo de arbustos, para melhor certificar-se.

Naquela altura a confusão era total. Tropas de guerrilheiros vietcongs já estavam infiltrados. Aproveitando um rápido momento de silêncio, naquela explosão de fogo, no estrondo selvagem onde as folhas eram podadas sobre as cabeças humanas, ouviu-se um grito:

— Fogo! São **gooks**(*) mesmo! — berrava um outro oficial — Dê-me um lança-granadas, rápido!...

A Companhia Delta começou a explodir granadas de fumaça, para marcar os limites da sua posição, de modo que a Alfa não abrisse fogo naquela direção, mas já era tarde. Com as balas tirando lascas das cascas das árvores à sua volta um soldado negro entregou um lança-granadas ao oficial.

— Vamos cair em cima deles! Vamos matá-los!... — gritavam os soldados mandando balas e granadas para todos os lados.

Soldados tentavam dar corrida, da selva até as casamatas e escavações que se interligavam como teias de aranha, e acabavam tropeçando no inimigo, usando socos, dentadas e facadas. A confusão geral, ninguém entendia mais nada. O fogo agora feito em forma de cruz: Companhia Delta, vietcong, vietnamita do Norte e Companhia Alfa, atiravam entre si e contra si num pandemônio terrível, durante horas a fio.

Os vietcongs e seus aliados norte-vietnamitas resolveram fugir pois estavam levando desvantagens, os primeiros como de costume desapareciam por buracos disfarçados no chão. Um deles passou como um foguete perto de um soldado norte-americano e este ainda o alcançou com o lança-granadas. Acertou na cabeça, em cheio. Finalmente o tiroteio cessou de vez. Soldados gemiam por todos os lados, amigos e inimigos. O que sobrou dos homens de Hanói tinha fugido, e agora, à

(*) Nota do Autor — Gooks, gíria depreciativa, intraduzível, maneira como os soldados norte-americanos chamavam os vietnamitas.

uma ordem do oficial comandante de uma das Companhias norte-americanas para que investigasse o terreno e os estragos, é que se via o número grande de norte-americanos mortos pelos próprios companheiros.

Uma crise de choro quase que geral era misturada aos gemidos e gritos alucinantes dos feridos, enquanto oficiais davam pontapés nos cadáveres inimigos para descarregar toda a sua raiva.

A tarefa seguinte foi o enterro dos corpos dos norte-americanos ali mesmo, as pressas como se estivessem tentando esconder mais um erro de funestas consequências. Os inimigos seriam deixados desenterrados. Um soldado norte-americano como autômato, insencível, dizia a seu companheiro enquanto fazia a triagem de cadáveres:

— Olhe esse aí. Usava um chapéu feito com forros de um casaco dos nossos. Vou usar esse chapéu agora, com sangue e tudo — enquanto empurrava com o pé o corpo sem vida de um vietcong.

Rapidamente, os homens da Companhia Alfa despojaram os inimigos mortos do seu equipamento: cinturões com fivelas estreladas, facas e rifles de assalto AK-47. Ao deixar o campo de batalha para iniciar a caminhada de volta soldados norte-americanos colocaram pedaços dos seus galões vermelhos em cada rosto sem vida:

— Assim essa gente vai saber quem passou por aqui — dizia um soldado negro, enquanto colocava-se em posição de marcha...

Mav levantou-se; de tanto cansaço e fraqueza, quase adormecera naquele tétrico cenário de sangrentas batalhas; cemitério verde e mal cheiroso. A sua frente tinha um caminho de lama e sangue seco; vasculhou um arbusto onde alguma coisa brilhava. Era um fuzil M-16, norte-americano, abrindo mais o mato notou uma faca, um binóculo e um corpo de soldado norte-americano, cujo capacete tinha a inscrição "Faça o amor, não a guerra". Apanhou o fuzil, o binóculo, faca, balas e algumas granadas, e pôs-se a andar o mais rapidamente possível, daquele museu de horrores. Virou o rosto para dar a última olhada naquele inferno, quando notou quatro inimigos mortos, todos desfigurados por feridas dilacerantes causado por explosões e pontapés. Num dos rostos não havia mais o pedaço de pano vermelho das divisas norte-americanas, porque uma enorme aranha que procurava entrar pela boca do morto a tinha derrubado. O braço esquelético estava levantado segurando um pedaço de trapo com resto de sangue seco, como que dando um mórbido adeus ao piloto Mav, que cada vez mais apertava o passo...

Assistira o piloto em sua fuga pelas matas do Vietnã, muitas vezes com água pela cintura nos pântanos de todos os tons verdes, as coisas mais horríveis que um soldado podia ver. E sofrera também demais. Dormindo em grutas cobertas de cipós, ameaçado por cobras e aranhas, Mav enfrentou armadilhas feitas por soldados, camponeses e meninos; truques tão velhos quanto as histórias de Êsopo, com armas que já eram antigas na Idade Média.

Buracos disfarçados, espinhos embebidos em veneno e que penetravam a menor pressão dos pés. Flechas envenenadas, serpentes peçonhentas, granadas e minas escondidas debaixo de cadáveres a espera de remoção. Tudo valia, os recursos da guerrilha iam desde elementares espetos de bambus, até biciletas abandonadas... com explosivos no assento.

Percebera tarde o piloto brasileiro, que somente a perda de um bem nos faz aquilatar o seu verdadeiro valor. Não tivesse deixado sua terra, cheia de fartura e não estaria agora passando fome, sede e perigos. Mav era experiente mateiro, conhecia bem os mistérios das selvas, graças a Amazônia, última grande reserva natural do globo, onde vivêra. Sabia os insetos que podiam ser comidos, como os gafanhotos; as raízes, sabia também que nunca deviam ser comidas as amargas ou leitosas. Conhecia o método dos sertanistas para suavizar a sede: colocava uma pedrinha ou botão de roupa dentro da boca, o processo produzia considerável umidade. Desta forma, era o piloto fugitivo bastante experiente para distinguir de longe até as pontas de bambu. No Brasil os índios usavam o mesmo processo. As pontas de bambu eram um dos recursos mais utilizados pelos camponeses do Vietnã. Mav sabia também que elas era temperadas até ficarem bastante duras e em seguida espalhadas no meio do mato ralo. Apenas uma diferença: no Vietnã as pontas dos bambus eram cobertas com fezes. Penetravam fácil e infeccionavam os inimigos.

Um fio disfarçado, entre forquilhas, em semicírculo, uma nova armadilha que Mav logo identificou. Armada contra a picada na mata, uma flecha envenenada, num cano ôco maior esperava a vítima. Um tropeção na corrida acionava o fio e a flecha saia de encontro a pessoa.

Outras vezes Mav encontrava bambu fino e envergado, disfarçado, entre três paus fincados, preso por um fio, que se soltava quando alguém tropeçava. Na extremidade havia pontas de bambu envenenadas que cortavam como chicote. Atravessou pontes falsas. Rios escondidos nas planícies do Vietnã, que apresentavam pequenas pontes. Na sua maioria, elas eram cerradas ao meio e camufladas com lama. Para quem caia... tinha um leito de ponta de bambus envenenadas.

Pontas de vara, outro recurso que mostrava a ingenuidade dos processos dos guerrilheiros vietcongs. Se o soldado norte-americano pisasse na vara, embaixo um buraco camuflado o esperava. A outra ponta subia e no mínimo, cortava bastante e infeccionava o rosto.

Novo fio de tropeçar. Este, por demais conhecido de Mav. A armadilha era primaríssima e muito conhecida na Amazônia. Inúmeros eram os tipos de caça, apanhados com o método. Um fio, a baixa altura era estendido entre um arbusto e uma árvore. Subindo o tronco, o fio sustentava um peso escondido na copa, um pau ou uma pedra. O soldado tropeçava, e o fio soltava o peso em cima dele!

Mais adiante, o peso com prégos que surgia. Outra armadilha que começava com o tropeção. No alto da árvore o fio estava ligado a uma pedra com lama endurecida e pontas de bambu e pregos, presa aos galhos. O tropeção soltava a pedra na cabeça.

E assim ia indo a fuga de Mav pelas selvas do Vietnã. Enfrentando desde avisos anti-norte-americanos pregados nas árvores: "Ianques, vão embora!", quando o soldado ia tirá-los acionava a granada que estava atrás. A bala oculta: em chão firme, os guerrilheiros cavavam um pequeno buraco. Um caninho de bambu, uma bala dentro e um prego embaixo, funcionando como gatilho. Era só pisar comprimindo a bala, e ela subia com toda velocidade penetrando pela perna!...

Não podia confiar em nada e em ninguem. Com febre e cançado, adormecera não por muito tempo. Acordou assustado tendo um velho a sua frente que o fitava com surpresa. Através de gestos o velho convido-o para ir à sua casa. Sua família lhe deu uma tijela com arroz, sopa de vegetais e massa de soja para comer, arrumando em seguida um lugar para o fugitivo piloto dormir. Quando Mav acordou, o velho tinha saido. Deram-lhe a entender, através de gestos que ele fora buscar lenha. Mas bastou o inteligênte piloto olhar à uma pequena criança para perceber tudo: caira numa emboscada.

O garotinho brincava inocentemente com um retrato de "Titio Ho"(*) muito bem conservado, que por descuido agora estava ali. Mav deduziu que na realidade, o velho tinha ido denunciá-lo, pois na certa tratava-se de casa inimiga. Logo o lugar estaria cercado por norte-vietnamitas ou vietcongs. Mav fugiu rapidamente dali sob o olhar surpreso e severo de uma velha que tentava toda atrapalhada esconder o retrato do general Giap, caido no corre-corre. Ao longo Mav ainda avistou o sorriso inocente da criança, contrastando com o olhar de visível desagrado da senhora que deixara escapar preciosa presa...

Em sua longa caminhada pelas matas, Mav conheceu um novo exército; diferente de todos os outros. Ele resumia toda a tática de guerra usada pelos guerrilheiros vietcongs: ataques rápidos, à traição, no meio da floresta. Seus soldados eram mais ágeis do que os aviões de Saigon e não podiam ser atingidos pelas balas do adversário.

Uma nova arma mais perigosa que as cobras venenosas, os espinhos e as armadilhas usadas pelos vietcongs. Apareceu inesperadamente. Eram as abelhas adestradas! Milhares delas atacando em bando pela floresta. Um verdadeiro e bem organizado exército. Dessa nova tropa de Hanói, Mav já tinha ouvido falar. As abelhas atacaram pela primeira vez no Vietnã, na estrada nacional número quatro, perto do povoado de Dong Hoa, no momento em que passava a Setima Divisão Sul-vietnamita de Infantaria. Os guerrilheiros alados cairam sobre os soldados do Vietnã do Sul, obrigando-os a voltarem imediatamente. Alguns ficaram gravemente feridos, outros morreram, alérgicos ao tipo de toxina.

As abelhas atacaram muitas vezes, tanto nas estradas como nas florestas, detendo os soldados de Saigon e as tropas norte-americanas. Eram treinadas pelos guerrilheiros da província de My Tho, onde o mel de abelha era um dos alimentos principais.

(*) Nota do Autor - Titio Ho, nome como era conhecido pelo povo, o lider do Vietnã do Norte, Ho Chi Minh.

Assim Mav ficava conhecendo de perto mais uma arma de terror dos homens de Hanói. Eles aproveitavam todas as oportunidades para espalhar o medo. Os soldados do Vietnã do Norte usavam agora todos os recursos possíveis naquela exquisíta guerra: desde os mais modernos aviões de caça, a jato, soviéticos e avançadas peças de artilharia anti-aéria até espinhos venenosos, cobras e ... abelhas!

Mav ia passando um por um todos os obstáculos, todas as formas de armadilhas espalhadas pela região. Desde buraco coberto com folhas, a galhos secos endurecidos com pontas feitas a faca. Centenas de norte-americanos e sul-vietnamitas já tinham sido vítimas dessas armadilhas primitivas, simples, mas terríveis.

Na picada no meio da mata, um cesto de palha chamou a atenção de Mav. A boca coberta com frutas. O brasileiro agora transformado em piloto norte-americano, conhecia muito bem aquele truque. Era o mesmo usado pelos índios da Amazônia! Dentro, por certo, continha uma ou mais, cobras peçonhentas! Até em Saigon, na própria capital do Vietnã do Sul, era comum meninos, filhos de guerrilheiros, surpreenderem soldados norte-americanos. Atiravam cobras dentro dos trens, que saiam levando tropas para o combate. Centenas de meninos passavam o dia procurando serpentes peçonhentas para matar soldados sul-vietnamitas e norte-americanos. Essa era mais uma ordem de Hanói...

Mav aproximava-se de uma aldeia. Através do binóculo, observou que grupo de refugiados pálidos, extremamente magros, vagueavam depois de mais um êxodo frustrado, enquanto vietcongs metralhavam quem tentasse atravessar a estrada. Era a eterna sina dos civis que não sabiam nunca onde ir; tentavam inultimente fugir daquele inferno que os aterrorizava e que nunca conseguiam entender.

Guardou o binóculo e quando virou o pescoço para o lado, a cor de um uniforme norte-americano chamou a atenção de Mav. Fixou a vista e não muito longe dele estava uma cena que demaiaria qualquer um mas não o experimentado piloto. Um militar de corpo claro e cabelos vermelhos estava cruxificado numa árvore! O uniforme se achava tão sujo e rasgado que mal dava para observar a patente do infeliz. Mav aproximou-se mais, cuidadosamente, era o corpo de um coronel, pregado com destaque na clareira que parecia ser uma praça de mercado, onde antes eram vendidos produtos das plantações de borracha. Em volta se amontoavam pilhas de lixo e o cheiro era de um cemitério, cujas covas estivessem ocupadas, mas sem a terra por cima.

Mav fixou seus olhos bem do cruxificado coronel. Havia uma razão. É que quando o brasileiro fazia o curso de aperfeiçoamento nos Estados Unidos, para lutar no Vietnã, tinha lhe ensinado que os vietcongs feriam os adversários, amarravam-nos numa árvore, arrancavam os olhos da pobre vítima e enchiam as duas cavidades com fezes humanas. Em seguida largavam-nos até apodrecer sua cabeça!...

Mas, os olhos do coronel estavam intactos. Regalados, numa expressão de terror, e a boca bem aberta em posição de quem gritava. O piloto chegou perto, e não tocou no corpo frio, que devia por certo estar minado.

A cena lembrou a Amazônia; mais precisamente o método bárbaro do maldito índio-caôlho Umbé. O covarde e desumano selvagem, escondia-se entre as grandes árvores e baleava uma arara qualquer, e imediatamente a capturava. A ave ferida, era então amarrada numa árvore, para com os seus gritos agonizantes despertar a atenção das outras que estavam mais afastadas. Elas chegavam aos montes no local e imediatamente eram mortas por Umbé e seus homens. O pior para Mavutciním, era que a matança desenfreada de bandos inteiros de araras, nas áreas de cultivo das castanheiras, tinha a aprovação do velho Capitão Piranha, que alegava ser o extermínio necessário para preservação da produção de castanhas do Pará e da exportação...

Os tiros que se ouviam ao longe estavam se aproximando e despertou Mavutciním, trazendo-o do seu pensamento amazônico à realidade do Vietnã. Por precaução Mav afastou-se daquele mau cheiro, andou mais um pouco e resolveu subir numa árvore para dali observar através do binóculo, o que estava se passando ao seu redor. Nova cena dantesca foi apresentada, mesmo para o espírito forte daquele piloto curtido pela guerra. O barulho de helicópteros enchia o ar, enquanto embaixo como formigas, homens camuflados corriam com fuzis, latas e tochas apagadas na mão, numa trama organizada e bem ensaiada. O piloto de cima da árvore assistia tudo sem poder tomar atitude qualquer, senão ajustar bem o binóculo para a nova cena de horror que se descortinava. Helicópteros descarregavam, na clareira, soldados sul-vietnamitas e norte-americanos, quando surgindo de baixo da terra como homens-toupeiras inúmeras pessoas tocavam fogo no mato enquanto outras atiravam com seus fuzís automáticos.

Mav assistiu a morte de muitos soldados, sem nada poder fazer, dos 300 mais ou menos, que haviam tentado descer! Eram componentes de um reforço que pretendiam descer de 25 helicópteros naquela clareira da selva, sem saber que os esperavam escondidos inúmeros vietcongs. E que imediatamente jogaram gasolina no mato, ao redor, e puseram fogo. Em pouco tempo quase não sobravam nem soldados nem helicópteros!...

O corre-corre foi geral. Seguiu-se depois, cena de violento desespero na improvisada pista de aterrisagem, quando um grupo de soldados ansiosos por fugir, aglomerou-se em volta dos poucos aparelhos que ainda tinham condições de retornar, para conseguir um lugar a bordo. Somente os mais ágeis, sem ferimento graves e queimaduras, conseguiam subir. Um homem com a perna estraçalhada por tiros, agarrou-se firmemente as rodas enquanto o helicóptero, depois de levantar rapidamente, subindo a poucos metros do solo, pousou bruscamente. O soldado caiu violentamente, com um estremecedor grito de dor.

A morte e a destruição compunham o violento cenário, onde o cheiro de carne humana queimada misturava com sufocante fumaça de ferros retorcidos. O recolhimento das tropas desta vez era rápido demais para a escolha que quase sempre os norte-americanos faziam: primeiro os nossos, depois nossos aliados! Todos, indistintamente procuravam agarrar-se nos poucos helicópteros, que saiam com excesso de soldados dentro, sem contar aqueles que iam pendurados e caindo aos poucos, pelas balas inimigas ou por desmaiarem, sufocados pelo medo e fumaça.

Sucediam-se explosões ensurdecedoras, parecendo destruir os tímpanos até de Mav que afastado, em cima da árvore observava de binóculo. Mortos e feridos eram abandonados na clareira em chama repleta de ferros queimados retorcidos. Os poucos soldados que conseguiam ultrapassar a barreira de fogo, unicamente desejosos de fugir ou procurar abrigo, eram eliminados a bala pelos vietcongs.

Aos poucos os barulho dos helicópteros foram desaparecendo. Um ou outro tiro de fuzíl se ouvia. Eram os vietcongs caçando soldados caidos dos helicópteros apinhados. A enorme fogueira ainda ardia e o cheiro de corpos queimados causava enjôo em Mav que se preparava mais uma vez para sua longa caminhada...

Depois de alguns dias de estafante marcha e cada vez mais enfraquecido o piloto Mav chegou à margem de um riacho localizado a poucos quilômetros do Paralelo 20, a linha que dividia os dois Vietnã. Ele percebeu que estava perto do Vietnã do Sul ao ouvir o tiroteio da luta que se desenvolvia cada vez mais. Era a operação **Hastings** que estava sendo executada por fuzileiros navais norte-americanos. Mav estava mal. Sentia fadiga, crises de ansiedade, insônia, perda parcial da memória e irritava-se com facilidade. A tudo isso era acrescentado dificuldade de concentração, instabilidade emocional e vertigens.

No limite de sua resistência, traçou na terra, com a ajuda de pedras e roupas, o sinal SOS. No mesmo dia, um Skyraider, avião velossíssimo da Fôrça Aérea dos Estados Unidos, viu o sinal e alertou a base de helicópteros de Da Nang. Duas horas depois, Mav estava salvo, a bordo de um helicóptero.

O comando militar norte-americano achava que Mav após o feito único naquela guerra, poderia ser muito útil na organização de uma rota de fuga, que facilitaria a evasão de outros pilotos, considerando seu conhecimento adquirido nas selvas brasileiras e agora aperfeiçoado nas matas do Vietnã. Por tudo isso, o comando evitava dar maiores informações sobre o caso.

Enquanto prosseguia a operação **Hastings**, em que morriam centenas de fuzileiros norte-americanos, milhares de guerrilheiros vietcongs e soldados do exército norte-vietnamita. Logo depois piorava para o lado dos Estados Unidos: em poucos meses tinham morrido em ação 4 400 soldados norte-americanos; número superior ao de mortos na guerra da Independência contra a Inglaterra no século XVIII, na qual morreram 4 435 norte-americanos...

No Brasil, Serrasalmus, o negociante norte-americano, embora contente, estava afobadíssimo, tinha voado para Manaus logo que soubera no Pará, que um companhia dos Estados Unidos, com sede em Paris, e outra que ele desconhecia, estavam com idéias de furar seu negócio, isto é pretendiam importar cabelos de índias do Brasil e em grande quantidade!

Mahanarva Posticata o milionário de Manaus, que já havia entrado com algum dinheiro para a sociedade com o velho Capitão Piranha, estava apreensivo também. Isso obrigou o norte-americano a dar todos os detalhes e inclusive o custo total para o término da fábrica de perucas e que agora já não seria somente do forte cabelo das índias.

— Bem, eu poderia cuidar já dessa parte — disse o grandalhão — isto é acumular enorme quantidade de cabelos indígenas, enquanto seus homens, aqui em Manaus, ficarão encarregados de comprar também cabelos de civilizados.

— Mas como deverá ser adquirido esse cabelo?

— Tal qual está, depois de ser cortado — respondeu o norte-americano ao milionário — em diferentes cores naturais, distribuindo em tranças separadas, lavado e penteado. Cada trança para dar uma boa peruca, deve ter no mínimo de 25 a 30 centímetros de comprimento...

O norte-americano tinha obtido todas as informações possíveis sobre o assunto e só foi interrompido quando o dono da mansão ofereceu-lhe um copo de geladíssima cerveja.

— Ah, a propósito, estaremos em festa hoje a noite. Faço questão que o senhor fique com a gente — disse Mahanarva com seus trejeitos, seu ar afetado e afeminado — poderemos discutir melhor os detalhes de nossa sociedade. O financiamento está garantido. O local também, onde já iniciamos a instalação da indústria. Pode o senhor contar com meu círculo de amizade, o que significa um enorme campo de venda, com clientela de primeiríssima qualidade, proporcionando lucros altíssimos...

Serrasalmus deveria encontrar-se também, por aqueles dias, em Manaus com alguns patrícios seus. Todos cientistas que tinham vindo ao Brasil, com o objetivo de estudar na Amazônia, a composição dos chás de ervas silvestres, e remédios caseiros, usado pela população, há muitos anos, para aliviar dores. Acreditavam alguns cientistas que a cura do câncer estivesse na selva amazônica, possivelmente em alguma flor, raiz ou em algum veneno!...

Se bem que um dos cientistas acabou confessando ao patrício sertanista a verdade da viagem, era uma pesquisa sobre o sassafrás. Começavam a surgir versões que atribuiam ao óleo destilado do sassafrás o poder de se converter num eficiente combustível para aviões a jato, foguetes e mísseis. Suspeita que ia levar botânicos e naturalistas a certeza de que o sassafrás dificilmente sobreviveria a esta nova investida. Os únicos talentos que lhe reconheciam eram as supostas virtudes medicinais de suas raízes e os poderes aromáticos de seu óleo, habitualmente empregado no processamento químico de perfumes, detergentes e desodorantes. Num âmbito mais exclusivo, o sassafrás era apreciado pelo inconfudível sabor que mesmo uma diminuta lasca de sua casca podia propiciar à cachaça.

— Algumas raízes amazonenses — dizia o corado e grandalhão norte-americano — entre os quais a ipecacuanha, o cipó curare (terrivel veneno empregado pelos silvícolas) e outros, serão testados nos Estados Unidos. Portanto após a reunião aqui em Manaus, grande quantidade desse material vegetal, será embarcado em avião particular para a América do Norte, onde trabalham fisiologistas norte-americanos e japoneses. já foram examinadas milhares de fórmulas sulamericanas e do material que é remetido da América do Sul, retiram o extrato e inoculam nos camondongos de uma linhagem portadora do câncer hereditário.

Seria mais uma contribuição da abençoada Amazônia, à humanidade? Ela que já era responsável por 50% do oxigênio produzido na Terra. A clorofila de sua floresta, através da fotossíntese, absorve parte do gás carbônico pelas cidades e devolve ao ar o oxigênio que o homem respira...

Os acordes de Vivaldi, preferidos do "Iluminado dos Deuses e Defensor da Fé Cristã", pequeno senhor da grande Amazônia, invadia o recinto. Na mansão de Mahanarva Posticata, em Manaus, o velho Serrasalmus sabendo que ia participar de uma longa festa logo mais a noite, já "preparava" o fígado com algumas cervejas geladas, enquanto o megalomaníaco anfitrião tinha também seus planos na cabeça. Iria propor aos norte-americanos desta vez e através do Capitão Piranha, mais um "bom negócio".

Seu projeto-louco tentar explorar juntamente com homens dos Estados Unidos, a navegação do rio Amazonas, nos moldes do que os estadunidenses já há muito faziam com o Canal do Panamá, que lhes proporcionavam lucros de milhões de dólares anuais. O contrôle e a administração pelos norte-americanos, do Canal do Panamá era uma humilhação sem tamanho para o panamenho. Aquilo correspondia a uma bandeira estrangeira encravada no coração do povo. O Panamá não era colônia norte-americana, não tinha vocação para tal; não havia a menor vontade de ser uma estrela a mais na bandeira dos Estados Unidos. E no entanto era obrigado a suportar uma bandeira alienígena, numa faixa de 16 quilômetros, ao longo dos 75 quilômetros entre os oceanos Atlântico e Pacífico, desde 1903. Tratado imposto pelos Estados Unidos através de sua clássica e habitual chantagem, e graças também a infiltrações do tipo que faziam na Amazônia...

Com gestos de quem ajeitava a maquilagem e jogando a cabeça para trás tentando arrumar os cabelos, Mahanarva procurava um lugar para sentar-se. Instalado em confortável poltrona, acendeu a longa piteira e entre goles de gin-tônica gelada, parou de agitar-se para ouvir as novidades sempre interessantes daquele norte-americano que fizera de tudo na vida. Em sua mocidade esteve na Argentina tosando carneiros para uma firma irlandesa. Garimpou na América Central, onde acabou largando para ser simples maquinista de estrada de ferro na Jamaica, devido ao excesso de bebida e mulheres. Não ocasionou nenhum desastre, mas antes que tal acontecesse e sem ter mais dinheiro e emprego, resolveu voltar ao garimpo de ouro arriscando mais uma cartada. Teve sorte, conseguiu pequena fortuna e partiu para Havana, em Cuba (que nesse tempo era quintal dos norte-americanos) onde comprou um pequeno cassino, de sociedade com amigo.

Ora vivendo na alegre Paris, ora penetrando no que ele chamava de território dos antropófagos de Bornéu, Serrasalmus Rhombeus não parava pois seu espírito de aventura o arrastava sempre para caminhadas da vida perigosa. Conheceu as selvas da Nova Zelândia, foi navegador solitário percorrendo os mares da China. Navegou tanto que acabou naufrando na África. Verdade ou não, as aventuras do norte-americano impressionavam a assistência. E no Jovanka Zôo ele possuia até um album de recortes para quem duvidasse de sua atribulada mocidade.

Serrasalmus viveu com relativa fartura e sossêgo em Milão, de onde partiu para Hong Kong, como representante de uma firma norte-americana, embora já houvesse forte suspeita de que ele era agente dos Estados Unidos. O homem não parava. Tempos depois ei-lo nos jornais de Casablanca, detido como espião, e até espião duplo, para mais tarde ser homenageado em Beirute, por ter salvo duas crianças que se afogavam. O mundo não tinha segredos para Serrasalmus Rhombeus, que parecia ser imortal. Aparecia aqui, ali. Tóquio, Liverpool, Madagascar, Stanleyville foram outras cidades percorridas pelo aventureiro norte-americano, agora definitivamente instalado no seu Jovanka Zôo nas imediações de Belém do Pará. Ali pairavam grandes suspeitas de que o Capitão Piranha era agente da CIA na Amazônia. Organização norte-americana tipo máfia de luvas de pelica, principal responsável pela morte de Ben Barca, Patrice Lumumba, Chê Guevara e outros inimigos dos Estados Unidos...

Como sempre acontecia naquelas festas da mansão de Manaus, os convidados ficavam em silêncio quando o norte-americano contava suas novidades quase todas ligadas à animais:

— Senhor Mahanarva, lembra-se de nossa última conversa sobre golfinhos? Vou lhe contar, e aos presentes, as recentes experiências de meus patrícios. São sobre um golfinho, especialmente treinado e que ultimamente vinha servindo de carteiro e de "salvador" para os cientistas que estão realizando pesquisas a bordo e fora de um submarino dos Estados Unidos nas costas do Brasil, mais precisamente nas imediações do Pará. Atendendo ao sinais, o golfinho mergulhou repetidas vezes em direção ao submarino, que estava submerso a uma profundidade de 60 metros no Oceano Atlântico. Treinado para levar objetos presos em arreios, ele entregou um pacote de cartas à tripulação do submarino e desempenhou papel de destaque numa salvação simulada, levando cabo de salvamento à um homem "perdido" na escuridão das profundezas submarinas.

O golfinho desempenhou tarefas práticas em baixo d'água, trabalhando em cooperação com seres humanos. Foi um dos últimos experimentos levados a efeito com esse tipo de mamífero; membro da família das baleias. Cientistas estadunidenses estão procurando entender as extraordinárias capacidades de amizade do golfinho, as quais tem deleitado e assombrado os homens desde as mais remotas épocas. Os cientistas esperam estabelecer equipes de exploração — golfinho-homem — e melhorar, para viagens de longa duração, e equipamento de navegação e comunicação submersa, fazendo uma adaptação das habilidades fora do comum desse peixe.

Somente em anos mais recentes os cientistas começaram a sondar a estrutura do golfinho e suas habilidades maravilhosas. Acreditam que, com exceção do homem, o golfinho é provavelmente o mais inteligente mamífero do mundo. É cooperador, aprende rápido, inventa jogos e demonstra alegria, tristeza, medo e raiva. Pode nadar rapidamente com o mínimo de turbulência e pode emergir de prolongados mergulhos feitos a grandes profundidades, sem sofrer estonteamento. Não tem cordas vocais, mas pode comunicar-se por sons emitidos quando expele ar.

É ainda um mistério sua habilidade de nadar submerso com grande precisão e em completa escuridão. O sistema-guia de "localização-eco" é muito superior ao sistema de sonar inventado pelo homem. Sob comando, o animal navega vendado em um intricado labirinto ou nada em direção a um objeto que nunca viu. Esforços para entender seu sistema de emitir sons, por transmissão confusa, tem-se mostrado infrutíferos.

Pesquisas realizadas por cientistas norte-americanos revelaram como os golfinhos comunicaram-se com outros de sua espécie e porque podem nadar tão rápido. A mais alta velocidade já registrada, alcançada por um golfinho, foi de 56 quilômetros por hora.

Esse mamífero "fala" muito. Cada um dos muitos sons emitidos por ele (a maioria inaudível aos seres humanos), tem uma associação específica. Um ligeiro ruído estridente é ouvido, quase constantemente, durante a hora da alimentação. Um bater da mandimbula é ameaça e um som agudo é chamado de aflição — chamado internacional de SOS. Um rangido, como o produzido por uma dobradiça enferrujada, é sinal "sonar" ou sinal de localização-eco. Esses fenômenos estão sendo estudados nos diversos oceanários dos Estados Unidos afim de estabelecer uma comunicação homem-golfinho. golfinho.

Enquanto nos oceanos do mundo, milhares de golfinhos movimentam-se rapidamente produzindo ligeiro distúrbios, uma camada esponjosa, existente sob a pele exterior, permite a seu corpo liso obter o máximo contra a resistência da água, conseguindo dessa maneira desenvolver grande velocidade...

O norte-americano Serrasalmus prosseguia, sob o olhar atento e o ouvido aguçado do milionário Mahanarva que beliscava pedaços de queijo suiço:

— Minhas últimas experiências no Pará, referem-se aos botos; parentes dos golfinhos. Os botos na minha opinião, baseada em testes feitos nos tanques especiais para isso, são tão inteligentes quanto seus primos, os golfinhos. Gostaria, se o amigo Mahanarva pudesse um dia visitar-me, que apreciasse no local o quanto esse peixe é capaz. O boto como o golfinho é um desafio à ciência. Dotado de impressionante sensibilidade para os sons, e inteligência, ele aprende com facilidade, memoriza e inventa!...

Apenas uma coisa Mahanarva não sabia e nem o próprio conhecedor de bichos, Serrasalmus: os golfinhos já estavam em ação no Vietnã. Eles tornaram-se os oficiais mais baratos de todos que prestavam serviço à Marinha dos Estados Unidos. Além do valor tático, exigiam apenas 5 ou 10 quilos de peixe por dia e um bom tratamento de seus colegas humanos.

Na guerra do Sudeste Asiático, os golfinhos estavam sendo utilíssimos na recuperação de foguetes ou torpedos perdidos e infalíveis para os distinguir entre metais submersos.

Localizar navios afundados, executar missões de guerra anti-submarinas, penetrar em bases inimigas, descrever o número ou o tipo de seus armamentos, colocar explosivos em pontos estratégicos eram apenas algumas das taredas que os ágeis golfinhos vinham desempenhando com inigualável perícia, naquela estranha guerra. No entanto, essa habilidade era mais que a consequência lógica de experiência anteriores que revelaram, por exemplo, a curiosa capacidade do animal para imitar a voz humana com insuperada perfeição.

Hoje, sabe-se que os golfinhos, além de capazes de diferenciar entre sotaques de sulistas e nortistas dos Estados Unidos, podem localizar objetos perdidos em profundidades de mais de 300 metros, nadando a uma velocidade de 40 quilômetros horários. Os norte-americanos os utilizam há muito tempo como "sentinelas" em suas bases navais, já que esses pelotões aquáticos podem detectar com facilidade a penetração de um homem-rã.

No Vietnã eles eram intrépidos nas manobras de guerra: guiavam homens-rãs em áreas desconhecidas, onde havia perigo de explosões. Descobriu-se mais, a sua semelhança com os homens é tão grande que esses animais podem contrair úlceras "em virtude de pressões psicológicas".

Assim os pobres golfinhos, que ainda há pouco, faziam alegres acrobacias, para diversão da criançada, transformaram-se em eficientes pelotões aquáticos, com a surpreendente função de espiões (e contra-espiões) submarinos.

Infelizmente para eles, os seres humanos haviam descoberto, que esses mamíferos têm cérebros maiores que os do homem e inteligência tão avançada, que os coloca entre os gênios do reino animal...

Destruição em Lang Vei, Vietnã. Ilustração: Rigsil.

"A mentira tem pressa porque tem a perna curta. A verdade não se impacienta porque é eterna".

A IMPRENSA LIVRE EXISTE PARA SERVIR AOS CIDADÃOS E NÃO AO GOVERNO.

Conforme o comando militar norte-americano pensou, foi realizado. Mav, após a escapada espetacular das mãos do inimigo, seria útil na organização de uma rota de fuga, ou pelo menos instruiria seus colegas, tentando com isso facilitar a evasão de outros pilotos. A repercussão tinha sido grande, e devido a experiência de sertanismo na selva amazônica, o alto comando ao entregar-lhe medalha pelo feito único naquela guerra, recomendou repouso e em seguida nomeou-o instrutor de um grupo, onde a matéria principal seria a sobrevivência na selva.

Além do fato de não estar voando mais nos bombardeios, Mav se considerava feliz também por outros motivos. Primeiro, porque a medalha que recebera não era pelo número de adversários mortos. E sim pelo que ele modestamente julgava a coisa mais comum do mundo, procurar fugir, por instinto de defesa, e ter sorte na tentativa. E segundo, porque não ficara prisioneiro por muito tempo. Isso sim terrível, e todos sabiam.

O problema do prisioneiro naquela guerra era um capítulo a parte. Quando a paz chegasse, e fatalmente ela teria que chegar um dia, qual seria o futuro do ex-prisioneiro? Havia pilotos norte-americanos que já estavam prisioneiros há mais de 8 anos! Mesmo postos em liberdade, de suas bagagens viriam toda a angústia de anos perdidos e de uma paz que alguns jamais reencontrariam. A **Operation Homecoming**, Operação Retorno, já vinha sendo planejada nos mínimos detalhes, há muito tempo.

Seria mais ou menos este, o quadro que os técnicos tinham planejado. Depois do retorno dos prisioneiros de guerra do Vietnã, de todas as cerimônias confortadoras que se realizariam na Casa Branca, do encontro com a família e das lágrimas pela televisão, a realidade, para esses homens, que voltavam à pátria, se faria sentir em particular. Ao chegar do Vietnã, o que os prisioneiros encontrariam?

Boa parte da população jamais teve um filho ou parente morto ou mutilado no Vietnã. Mais de quarenta mil norte-americanos tinham perdido a vida na guerra asiática, mas para a maior parte dos cidadãos dos Estados Unidos, isso era apenas uma estatística publicada nos jornais, e não uma tragédia que atingia sua própria família, ou a de um vizinho.

Para os ex-prisioneiros e as respectivas famílias contudo, ia tratar-se de uma crise profundamente pessoal. Pela televisão, o encontro pareceria reunião de parentes e pessoas queridas, mas na realidade, seria uma reunião entre estranhos.

Ao voltar, os ex-prisioneiros seriam outras pessoas, geralmente desorientadas ou rebeldes. Foram obrigadas a render-se para sobreviver, e muitos deles tiveram que "matar o tempo", literalmente, ou em outras palavras, reprimir os próprios receios alheando-se ao presente, romantizando o passado, e sonhando com a própria família, nos Estados Unidos, que se modificara muito mais do que eles podiam imaginar.

Na história norte-americana, a guerra do Vietnã provavelmente parecerá um incidente caprichoso, mas na verdade, os Estados Unidos já estavam envolvidos, embora cautelosamente, durante o governo do presidente Eisenhower, isto é, há muito tempo — e se envolveram no conflito muito mais profundamente durante o governo de Kennedy. Do ponto de vista das famílias, esse era um prazo muito longo.

O Departamento de Censo, de Washington, informava que mais da metade da população dos Estados Unidos tinha menos de 28 anos de idade. Isto queria dizer que a maioria dos cidadãos quase nem se lembrava do período anterior ao envolvimento na guerra do Vietnã... E, no caso dos ex-prisioneiros que um dia retornariam — a maioria dos quais tinha menos de 25 anos — a experiência do Vietnã dominava todas as suas lembranças.

Os ex-prisioneiros não só voltariam ao país, diferentes, como também encontrariam esposas e filhos que embora sendo os mesmos, estariam modificados. Seriam acolhidos por um país mudado, com outras lembranças e outros valores. Depois do reencontro e das comemorações, provavelmente haveria grande dificuldade em reintegrá-los na família e na comunidade.

O governo norte-americano não poderia jamais apagar suas lembranças. A guerra tinha sido muito longa, e muitos deles ficaram tempo demais nas prisões para serem capazes de voltar a viver uma vida familiar normal, ou de se adaptarem ao novo estilo de vida. E aos novos valores de um país que realmente se modificara muito, durante os anos em que estiveram ausentes.

Alguns dos ex-prisioneiros teriam sido fortalecidos pelo sacrifício e pela adversidade e voltariam às respectivas famílias dignificados pela tristeza e pela fidelidade. Mas outros estariam vencidos pelo remorço, e mesmo as famílias austéras e religiosas poderiam ter problemas com os filhos que retornariam da guerra.

Para um ex-prisioneiro de guerra — mesmo para aqueles que se encontravam nas melhores condições — o fato de precisar participar de decisões, quando ficaram privados do direito de decidir durante tantos anos; conseguir conhecer-se a si mesmo em uma nova fase da vida, à sua esposa e aos filhos, que cresceram e passaram por modificações, tudo isso representaria um desafio superior à sua capacidade.

Além disso, para alguns dos prisioneiros de guerra norte-americanos, que passaram longos anos em poder dos homens de Hanói, a espera da liberdade não pareceria tão sorridente como para os demais companheiros, pois suas esposas teriam se divorciado ou suas noivas cansaram-se de esperá-los.

Uma delas, a esposa do Capitão Everett Alvarez, o prisioneiro de guerra norte-americano que estava a mais tempo em Hanói, já tinha pedido divórcio e casara-se novamente. Enquanto ao pobre marido somente restava o consolo de dizer ao companheiro de cela, como que advinhando a cena:

— Espero que o atual marido dela possa amá-la, tanto como eu a amei...

O plano para o retorno dos primeiros ex-prisioneiros parecia ser completo. Para os afetados pela chamada "síndrome do retorno" seriam submetidos a tratamento particular especial quando chegassem à base aérea de Clark, nas Filipinas, procedente de Hanói. Todos seriam submetidos a rígido controle quando chegassem de volta a seu país.

— Não queremos que nenhum suba em palanque e diga coisas desagradáveis que possa pôr em perigo outros prisioneiros norte-americanos que esperam sua libertação. Terão ordem para manter a boca fechada até que tenha saido o último homem. — Disse um oficial. Ao que um outro prosseguiu:

— Os afetados pela "síndrome de retorno" receberão especial cuidado e assistência. A intenção é evitar muitos dos erros cometidos com outros prisioneiros de guerra, no passado. Depois da guerra da Coréia, causamos aos prisioneiros um dano irreparável após sua isolada e triste existência. Desta vez eles serão tratados de maneira especial e individual desde o momento em que cheguem a base até quando regressarem aos Estados Unidos. O tratamento durará cem horas.

Os oficiais explicavam que cada prisioneiro reage de forma diferente a rígida e solitária rotina do confinamento, onde quem consegue encontrar algo em que ocupar sua mente durante todo o dia conquista uma grande vitória. E prosseguia:

— Os afetados pela "síndrome do retorno" poderão se ver, uma vez libertados, perturbados por novos conflitos, as confusões, os barulhos. Alguns poderão sofrer uma regressão em suas funções cerebrais. Falarão de forma mais lenta, demorarão mais a reagir e é possível que não possam intervir em conversações rápidas.

Os oficiais norte-americanos, técnicos, especialistas que estudavam o plano de retorno dos prisioneiros, assinalavam que as análises demonstravam que se registrava uma evidente curva, psicológica entre os prisioneiros de guerra:

— Primeiro, ocorre a euforia da liberdade — dizia um deles — e depois, depressão por sentimentos, reais ou imaginários, de culpabilidade, e outras emoções. Gradativamente, a curva aumenta na maioria dos casos em períodos diferentes e conforme o indivíduo. A "síndrome do retorno" é a principal razão da ordem de conceder escolta especial a todos os prisioneiros de guerra. Os que integraram a escolta atuarão como ajudantes, confidentes e amigos dos libertados.

— Praticamente tudo que os libertados necessitarem terão — disse uma fonte militar. — Se um homem decidir que não quer regressar aos Estados Unidos, deixaremos que fique. E se disser que não quer retornar em avião, provavelmente o instalaremos num navio...

A sorte de Mav, estava portanto, em não ter ficado prisioneiro por muito tempo. Não ficou, como os outros certamente ficariam, traumatizados pelos anos de cativeiro, onde até a idade dos filhos era esquecida. Por ser muito forte, o peso da aventura, as duras lutas não haviam marcado o piloto brasileiro. A fuga não o afetou muito. Segundo o médico que o examinou, ele não possuia períodos prolongados de angústia, nem inabilidade para tomar decisões, insônias ou horríveis pesadelos, como deveriam ser as características dos ex-prisioneiros.

Os traumas do cativeiro eram baseados em guerras passadas, na verdade os norte-americanos sabiam muito pouco do que se passava com seus homens, nas cadeias norte-vietnamitas. Ou sobre as condições de vida nas tristes hospedarias que os prisioneiros apelidavam com nomes irônicos ou amargos. Algumas prisões eram chamadas pelos norte-americanos de "Alcatraz", "Vida de Cachorro", "Campo da Esperança", "Zôo", "Pássaro Sujo", "Campo da Fé" além da tristemente famosa "Hanói Hilton Hotel".

Da "Hanói Hilton Hotel" havia sempre a saida de grupo de prisioneiros norte-americanos para ser exibido aos jornalistas num cortejo sinístro. Apesar de bem protegido, não impedia de que alguns pilotos fosse apedrejados, batidos e chutados, pela multidão que assistia o desfile pelas ruas da capital do Vietnã do Norte. Quando os Estados Unidos iniciaram intensa campanha em torno da sorte dos prisioneiros de guerra, as condições de vida melhoraram consideravelmente nos cárceres norte-vietnamitas. Mas mesmo assim, os pilotos ainda tinham de enfrentar a hostilidade da população das aldeias. O que segundo um oficial do próprio Estados Unidos, não deixava de ser compreensível:

— Imaginem um piloto norte-vietnamita caindo de paraquedas sobre Pittsburgh depois de bombardear as indústrias de aço — disse o oficial. — Que pensam vocês que os operários das fábricas fariam com ele?...

Para outros — prisioneiros do vietcong, obrigados a viver nos precários redutos guerrilheiros instalados nas selvas do Sul — os castigos era de ordem diversa. Viviam descalços e sem roupas, torturados pela fome e pela doença, morriam por falta de alimentos e medicamentos. De dez a quinze homens eram forçados a dormir na mesma cama feita de sacos e palhas, enquanto os doentes e moribundos vomitavam e defecavam entre eles. Havia casos de "regressão": os prisioneiros reduziam-se à posição fetal, chupavam o polegar e chamavam "mamãe".

Os pilotos norte-americanos temiam tanto a prisão "Hanói Hilton Hotel", mais famosa da capital do Vietnã do Norte, porém, muito piores eram as prisões vietcongs na selva. Forçados a uma mobilidade constante por causa dos bombardeios sobre as concentrações do vietcong, de todos os prisioneiros norte-americanos, esses eram os que mais sofriam. A porcentagem de mortos nessas prisões eram das mais altas, calculada em 45%.

Para "competir" com o desfile de prisioneiros, feitos constantemente em Hanói, onde eram mostrados os assassinos do povo, os sul-vietnamitas e norte-americanos promoviam também suas sinistras passeatas, onde homens com sinais das torturas faziam longas e penosas caminhadas nas proximidadesde Saigon. Só com algum esforço se poderia identificar aquilo como seres humanos. Figuras cobertas de cicatrizes e grotescamente mutiladas, exibindo num braço ou numa perna esquálida as marcas das cadeias a que pertenceram atadas por meses, ou anos. Alguns se arrastavam no chão para se locomover. Outros apresentavam sinais de violentos traumas emocionais — convulsões, tiques nervosos. O grupo mais exibido, era do conhecido cárcere do Vietnã do Sul, mantido por norte-americanos, o presídio da ilha de Con Son (ex-Poulo Condore), onde se encontravam instaladas as famosas "jaulas de tigre".

As "jaulas de tigre", eram compartimentos de 2,5 metros por 1,5 cercados por quatro espessas paredes e com barras transversais servindo de teto. Entre as barras corria uma passarela de madeira, de onde os guardas observavam, de cima, o comportamento dos prisioneiros — forçados a viver em número de seis a oito em única cela, todos amarrados uns aos outros por correntes de ferro. Eles não podiam falar, deitar nem ficar de pé: só lhes era permitido ficar silenciosamente de cócoras. A alimentação um prato de arroz misturado com areia, servido duas vezes ao dia.

A prisão mutilava em pouco tempo. As pernas iam paralisando, tornavam-se insensíveis, causava atrofia generalizada dos músculos, devido a vários fatores, entre as quais uma severa carência nutricional e uma deterioração dos nervos, que perdiam suas funções por falta de movimento. Em alguns meses começava a paralisía total.

Muitos outros prisioneiros passaram pelas mesmas infortunadas etapas, e não apenas em Con Son, mas também em outras prisões sul-vietnamitas, administradas pelos norte-americanos, como, por exemplo, o campo de Quang Ngai, no noroeste do país, examinado certa vez por uma comissão de médicos da organização **American Friends Service Comitee.**

Alguns presos tinham costelas quebradas. Outros apresentavam ferimentos na nuca ou no peito, provocadas por torturas segundo relatório divulgado pela organização norte-americana. O mais impressionante tinha sido descoberto. É que durante os interrogatórios, os prisioneiros eram obrigados a tomar vastas quantidades de uma espécie de sopa, após o que seus carrascos interrogadores chutavam seus estomagos cheios. A sopa que ingeriam continham substâncias tóxicas, fornecidas pelos norte-americanos, a que os médicos da **American Friends** atribuiam várias das perturbações neurológicas observadas nos pacientes.

As camas em Quang Ngai, onde os soldados dos Estados Unidos supervisionavam, eram compartilhadas por dois prisioneiros atados entre si por uma corrente que lhes prendia as pernas. Quando um desejava ir ao banheiro, o outro tinha de acordar e acompanhá-lo. Não havia médicos na prisão — apenas enfermeiras — e o único remédio disponível eram aspirinas. Os membros da comissão norte-americana que examinaram a prisão, puderam observar uma jovem que se tornara paralítica depois de longas sessões de torturas, em que além de receber choques elétricos, teve sua cabeça repetidamente batida contra uma parede.

— Sou inocente, perguntem na minha vila. Não sou vietcong. — Dizia a jovem durante frequentes momentos de crise, provavelmente repetindo as frases que dissera a seus torturadores. E ela era realmente inocente, segundo o **American Friends Service Comitee:** tinha sido capturada porque rejeitara as propostas amorosas de um oficial do Exército sul-vietnamita que posteriormente denunciou-a como sendo do lado do Vietnã do Norte.

Nas prisões do Vietnã as torturas que feriam os corpos e as mentes tanto podiam ser feitas com varas de bambu, como com correias de automóvel. Os captores mais se preocupavam em explorar os ferimentos do que em curá-los. Apanhavam um braço quebrado e o dobravam para cima e para baixo, de um lado para outro, como uma mangueira, conforme relatou um prisioneiro. Outros foram colocados sobre formigueiros, tiveram as pernas atadas a correntes ou foram amarrados com os pés atados à cabeça, como bolas humanas!

Logos períodos de confinamento solitário — até mil dias — falar sobre a família distante e outras fontes de torturas psicológicas eram tão brutais como os castigos físicos...

O piloto brasileiro a serviço dos norte-americanos, encontrava-se totalmente recuperado. Depois de uns dias passados no hospital, voltava à ativa e já estava há mais de um mês em pequena aldeia, onde conseguira inclusive fazer amizade com alguns moradores. As aldeias naquela área, antes de Mav chegar, eram controladas pelos guerrilheiros vietcongs e sofreram bombardeios terríveis e constantes. Quando afinal os soldados norte-americanos invadiram o lugarejo, olharam para a enorme extensão devastada pelos bombardeios e ficaram impressionados como ali ainda podia existir gente.

Os norte-americanos vasculharam as ruas, repletas de escombros, com relativa segurança. Examinaram tanques do Vietnã do Norte destruidos quando tentavam reconquistar o povoado e que se erguiam como monumentos cobertos de poeira, às imprudentes táticas de seus comandantes, que lhes permitiram afastar-se da infantaria e entrar sem proteção na cidade. Converteram-se assim em presa fácil das bazucas e dos bombardeios.

A estrada estava congestionada por destroços de uma caravana de caminhões. Eles estavam alinhados ao longo da rodovia e foram atingidos simultaneamente. O vento trazia o cheiro de cadáveres, procedentes dos veículos atacados pelos norte-americanos, quando tentavam deixar o lugarejo. Num só caminhão havia mais de 50 corpos de mulheres, crianças e bebês. Não tiveram nenhuma chance. Alguns deles sofreram durante três ou quatro dias com seus ferimentos, antes de morrer.

As crianças estavam entre os poucos civis que sobreviveram ao assédio. Ninguém sabia dizer o número exato de civis que escaparam com vida após mais de dois meses de intensos bombardeiros. Nem quantos morreram. Apenas procuravam esquecer os mortos enterrados scb as bombas norte-americanas.

A cena estarrecia. Crianças cansadas, assustadas, mudas, famintas e quase sempre sozinhas, erguendo suas tijelas de arroz vazias para os soldados. Algumas tinham passado mais de 70 dias sem ver a luz do sol, enquanto bombas explodiam ao seu redor. Viram seus parentes morrerem e conseguiram sobreviver graças aos escassos vegetais que podiam encontrar em suas saidas curtas e desesperadas a rua. Desapareceram os arrozais, as bananeiras e os búfalos. Um deserto se estendia por todos os lados.

Um monumento militar, estátua de um soldado atacando, que se erguia no centro da pequena vila, era uma das poucas estruturas que continuava de pé, quando os norte-americanos chegaram para ver o estrago que tinham feito. Na parte sul do lugarejo, valas comuns escavadas continham corpos de centenas de pessoas: civis e militares. A cabine do piloto de um B-52 estava profundamente mergulhada, num pântano, diante do que era antes uma escola primária. No alto de uma colina centenas de outros corpos jaziam a espera de enterro. Todos vitimados pelos bombardeios da artilharia dos B-52.

Por isso é que os poucos moradores, os únicos que sobraram na aldeia, não podiam olhar os norte-americanos com bons olhos. Ali onde Mav já estava há alguns dias, poucas vezes o vietcong armou emboscada a luz do dia, porém, quase todas as noites os guerrilheiros penetravam na vila, mais para vingar seus mortos do que na tentativa de recuperar terreno. Assim todas as noites, morteiros eram disparados contra as instalações norte-americanas. Havia sempre revide. Muita gente morria nesses ataques e contra-ataques e a cada dia que passava, era mais gente aleijada ou desabrigada.

Como acontecia em todos os lugares que os ncrte-americanos invadiam, o trabalho de posse pouco avançada naquela aldeia. A pacificação era quase impossível. Isso ficou patente quando oficiais dos Estados unidos realizaram uma missão médica, logo depois dos violentos e marcantes bombardeios. Um menino, que usava em torno do corpo, couraça de palha trançada, como costume para protegê-lo dos estilhaços de bombas, agarrou o alto falante das mãos do médico e corajosamente gritou em vietnamita:

— Fora porcos norte-americanos!

Dificilmente os homens dos Estados Unidos conseguiriam apagar da mente e dos olhos daquele sofrido povo, o que seus aviões haviam feito.

Para aumentar a agônia dos habitantes do local, chegavam sempre refugiados, mas para onde quer que fossem, a guerra os envolvia e esmagava.

Ao redor da aldeia, os lavradores tentavam em vão recuperarem as suas plantações devastadas por enormes crateras de bombas dos B-52. As lavouras sofreram muito com a guerra, sobretudo devido ao **napalm** e, para sobreviverem, os habitantes daquela aldeia, que eram agricultores, transformaram-se também em artesões e comerciantes de ferro-velho. O campo circundante fornecia-lhes a matéria-prima, pois ainda continuava cheio de granadas de todos os calibres, e de carcassas de caminhões, tanques e helicópteros.

As cápsulas do lança-granadas norte-americano M-79 serviam para fazer isqueiros. O alumínio, bastante maleável, e os **containers** de foguetes de iluminação eram utilizados para fazer colheres e braceletes. As caixas (estanques), de metal das munições do fuzil de tiro rápido M-16, colocadas nas extremidades de uma vara de bambu, substituiam os baldes de plásticos, excessivamente caros. Uma simples solda transformava um tubo lança-foguetes em vasilha para por água. A ferragem que não podia ser utilizada para fins domésticos era amontoada.

Mav a muito custo conseguiu fazer amizade com pequena família do lugar. Eram pelos modos, pessoas educadas e estudadas. Gente de posse, soube mais tarde Mav, e que havia perdido tudo: parentes, casas, búfalos, vacas, porcos e as colheitas de chá e arroz.

Moravam nas ruínas de uma escola. Os alicerces eram enxertados com pedaços de granadas, as paredes, de tábuas arrancadas das caixas de munição, remendadas com bambu. O teto de chapas de zinco furadas pelas balas, mais depois recobertas com o **nylon** abandonado pelos soldados. Nos antigos refúgios da ex-escola, guardava-se o lixo e uma pequena área era formada, com panos de paraquedas protegendo do sol.

A casa, se é que se podia chamar aquilo de casa, ficava dentro do que antes era uma praça, onde no inverno flores de pereiras perfumavam o ar, assim como gladíolos e crisântemos multicores. O mais velho da família era um idoso professor; já havia parado de lecionar há muito tempo e passava os dias fazendo lanternas chinesas. Com muito sacrifício, pois se automutilara; de forma violenta cortara dois dedos da mão direita para escapar à convocação militar e cuidar da filha e dos netos. O velho mestre transformara-se por força das circunstâncias em simples lenhador, quando não fazia lanternas. Sua filha, uma mulher um tanto maltratada e muito magra, porém conservando seus belos e finos traços de épocas melhores.

Havia uma estranha curiosidade naquela jovem de olhos grandes: sua aparência asiática era apagada e em seu lugar surgia outro tipo de beleza: a da amazonense! Tanto na cor como no formato do rosto. Não fosse o fato da distância, dela falar a língua vietnamita e um pouco de inglês, estava ali a própria mulher da Região Norte brasileira.

A figura feminina abalara os alicerces de Mav, logo a primeira vista.

Dois meninos e uma menina, filhos da bela mulher eram o que restavam da família. O marido, nada se sabia dele e o único irmão da mulher havia morrido em combate.

As visitas do piloto Mav tornaram-se frequentes a casa daquela família tradicional do lugar. Tudo ali agradava. A conversa do velho professor, a beleza diferente da mulher asiática de olhos grandes, e sua semelhança com as moças da Amazônia, a lembrança de uma casa, de um lar acolhedor, a alegria das crianças. Para estas Mav tinha um cuidado todo especial. Levava chicletes, chocolates e até um chapeuzinho vermelho, de bicos verdes, que deu, também de presente...

Aquele tinha sido um dia horrível demais para Mav. O pior de toda a sua vida. Talvez dali surgisse um novo marco para grande mudança, ou seguir o rosário de aventuras como era o destino de seu pai, o velho Capitão Piranha.

Mav acompanharia seus dois colegas de farda naquele trágico dia como observador, pois tudo indicava que vietnamitas do Norte estavam se concentrando com vietcongs, para tentarem recuperar a aldeia. Além do mais aquela era uma das rotas que Mav estudava para libertar alguns prisioneiros, colegas seus. O piloto do helicóptero ajeitou-se; ao seu lado o artilheiro preparava a metralhadora enquanto mais atrás, Mav se acomodava para a missão de observar...

A pequena vietnamita e duas amiguinhas de sua idade resolveram catar frutinhas numa clareira perto da aldeia. O lugar ficava numa área marcada pelos norte-americanos devido a infiltração vietcong. Os habitantes não iam ao lugar. Mas as crianças não se convenciam com facilidade. A garotinha sonhando em saborear as frutinhas, foi para lá, pedalando uma velha bicicleta enquanto suas coleguinhas seguiam a pé. No caminho encontraram um velho com seu carro puxado a búfalo que ia também para o mesmo lugar.

Chegaram à clareira e alegremente começaram a descobrir os arbustos em busca das pequenas frutas, enquanto o velho catava lenha. Dai em diante, tudo aconteceu rapidamente. Um helicóptero surgiu de trás das árvores, em sua missão de observação. Passou pelo grupo, voltou rapidamente e mergulhou para o ataque, com sua metralhadora cuspindo fogo violentamente.

O velho lenhador foi o primeiro a tombar; já morto. Uma das meninas caiu ferida nas costas, enquanto a outra conseguiu ocultar-se sob o carro de búfalos. A pequena idealizadora do fatídico passeio, recebeu a carga na perna, enquanto tentava subir na bicicleta para fugir. A violência do impacto derrubou-a da bicicleta. No chão, ela ficou sentindo apenas leve torpor, sentou, tentou levantar, não deu, queria voltar para casa, começou a se arrastar, as mãos e os joelhos tremiam muito, desmaiou.

A menina acordou na manhã seguinte, no hospital. Sobressaltada levou a mão ao lugar ferido procurando a perna. Havia desaparecido. Quando a mãe finalmente a encontrou, a garotinha já estava com a perna amputada.

Mais tarde a família recebeu 4 000 piástras (35 dólares) do governo norte-americano. Era quanto a tabela indicava num caso como aquele. Muito organizados, os homens dos Estados Unidos haviam preparado uma tabela para as indenizações. Naquele matadouro de gente, o ser humano era transformado em gado barato. Como se poderia indenizar alguém por um absurdo como aquele?

Das 4 000 piástras, a pobre mãe ainda teve que pagar 1 200 pelo sangue que a criança recebeu no hospital. A família recorreu ao chefe distrital, mas o governo sul-vietnamita recusou-se a pagar mais, alegando que o dinheiro talvez fosse parar nas mãos dos guerrilheiros...

Os alto-falantes na aldeia diziam quantos vietcongs tinham sido mortos, quantas armas apreendidas.

Do céu surgia um ruído intenso, acompanhado de poderosa voz aconselhando os guerrilheiros vietcongs a se entregarem. O barulho ensurdecedor vinha de um helicóptero de propaganda norte-americano como se estivesse anunciando a venda de chiclete, cigarro ou sabonete. E o que era pior, na clássica falta de inteligência, o locutor pronunciava em inglês, como se guerrilheiros fossem poliglótas...

Mav estava chocado. Pela primeira vez sentiu seriamente vontade de abandonar tudo aquilo. Pessoalmente ele assistiu aquela cena horrível. Tentou ainda aos gritos, desviar as mãos do artilheiro que comandava a metralhadora; inutilmente. Ele tinha ordem: atirar para depois conferir, isto é, ver quem era. Do helicóptero, Mav ainda reconheceu o bonezinho vermelho e verde da menina quando com o impacto das balas, saltava da cabeça. Uma pobre menina no meio do caminho, apanhada pela violência cega daquela imunda guerra. O céu para ela agora, era uma coisa que causava medo. O drama da pequena, dali em diante seria lutar por uma adaptação indispensável. Procurar se reequilibrar; drama que se assemelhava ao de seu país, que também procurava se reerguer.

Mav não tinha mais disposição para visitar os bons amigos. Abandonaria tudo, a linda mulher de quem ele estava gostando, e que desde a sua chegada à aldeia, há mais de um mês, ela o repelia discretamente, sempre mantendo respeito pelo marido ausente. O velho professor, que falava bem o inglês, e presenteara Mav com um retrato da filha, as crianças que o chamavam de **bac** (tio), à quem sempre levava chocolares e presentes. E em especial a infeliz pequenina a quem o destino marcara para sempre. Faria sua última visita ao lar amigo, para pedir desculpa pelos norte-americanos. Mas de que adiantaria isso? Os helicópteros estavam novamente atirando em qualquer coisa que se movesse na aldeia. Hoje, amanhã, sempre...

Isto mesmo, Mav abandonaria tudo na maldita guerra. Afinal ela era brasileiro e vivia feliz numa terra boa, porque se metera no inferno? Era o destino de andarilho de seu aventureiro pai se repetindo...

A segunda notícia ruim acabava de arrazar Mav. A noite ele não quis sair para visitar os amigos da aldeia, naquela dia horrível. Deixaria o pedido de desculpa para o dia seguinte. Levou uma garrafa de uisque para o quarto, preferiu passar a noite bebendo e lendo revistas norte-americanas, até o sono chegar. Mas quando seus olhos deram numa foto acompanhada de triste informação da Amazônia, seu copo de bebida caiu-lhe da mão!...

A revista mostrava com detalhes, um escândalo internacional: agentes da Divisão de Repressão ao Contrabando, do Brasil, com a eficiente colaboração da Fôrça Aérea Brasileira, tinham apreendido no interior do Estado do Pará, centenas de diamantes, avaliados em milhões de cruzeiros! E numa bolsa velha, de couro, mais de 3 mil pedras semi-preciosas: topázios, água-marinhas, turmalinas, ametistas e rubis!

Segundo nota divulgada pelo Departamento Federal de Segurança Pública, do Brasil e publicada na revista norte-americana, era o maior contrabando do gênero descoberto na Amazônia. Os diamantes tinham sido apreendidos na residência de um cidadão norte-americano, que revelou às autoridades, ser comerciante do ramo diamantífero, há muitos anos, embora disfarçado como criador de peixes ornamentais, aves raras, animais e vendedor de plantas para adornos. Sem pagar qualquer imposto o desonesto negociante comprava diamantes dos garimpeiros por preços baixos, obtendo lucros fabulosos com a revenda no exterior.

As autoridades descobriram o esconderijo das valiosas pedras, graças a denúncia de um componente de importante quadrilha norte-americana, contrabandista de minérios atômicos, preso. O delator acusou o patrício em represália, por ter este se recusado a fazer parte do contrabando de minerais atômicos, afirmando considerar-se fervoroso pacifista. O contrabandista de pedras preciosas, detido, chamava-se Serrasalmus Rhombeus! E na verdade tratava-se de guerra declarada entre bandos de estrangeiros na região.

Na foto acima do texto, Mavutciním viu com tristeza o grandalhão que chorava envergonhado; numa das mãos carregava um pequeno sagui, enquanto com a outra procurava esconder o rosto, tendo a branca cabeleira em desalinho. Mostrando mais uma vez que na floresta, se astúcia bastasse a raposa seria a rainha...

Aquilo tudo foi dose dupla para Mav. Não conseguiu dormir mais, sem saber que seria dobrada várias vezes: seu pai envergonhado por ter sido preso (e onde foi revelado depois que o Capitão Piranha ainda era ativo agente da CIA, a serviço da internacionalização da Amazônia), matou-se dias depois na prisão. Esta · uma versão. Porém, uma outra corrente afirmava que tinha sido apenas uma "queima de arquivo", que em linguagem de espionagem e contrabando significava "eliminar quem sabia demais". Serrasalmus Rhombeus fôra assassinado porque tinha se tornado novamente espião-duplo; era meio Estados Unidos e meio Brasil. Na verdade sua morte não tinha sido bem esclarecida, naquele mundo verde cheio de cobiças e interesses internacionais.

O fato - que o finado Capitão Piranha estava enterrado até o pescoço no mais novo projeto comandado pelos norte-americanos. Um plano diabólico, muito bem articulado por potências estrangeiras, para a internacionalização da Amazônia: perturbar propositadamente, desestabilizando o equilíbrio ecológico da região, que acabaria abalando vários países, e denunciá-lo em seguida.

O plano urdido pelas multinacionais era o de devastar, até repercurtir nos microclimas de países circunvizinhos. Ai paravam. Em seguida, preveniam o mundo de que a Amazônia estava ligada a grande cadeia alimentar da Terra, fazia parte do ecossistema planetário, e sua perturbação podia ter consequência, já agora, em todos os microclimas do mundo.

Paravam, quando as enormes enchentes da região amazôniza, provocadas pelos desmatamentos, causavam catástrofes sem limites e que já eram provenientes do degelo dos Andes. Degelo que estava chegando nas camadas polares. Os norte-americanos paravam, antes que o calor excessivo que já estava atingindo a América Central, atingisse a América do Norte. Antes que o desequilíbrio começasse a ser sentido na Península Escandinava, na costa da Europa, com o aumento das marés. Porque com a Amazônia totalmente destruida, todos os oceanos subiriam de nível, pois ela absorve grande quantidade de monóxido de carbono.

Essas perturbações que causavam estragos nas populações, seriam então denunciadas nos foruns internacionais para ganhar adeptos, a fim de pedir a internacionalização de toda a Amazônia, que se resumiria no seguinte: o Brasil como responsável pela maior parte, não teve condições de conservar e perpetuar o equilíbrio ecológico da região. Os dirigentes brasileiros seriam qualificados de incompetentes, porque não souberam cuidar de tão importante parte do mundo, e toda a área seria ocupada...

O plano estava dando resultado, porque mais de 10 por cento da floresta já tinha sido devastada. De parte de nosso governo, começava pela abertura de estradas inúteis e os célebres contratos de risco, os contratos de utilização florestal com o intuito de devastar 56 milhões de hectares de floresta virgem para ajudar a pagar a dívida externa brasileira acumulada graças a incapacidade de técnicos brasileiros, especializados no assunto.

As multinacionais fariam o resto do plano, através de gigantescos incêndios nas florestas virgens, como o da fazenda Cristalina, pertencente a Volkswagen, e detectada pelos satélites Hertz e Lens-7. O que os norte-americanos não tinham conseguido com a Ford, e a cidade de Fordlandia criada no Pará, no passado, quem sabe agora aliada a Volkswagen conseguiria no futuro. O interesse norte-americano pela região era antigo. Antes da guerra Brasil-Paraguai e mesmo antes da secessão norte-americana, já há mais de 100 anos atrás, pretendiam dominar a Amazônia colocando seus negros lá. Outros projetos foram se desenvolvendo, até chegar naquele fabuloso da internacionalização de toda a região, aproveitando antes, tudo o que havia de valor, numa devastação total, num saque sem precedente na História.

E as multinacionais reativariam o plano Jari. Teriam de volta a enorme área onde atigamente não se entrava e nem saia sem ordem de Daniel Ludwig e seu bando. Seria agora oficializado, o mais novo Estado norte-americano, e dentro do Brasil. Ali montada também a Sede Central de onde se finalizaria o plano...

A mãe de Mavutcinim, a bela e arredia índia Maici, transtornada com a morte do marido e longe do filho querido, sem nunca ter entendido os problemas e o modo de viver dos civilizados, enlouquecera. Com a demora do único filho em voltar para a Amazônia, agravada com a morte do marido, a pobre mulher sentindo-se irremediavelmente só, embrenhou-se pela selva a dentro, abandonando tudo, e nunca mais fôra vista...

Enquanto isso, no Vietnã, a noite foi suficiente para Mav fazer um exame de consciência, um mapa da situação, sem saber que as outras tragédias citadas o aguardavam. Não con-

A movimentação norte-americana tinha um só objetivo: internacionalização de toda a região amazônica.

Ilustração: Rigsil.

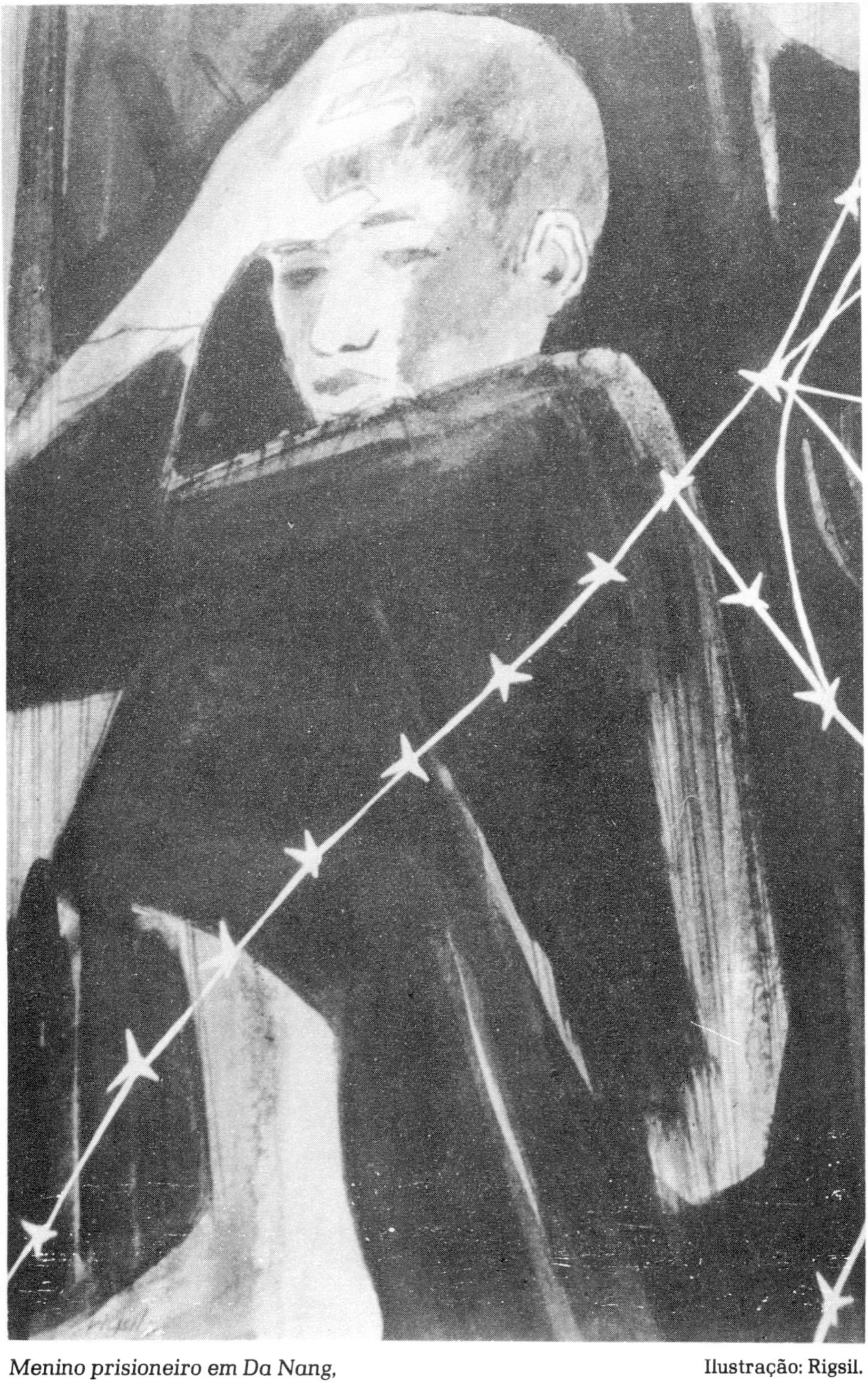

Menino prisioneiro em Da Nang, Vietnã.

Ilustração: Rigsil.

seguindo mesmo dormir, foi até a improvisada cantina militar da pequena aldeia onde encontrou-se com o major, chefe de sua esquadrilha, que ali estava para preparar uma ofensiva contra os vietnamitas do Norte. Beberam pela madrugada afora como dois desesperados. O desgosto naquele lugar parecia ser coletivo e não ter fim. Até a vitória quando existia era amarga. Na verdade nunca havia ganhadores. Todos eram perdedores, de alguma forma.

As cenas da guerra mais terrível de todos os tempos, passavam pela cabeça de Mav. Todas elas. Principalmente a de sua fuga em que quase morreu. Não fôra atoa que o grande historiador grego Heródoto disse 2 500 anos antes de Cristo: "Na paz, são os filhos que enterram seus pais, mas na guerra, são os pais que enterram os filhos". Mas por acaso, alguma guerra tinha algo de bom a apresentar? De certa forma para Mav, sim. Não fôra aquela violenta guerra e ele não conheceria um amigo tão distante, como o pobre e velho professor vietnamita, com quem conversava todas as tardes, e agora transformado pelas circunstâncias, em simples lenhador. As crianças e em especial a que ele se sentia culpado pela mutilação, pois era um homem a serviço dos invasores norte-americanos. Aquela mutilação que a pobre menininha levaria por toda a vida, não saia de sua cabeça.

Sem contar a mulher de olhos grandes e amedrontados, diferente dos padrões asiáticos de beleza, que ele estava amando. Levava constantemente num dos bolsos da farda, uma foto ganha, em que ela aparecia adornada por jóias; brincos, anel e pulseira, numa época farta. A exuberante beleza havia se apagado um pouco, devido ao sofrimento. As jóias haviam desaparecido pela necessidade. A única coisa que ainda restava intacta era a árvore do fundo da foto, e da frente da casa, repleta de flores amarelas, tão frágeis, mas que a guerra ainda não tinha conseguido destruir... As flores amarelas, eram como o espírito daquela gente...

Como defensor de uma bandeira, tudo inútil para Mav, porque ele era o representante do mais forte e não do mais fraco. Fazia parte do grupo que atacava e não o do que honradamente defendia seu solo, sua gente. Além disso sua bandeira não era aquela.

Levado pelo espírito de aventuras, talvez herdade de seu pai, fôra conhecer aquela guerra, que desde o início percebeu não ir de encontro ao seu modo de ver. Fôra para lá apenas para contrariar o Capitão Piranha. Não comungava com a maneira com que os norte-americanos agiam no mundo. E em especial com a violência usada no Vietnã. E era preciso estar lá, para se avaliar tal grau de brutalidade. Além do que, ele era um pacifista nato, no palco da guerra é que chegara a essa conclusão. E decepcionado. Sua decepção foi ao entrar para as Fôrças Armadas dos Estados Unidos, que naquela guerra, estava reduzida a um exército mercenário. Onde a maior parte de seus integrantes, entravam ou reformavam o contrato por mais uma temporada, apenas para ganhar dinheiro. Por um punhado de dólares, jovens vestiam a farda como se tivessem assinado um contrato para defender as cores da equipe de beisebol dos **Giants** de Nova Yorque, ou um time qualquer de bola ao cesto profissional. E o pior que ele, Mav, também tinha se transformado num réles mercenário, pois nem era a pátria dele que estava em jogo. Somente agora percebia isso.

Aprendera na própria carne, embora de leve, e fortemente no espírito, que aquela guerra era a mais cruel, brutal e sangrenta de todos os tempos. Porque nela era empregada o que havia de mais moderno em matéria de destruição, tanto nos bombardeios como nos duelos de artilharia e na guerra química, em que os civis eram os que mais sofriam.

Sem contar o outro lado humano da tragédia, que envolvia os civis: o saldo de relações amorosas deixado pelos soldados norte-americanos que pa avam pelo Vietnã. Eles abandonavam atrás, um número incalculável de jovens vietnamitas, que eram rejeitadas em seu próprio país.

E o que era pior, deixava também entre 15 000 e 100 000 filhos ilegítimos, com cabelos loiros, ou então, feições negras, marcando os rostos de olhos orientais. Muitas dessas crianças começaram a ser abandonadas quando as primeiras levas de soldados retornaram aos Estados Unidos. E outras delas continuaram a ter o mesmo destino ante as dificuldades encontradas pelas mães vietnamitas em mantê-las.

Em geral, o soldado encontrava a jovem num dos bares próximos à base norte-americana. Desses encontros, acabava as vezes, até montando casa para a moça, dando-lhe alguns dólares por mês, além de mantimentos retirados dos armazéns do Exército. Meses depois, quando repatriado, ou por outro motivo qualquer, o soldado avisava que sua situação financeira estava má e que não poderia ajudar mais a moça grávida ou no sustento do filho.

Sem filho a mulher vivia bem, mas a jovem vietnamita com bebê de um norte-americano, via-se obrigada, então, a enfrentar a hostilidade da família e dos conhecidos, que não perdoavam sua vinculação com o soldado estrangeiro, que ocupava seu país. Seu drama era agravado. Não conseguia casar porque os pretendentes fugiam ao tomar conhecimento da existência da criança. Sozinha, ela não conseguia ganhar o suficiente para o sustento de ambas. Sua única saida era entregar o filho a um orfanato.

O Pentágono começou a advertir os militares de que seus filhos ilegítimos não teriam a proteção do governo norte-americano. As leis norte-americanas de imigração eram severas, e eram muitas as dificuldades para levar aos Estados Unidos esposas e filhos nascidos no exterior. Mesmo assim, uns 10 000 soldados casaram-se no Vietnã criando vínculos e alimentando ilusões muitas vezes destroçadas pelo repatriamento. Existia um esquema para ser usado somente em caso de extrema necessidade. Era a retirada de milhares de crianças do Vietnã, filhos dos soldados norte-americanos. Plano que os Estados Unidos temiam; não podiam por em prática porque seria considerado sequestro pelas leis internacionais.

No Japão existiam 50 000 filhos de soldados negros do tempo da ocupação da Segunda Guerra Mundial, que apesar de boicotados severamente em sua própria terra, pelo preconceito asiático, tinham ajudado a projetar o país. E foram as crianças da época dessa mesma guerra, negros ou não, que transformaram a Alemanha de hoje em outra grande potência.

As mães vietnamitas queriam que as crianças ficassem no país de origem, para a reconstrução. Afinal os vietnamitas do Norte não devoravam uma criança no almoço outra no jantar, como davam a entender os norte-americanos.

No triste legado da guerra do Vietnã criava-se assim toda uma geração de crianças enjeitadas, desconhecidas tanto para o governo do Estados Unidos como para o do Vietnã.

Pobres mestiços vietnamitas indesejáveis em sua casa. Os "amerásios", filhos de soldados norte-americanos e mães asiáticas, eram em número de 20 000 só no Vietnã, onde carregavam o poético nome de **bui doi**, ou "poeira da vida".

Vítimas de discriminações, as infelizes crianças louras ou negras com traços ocidentais eram uma anomalía no meic asiático e popularmente chamadas também de "cabeça de galinha, rado de pato".

Nas sociedades asiáticas, em que os pais definem a nacionalidade e a posição social do indivíduo, os filhos abandonados de pais norte-americanos eram inevitavelmente uma subclasse, além de representarem, para as autoridades vietnamitas, uma lembraça constante do inimigo...

Somente agora Mav analizava friamente a situação. Estava enojado de tudo o que vira. Como podia ter ele permanecido ali por tanto tempo? Os exemplos sempre estiveram na sua frente, o que o impedia de abandonar tudo?

As cenas foram passando pelo seu cérebro, como num cinema, Não foram contadas, eles as vira, todas, uma por uma. Tudo era decepção, agora analizara bem e resolvera voltar para sua distante e querida pátria.

Os norte-americanos estavam divididos entre os que desejavam a paz e aqueles que incentivavam a guerra. Segundo pesquisas feitas nos Estados Unidos 80% da população revelaram-se a favor da retirada imediata do Vietnã. Isto mostrava que o povo era bom, seus governantes é que não prestavam. A Casa Branca, o Pentágono, a CIA, eram covis de idiotas e sanguinários. A única coisa que causava riso, eram as desastrosas ações de seus espiões em autênticos atos de comédia, que contrastavam com o que era mostrado nos filmes de propaganda em cinemas e televisões. As asneiras e selvagerias, cometidos pelos homens desses departamentos norte-americanos, ultrapassavam a barreira do suportável. Desistimulavam seus guerreiros. Tiravam o pouco de entusiasmo das tropas norte-americanas, que estavam lutando numa guerra na qual não acreditavam, e da qual seus soldados se sentiam envergonhados.

Com raríssimas exceções, a imprensa era contra a intromissão dos Estados Unidos no Vietnã, e o massacre da sua aviação, contra os inocentes civis. Tanto que até o famoso jornal "New York Times", foi acusado de ter por inúmeras vezes servido de "instrumento de propaganda do inimigo"! Apenas porque era contra a invasão norte-americana no Sudeste Asiático.

Os anos de uma guerra inútil, cercada de frustrações,

tinham mudado a mentalidade do soldado norte-americano e dos estrangeiros como Mav, que serviam naquele amontoado, de tropas mercenárias. O soldado, em geral, se tornara impermeável aos **slogans** da propaganda. Não queria ser o último a morrer numa guerra que só lhe trazia humilhações e desespero. O mundo inteiro protestava contra a bárbara carnificina: um país forte militarmente e dono das mais adiantada tecnologia bélica, a destroçar um outro atrasado, pobre e pequeno.

Matanças e mais matanças, durante anos e anos; assim a maioria dos soldados descambava para o desânimo. O que os alimentava um pouco era o tóxico ou o fato de serem os soldados mais bem pagos do mundo. Não acreditavam mais na Constituição, nos governantes e na disciplina.

A perseguição campeava a passos largos dentro das Fôrças Armadas dos Estados Unidos, no Vietnã, através de sociedades secretas, outra praga como o tóxico. A "Ku-Klux-Klan" perseguia os negros e a "Black Power" ("Poder Negro") odiava os brancos. A Máfia norte-americana, indústria tão gigantesca quanto a General Motors: empregava um número de "funcionários graduados" que "produziam" quase tudo que fosse ilegal e rendoso junto aos soldados. Controlavam nos quartéis e fora deles, narcóticos, jogos de azar, exibição de filmes pornográficos, vendas de livros e revistas obcenas, movimento nos prostíbulos e até "contratos" discretos e a preços módicos, de assassinatos, com tabelas de acordo com a patente da vítima. De simples praça a estrelado general.

A Máfia dos **cow boys** controlava tudo no Vietnã; somente não se metia com as organizações sul-vietnamitas. Respeitava os irmãos da rede de tóxicos. O dinheiro arrecadado no Vietnã, através de crimes (tráfico de drogas, prostituição, jogo ilegal, contrabando), a Máfia depositava em bancos suiços. De lá voltava em forma de empréstimos ou sobre outro disfarce qualquer, para aplicações legais nos Estados Unidos. Era o que se chamava na linguagem do sub-mundo militar, de "limpar o dinheiro nas neves dos Alpes"!

Com relação a esta sociedade secreta, deve-se frisar que ela mandava não só junto as fileiras do Exército norte-americano, no Vietnã, como manda até hoje, entre os militares no próprio Estados Unidos! Seja em tempo de guerra ou na paz. Com seus **capo** (chefe) e **capi** (chefes) sempre controlaram e ditaram ordens entre os ítalos-americanos dentro das Forças Armadas. E até presidentes elegeram: os chefões Johnson e Nixon!

Portanto no Vietnã, a Máfia não só era para dar "proteção" a troco de dinheiro, como para emprestar seu útil código, por ser bastante complicado, a fim de ser usado numa emergência. Para se ter uma idéia da força dessa organização secreta ítalo-americano junto aos militares, basta que foi baseada em informações da Máfia, que o Exército norte-americano desembarcou na Sicília, na Segunda Guerra Mundial!

As "famílias" (quadrilhas) eram numerosas. Ramificações da Máfia atormentavam os praças no Vietnã, como a **"La Cosa Nostra"**, a "Mão Negra", **"The Outfit"** ("O Conjunto"), **"The Arm"** ("O Braço"), **"The Office"** ("A Repartição") e a **"Murder Incorporation"** ("Assassinatos S/A"). Outras sociedades clandestinas completavam o quadro: a **"SDS" ("Students for a Democratic Society")**, organização radical que controlava os soldados homossexuais. A **"YIP" ("Youth International Party")** controlava e ditava ordens aos neo-anarquistas **hippies**, **yippies** e membros da mais recente ramificação: os **zippies**, também chamados de soldados que "andavam com margaridinhas no capacete".

Dentre todos aqueles absurdos, uma das coisas que mais impressionara o brasileiro Mav, fôra a cena assistido por ele e alguns de seus colegas, também pilotos. Tratava-se de cerimônia especial, onde membros de uma organização secreta, a **"Gay Power"**, celebrava um casamento entre homossexuais. Um soldado jovem e um velho oficial, "uniram-se para sempre", com hóstias e champanhas, sob uma faixa onde se lia **"God loves gay"** ("Deus ama os homossexuais"). Tudo isso em "hora de serviço", isto é, em pleno campo de batalha. Esta cena redundou num escândalo entre os militares, tendo sido fotografada, e comunicada ao presidente-mafioso dos Estados Unidos, que transferiu imediatamente "a noiva", que era oficial de alta patente e figura mais ou menos importante. Os poucos jornalistas que souberam do fato, ficaram proibidos de publicar notícia à respeito, na ocasião.

Naquele mundo estravagante de paradoxos e absurdos tinha sido criada até religião já com número elevado de adeptos, onde matar comunistas era "prêmio máximo para entrar no céu".

Outra aberração era a "**World Wild Geese Association**" ("Associação Mundial dos Gansos Selvagens"). Havia sido iniciada no Vietnã, cuja meta principal era treinar mercenários para distribuí-los no mundo inteiro, quando aquela guerra terminasse. Seus organizadores se encontravam nas horas de folga, apresentando relatórios sobre armas cortantes, armas portáteis, estudando apostilas sobre terrorismo, guerrilha e aperfeiçoando seus conhecimentos sobre a América Latina, África, Ásia etc.

Os "Gansos Selvagens" eram orientados por um inglês de 25 anos, condecorado 11 vezes pelo Exército norte-americano, onde prestava seus serviços de mercenário, duas Estrelas de Prata, três Estrelas de Bronze, Comenda do Exército, dois Corações de Púrpura e medalha de campanha. Havia matado mais gente do que qualquer inglês da sua idade e admitia já ter perdido a conta do número de pessoas que tinha assassinado. Não bebia, não fumava, não tomava droga e dizia abertamente que não estava naquele negócio por glória ou patriotismo. Era profissional e gostava de matar com técnica e habilidade, porque era pago para aquilo. — "E adoro o que faço" — assinalava.

Ele   a vedete da ala dos mercenários do Exército norte-americano e sua realização maior, onde sentia grande prazer, era incendiando aldeias. — "Claro que eu também mato mulheres e crianças" — comentava. — "Elas também são gente e o meu negócio é matar gente. São mulheres e crianças, mas são inimigos. Honestamente só consigo ver as coisas assim. As mulheres usam bambus para lançar flechas envenenadas com excrementos. As velhotas dos casebres sabem fazer isso. Quanto às crianças, elas crescem e aprendem a usar armas — quanto mais cedo acabar com elas, melhor".

Considera-se cristão e para ele "o dever de cristão era matar comunistas". Mas se apressava a acrescentar: — "O dever do cristão é matar comunistas, mas por um bom preço". Uma das especialidades do infeliz inglês era "explodir" as pessoas. E contava que sempre tinha o cuidado, depois, de tirar as armas, os relógios, objetos de valor e até os dentes de ouro das suas vítimas.

Aquele palco confuso onde misturavam-se dinheiro, religião, crimes, estava enlouquecendo Mav, agora disposto a sair o mais rápido possível do Vietnã. Conversava com seu colega já quase no fim da madrugada. O brasileiro perguntava como e por que os norte-americanos, tão queridos há anos atrás, tornaram-se na guerra do Vietnã, nos homens mais odiados não só na Ásia, como na Europa e na América Latina.

— No passado — respondeu o major já bastante embriagado — guerreavamos para salvar o mundo de uns loucos que tentavam dominá-lo a qualquer custo. Os soldados norte-americanos lutavam na ocasião, por uma causa justa. Terminada a Segunda Guerra Mundial, os Estados Unidos começaram a se envolver em todas as discussões domésticas. Dai a queda de nosso prestígio. Até chegarmos ao ponto de lutar por mais de dez anos, no Vietnã, onde nossos homens não sabem porque matam. Eles vem para cá apenas para não sofrerem as consequências, que um desertor sofre.

É claro que a China e a Rússia também tem culpa nesse conflito — prosseguiu o major — a China é um país que está surgindo, passando pelas mesmas dores de parto que a Rússia já passou: sofre-se para vir ao mundo e para dar a luz. E quando se sofre, faz-se gestos inconscientes e até exagerados. Mas a culpa dos norte-americanos é bem maior que a dos russos ou chineses, porque nós já superamos essas dores do parto há muito e agora somos um país crescido, adulto e número um no cenário mundial.

Enchendo mais o copo continuava o chefe do esquadrão de Mav. — A culpa desse ódio geral aos meus patrícios, cabe exclusivamente aos governantes dos Estados Unidos, que sempre gostaram de justiça e liberdade na sua própria casa. Em casa alheia, tendem sempre a proteger aqueles que maltratam a justiça e a liberdade. Ajudamos Batista e Franco, mas não ajudamos o guerrilheiro Castro e os antigos franquistas. Estamos repetindo o mesmo erro no Vietnã, apoiando meia duzia de corruptos, e logo voltaremos a repetí-lo em outros países, onde protegeremos os desonestos, em lugar daqueles que tem fome!...

— Antigamente — voltava a falar o major, depois de um pequeno intervalo para encher o copo — os jovens acreditavam que todo presidente dos Estados Unidos era bom. Esta geração já não pensa assim e nem espera que somente boas coisas possam vir de seus governantes. Veja o nosso caso. Os militares, no final da Segunda Guerra Mundial voltaram aureolados, muitos deles tornaram-se grandes figuras públicas, hoje nós não seriamos bem recebidos visitando uma grande indústria ou uma universidade. Teriamos que nos precaver contra os tumultos, que essa visita causaria, em estabelecimentos de nossa própria pátria. Não porque um modesto general Giap, norte-vietnamita, seja melhor que qualquer general norte-americano, mas pela nossa condição de invasores. Podemos sair até com honra desta guerra em que nos metemos e nos atolamos até o pescoço, mas jamais sairemos com glória!...

O sol vinha despontando e Mav apanhou o assunto como que dando folga ao colega:

— E ao escaparmos desta, pois um dia este inferno terá que terminar, qualquer que for o futuro presidente dos Estados Unidos, pensará muito antes de mandar 15 000 conselheiros militares e 500 000 soldados norte-americanos para qualquer pequeno país...

O que Mav tentava explicar era que os maus governantes dos Estados Unidos, punham a pique a moral do país. Um gigante com poder tão grande que não sabia usar, estava caindo para surpresa de alguns vizinhos. Confundia e envergonhava os amigos que lamentavam a queda do ídolo de pés de barro, autor de tanto barbarismo e crimes de guerra.

O major cambaleando, levantava-se para a despedida, pois o sol já estava forte. Falava com lágrimas nos olhos e aconselhava o subalterno e amigo, o jovem brasileiro, para que fosse embora logo; aquilo não era guerra dele. E lembrava quantos entre centenas de milhares de jovens, bem alimentados e super-equipados que foram combater durante anos nos arrozais contra homens e mulheres, as vezes contra crianças, cuja magreza e olhar cheio de censura, como que a todo momento lhes perguntando a razão de sua presença — não regressaram cínicos, revoltados, drogados e desencantados do sonho norte-americano, dentro do qual foram criados?

— Eu infelizmente sou obrigado a ficar — dizia o major, colocando o braço sobre o ombro de Mav, num ato de amizade e ao mesmo tempo escorando o peso do corpo — se desistir vou encontrar dificuldade para arranjar emprego, quando chegar aos Estados Unidos. Tenho mulher e filhos para sustentar e não posso abandonar a farda com esta idade. Como militar não posso nem discutir ordens. Hoje bombardeio cidades, aldeias, onde encontram-se fábricas, creches, escolas, casas, hospitais, igrejas, usinas, represas, diques e até mesmo o amplo sistema hidráulico que sustenta a cultura e a vida do povo do Vietnã do Norte! Amanhã poderei estar espionando a China, ou fotografando a Índia ou mesmo jogando gasolina gelatinosa sobre as crianças da sua querida Amazônia!...

No dia seguinte Mav preparava os papéis para o seu desligamento das tropas norte-americanas. Daquela guerra suja ele não queria mais nada. Mavutciním estava decepcionado com os Estados Unidos. Chegara ao fim até seu sonho em ser **marine** um dia; desejo acalentado desde a infância. Não por ser um batalhão encharcado de drogas, afinal o uso de tóxico estava generalizado nas tropas estadunidenses. Sua desilusão com relação aos fuzileiros navais baseava-se no que o corpo altamente especializado, era no presente e tinha sido no passado. Fato que o brasileiro só descobriu, sua verdadeira história, depois que passou a conviver com seus integrantes no Sudeste Asiático, longe da falsa propaganda feita através do cinema e da televisão, onde colocavam no **mariner** somente a auréola de heroismo.

Fora as atrocidades cometidas no Vietnã, tinham sido os fuzileiros navais que no passado colocaram a bandeira norte-americana no Canal do Panamá, como um espinho na garganta do povo panamenho obrigando-o a suportar à força, tamanha humilhação.

E mais decepcionado Mavutcinim ficou, quando soube ser aquele corpo de tropa super-treinada, autor em 1914, de um ato de pirataria. Os fuzileiros navais norte-americanos desembarcaram do navio "USS Machias", naquela data, em Port au Prince, no Haiti, marcharam ostensivamente até o Banco Central e simplesmente para espanto da população desarmada, carregaram 500 000 dólares em ouro com a desculpa de que era "como garantia de pagamento de exportações norte-americanas"...

A saida de Mav do Vietnã, coincidia com a saida também das tropas de infantaria dos Estados Unidos. Os soldados do Terceiro Batalhão do 21° Regimento de Infantaria norte-americana disparavam 21 tiros de canhão contra colinas situadas na costa de Da Nang. Seriam seus últimos tiros na guerra, e os canhões não estavam apontados para nenhum inimigo: o batalhão estava comemorando o fim da participação das tropas invasoras terrestres na guerra do Vietnã.

Os soldados da Infantaria foram imediatamente enviados aos Estados Unidos. Alguns que ainda não tinham completado seu tempo de serviço foram transferidos para outras unidades, ainda no Vietnã, mas não mais em missões de combate. Além dos assessores militares que orientavam as tropas do Vietnã do Sul, a aviação norte-americana e a Marinha continuava operando normalmente em apoio as tropas terrestres sul-vietnamitas. O orçamento do Pentágono para aquela guerra tinha sido aumentado: saiam as tropas de terra, mas em compensação quantias astronômicas seriam gastas com treinamentos, salários, munições, combustíveis, além de outras despesas.

O que seria do Vietnã do Sul, se todos os norte-americanos fossem embora de vez, mesmo que a paz viesse? A invasão dos Estados Unidos tinha sido prejudicial para os dois lados do Vietnã. Do dia em que a paz fosse assinada (e isso um dia teria que acontecer) em diante, o Sul do Vietnã continuaria em perigo. O que por certo preocupava os sul-vietnamitas era a idéia de que ao flagelo daquela guerra sem fim, viria fatalmente juntar-se uma avalancha de problemas econômicos provocado pela retirada dos norte-americanos. Os circuitos de redistribuição de uma riqueza da qual os norte-americanos não eram ávaros secavam uns após outros à medida que as tropas saiam.

Na verdade, a economia sul-vietnamita ficaria abalada com a perda anual de 300 milhões de dólares pela saida dos norte-americanos. Iria viver momentos de penuria. O Vietnã do Sul deveria reaprender a viver como um povo pobre. Isso após haver vivido — paradoxalmente — graças à guerra, durante dez anos na esteira da nação mais rica do mundo. A inflação, o desemprego e a falta de arroz completaria o quadro horrível provocado pela "ajuda" dos Estados Unidos. Os gêneros alimentícios roubados dos armazéns das tropas, as latas de rações iam acabar. A vida noturna também. A moça perderia seu amigo norte-americano e em consequência seria maior o número de delinquentes nas ruas, principalmente crianças. Além disso, a incapacidade do presidente Nguyen Van Thieu de lidar sozinho contra todas as dificuldades e o fato dele ser um corrupto reconhecido até pelos próprios amigos, o saque dos cofres públicos, praticados principalmente pelas altas patentes militares e suas hábeis esposas, se era tolerável nos dias em que os dólares jorravam em abundância no país, tornar-se-ia em tempo de paz, um escândalo inaceitável.

Com a saida total dos norte-americanos os soldados sul-vietnamitas não poderiam mais contar com o tranquilizador apoio dos bombardeios B-52 da Fôrça Aérea dos Estados Unidos. Se por acaso houver pequenas desavenças no futuro, a munição por certo estará racionada, da mesma forma que o petróleo. E se o soldado do Sul cair numa emboscada ou ficar ferido, já não será, como antes socorrido de helicóptero. Terá de fugir de barco ou de caminhão, quando não a pé.

Isolado da tropa e privado talvez, da ração de arroz — também racionada após a saida de seus aliados — o soldado sul-vietnamita torna-se-á mais suscetivel que antes, de se deixar seduzir pelo inimigo que surge com uma cuia de arroz nas mãos ou bandagem para suas feridas.

Não era de estranhar, portanto, no Vietnã do Sul, a impressão cada vez mais crescente de que, se não fosse possível ganhar a guerra com o apoio dos norte-americanos, muito mais difícil seria vencê-la sem eles. E o pior de tudo, é que todos os sul-vietnamitas tinham certeza que jamais viveriam, mesmo em tempo de paz, sem ajuda dos Estados Unidos, enleados que estavam naquela terrível teia de aranha.

Os Estados Unidos por sua vez, temerosos de um colapso total na economia do Vietnã do Sul, teriam que injetar anualmente cerca de 700 milhoes de dólares no fraquejante aliado, por um tempo que só o futuro diria...

Para o combatente que voltava aos Estados Unidos não havia banda de música, fogos, desfiles, nem papéis picados nas ruas. Sua chegada era melancólica como a partida. Não era festiva como a de seus pais, de volta da Segunda Guerra Mundial, ou a de seus avós ao término da Primeira.

Partindo de Saigon ou de Da Nang, os aviões da Fôrça Aérea norte-americana levavam dezoito horas para chegar a Califórnia, transportando seus soldados ainda com a poeira do Vietnã, a lama e o sangue. Da base de Travis eram transportados para o Terminal Militar de Oakland, onde enquanto funcionários burocráticos aprontavam seus papéis, eram submetidos a exames médicos. Para finalmente receberem um cheque correspondente ao pagamento do último saldo, acompanhado da voz de um tenente que dizia:

— Senhores, em nome do presidente da República e do chefe do Estado Maior, agradeço seus serviços. Estão dispensados...

Para a grande parte dos norte-americanos que regressavam do Vietnã, sérias dificuldades começavam justamente no momento em que se transformavam em ex-combatentes. Em grau maior ou menor, todos acabavam experimentando a indiferença de uma comunidade para a qual a guerra em que tinham combatido nada tinha de gloriosa. Muitos iludiram-se com a esperança de que ao voltar encontrariam cidadãos reconhecidos. Na verdade o choque traumatizava. Eram escassos os sinais de reconhecimento. Fenômeno observado em todas as camadas da população norte-americana, mas que revestia de particular importância em suas manifestações na classe dos empregadores.

Os patrões, ao contrário do que ocorrera em outras guerras, mostravam-se pouco impressionados com os apelos do governo para que dessem empregos aos ex-combatentes. Sem dúvida, contribuia para isso, o fato de a economia norte-americana não atravessar seus melhores dias. Os empresários não se sensibilizavam com os apelos do governo para dar preferência aos ex-combatentes, pela imagem que eles traziam, de viciados em drogas, nervosos demais e com idéias genocidas, além da fama de promotores de rebeliões.

Arranjar emprego para quem tinha vindo do Vietnã era difícil, os veteranos disputavam com os negros os maiores índices de desemprego. Mas para alguns o pior era o reajustamento ao ambiente familiar. Outros encontravam frieza ou até hostilidade de antigos grupos de amigos ou colegas de universidade. Muitos deles tiveram que ser internados em hospitais e submetidos a tratamentos psiquiátricos, vítimas de uma doença cujas causas eram sentimento de inutilidade, frieza de ambiente em seu redor e a frustração do desemprego. Cujos sintomas era angústia, sentimento de culpa e desorientação quanto ao futuro. A doença já tinha nome: **"PVS" "Post-Vietnã Syndrome"**. E não era mais somente um mal de ex-prisioneiros...

Enquanto isso no Vietnã, nus alguns, em farrapos outros, com a pele grudada aos ossos, soldados e civis — adultos e crianças — mal conseguiam falar, após tanto tempo escondidos em porões ou abrigos subterrâneos. Os fracos sobreviventes, advertiam as forças de reforço para não se aproximarem.

— Há uma febre desconhecida entre nós. Será peste ou cólera? Não se aproximem! — gritavam alguns vietnamitas, quase desfalecidos...

Eram os efeitos de mais uma experiência de guerra bacteriológica feita pela aviação norte-americana. Desta vez em maior escala, e mais violenta, já que os Estados Unidos tinham retirado todos os seus homens de infantaria, para não ser atingidos pela contaminação...

Mais uma mancha para os Estados Unidos, onde com exceção de um Abrahan Lincoln, poucos presidentes dignos tiveram. Dos longinquos tomadores de terras dos mexicanos, aos modernos invasores do Vietnã, passando por Harry Truman que ordenou a queima de milhares de pessoas com as bombas atômicas lançadas sobre Hiroshima e Nagasaki, a Dwight Eisenhower que autorizou um vergonhoso complô dos serviços secretos norte-americanos para assassinar o então primeiro ministro congolês Patrice Lumumba. Poderosos acobertados de dólares, que ao passarem para "outras esferas", enfrentam hoje o crivo de uma "alfandega" onde o ouro nada compra...

Em Washington, valentes jornais norte-americanos, provando mais uma vez que a imprensa livre existe para servir aos cidadãos e não ao governo, comemoravam mais um ano da publicação, da série de documentos secretos, demonstrando que os Estados Unidos criaram a situação que os levou à intervenção na Indochina. Mais exatamente: o governo dos Estados Unidos criara, deliberadamente, a situação que levou à intervenção: liquidara o regime de Diem e encenara o incidente do Golfo de Tonquim. Depois, ludibriou o Senado, com a finalidade de lhe arrancar autorização para que os jovens norte-americanos fossem morrer ingloriamente no Vietnã.

Os presidentes-mafiosos criaram uma guerra de dolorosas feridas que por sua vez deixariam cicatrizes profundas, marcando a alma da América e a consciência do povo norte-americano, traumatizado profundamente por uma década de decepções e dor. O envolvimento dos Estados Unidos no Sudeste Asiático foi o pesadelo mais brutal e corrosivo já sofrido pela nação de Lincoln. Guerra que se transformou no mais triste capítulo da história norte-americana. Toda uma geração foi marcada pelos efeitos das batalhas de 50 milhões de dólares em equipamentos, em que perderam a vida 56 000 norte-americanos, 303 000 combatentes voltaram feridos, mutilados ou mentalmente enfermos e não produziu herói nacional, nenhum sargento Yorque ou Andie Murphy.

O cidadão, pai do soldado que foi morrer na Indochina sem saber porque, não tinha meios para fiscalizar habilidades e denunciar traições. Era gente de boa fé, que acreditava na honestidade dos governantes, portanto apoiava a coragem dos jornais que mostravam toda a trapaça. Já que a grande função social da imprensa era exatamente esclarecer o cidadão comum, levando ao seu conhecimento uma verdade que não devia usar mascara. Não se podia reprovar o que restava de são na sociedade norte-americana — a coragem de dizer a verdade, mesmo quando essa verdade fosse de fazer corar de vergonha. Estava tudo desmascarado. Tudo devidamente comprovado. O presidente-mafioso Johnson deu ordens para que seus contra-torpedeiros do Vietnã do Sul bombardeassem navios de guerra norte-americanos no Golfo de Tonquim. Posteriormente, responsabilizou Hanói pelo incidente e intensificou a guerra do Vietnã. Com doce sorriso, Johnson prometeu a paz. Mas trazia consigo o plano para incrementar a guerra e bombardear o Vietnã do Norte.

A corajosa publicação pelos jornais, dos documentos secretos mostrando a vergonhosa sujeira dos mandatários norte-americanos, não fez morrer nenhum soldado nem abalou nenhuma segurança. O segredo que outro presidente-mafioso e mentiroso, Nixon, tentou manter como era de seu feitio, sim. Em onze anos de guerra (quando termina nossa história, com a volta do piloto brasileiro Mavutciním e que coincide com a saída da infantaria norte-americana, mas, o tempo total de infiltração e ocupação dos Estados Unidos no Vietnã foi de quinze anos), com a furia dos 14 milhões de toneladas de bombas, orientadas muitas vezes até por satélites artificiais numa tecnologia demoníaca, englobando nisso os explosivos lançados por bombardeios aéreos, terrestres e navais em toda a Indochina, cujo poder mortífero foi avaliado em 720 vezes o potencial das bombas atômicas lançadas sobre o Japão, mutilou a própria face da natureza! O segredo, afundou a ilhota de Nhoc com seus habitantes, sem que eles soubessem de onde chegavam as bombas!

O segredo, propiciou maciços bombardeios com produtos

químicos provocando o desfolhamento de mais ou menos a sétima parte do território sul-vietnamita, ou seja, ao redor de 23 600 quilômetros quadrados. Cerca de 1/3 das florestas da região central e vastas plantações de arroz, foram seriamente danificadas pelos produtos químicos que intoxicaram mais de 1 milhão de pessoas. Cujas terras só voltarão a ser férteis nos próximos 20 anos ou quem sabe, num século! A mentira, tentou encobrir métodos de matança maciça utilizados na infeliz região, que incluiam a própria destruição ecológica, na procura de tornar impraticável qualquer espécie de vida no Vietnã.

A verdade não, mas o segredo sim, fez 5 milhões de norte e sul vietnamitas mortos entre civis e militares. Fez 100 000 filhos ilegítimos, enjeitados. Centenas de milhares de doentes e neuróticos, viciados em drogas, contrabandistas, prostitutas, ladrões e assassinos. Além de outro tanto de viúvas e órfãos e mais de 1 milhão de mutilados...

Meses depois dos Estados Unidos terem abandonado o território vietnamita, foi feita a reunificação tornando-se novamente, um só Vietnã.

Vitória dos soldados norte-vietnamitas. E também dos vietcongs, guerrilheiros que se originaram da FLN, basicamente uma ampliação da grande frente popular constituída pela Frente de Libertação Nacional, que por sua vez era uma liga patriótica contra a intervenção estrangeira, visando a retirada dos colonialistas norte-americanos do território vietnamita.

O objetivo das duas tropas foi conquistado: a reunificação pacífica da pátria. Depois de mobilizarem esforços do povo, contra a agressão norte-americana, pela salvação nacional, para conquistar o poder popular e construir um Vietnã independente, democrático, pacífico e neutro.

Com a saida da sinistra e sanguinária ave de rapina que bateu as asas de volta, em seu lugar ficou a parábola intitulada "Era uma vez uma Águia", muito difundida no Vietnã, onde se tentava dar uma "explicação" poética e ingênua daquela luta onde os norte-americanos tentaram aniquilar a natureza:

Era uma vez uma jovem mãe vietnamita, muito bela e muito doce, que vivia com seus dois filhos, um menino e uma menina. Os três cultivavam o arroz que brotava da terra e que crescia ao ritmo de uma alegre música moderna, cada vez mais alto e mais abundante, acima da barca que levava a fa-

Vítimas da
guerra química no Vietnã.

Ilustração: Rigsil.

Longo pesadelo. Vietnã. Ilustração: Rigsi

mília para casa ao fim do dia.

De repente, uma águia de garras terríveis e impressionantes aparece no firmamento e avança contra a mãe e as crianças. A barca vira, a mãe desaparece sob as ondas e o agressor sacia sua sede imperial encerrando o menino em uma jaula. A menina fica sozinha com um coelho num campo em que já não brota o arroz. Desesperada, a menina dirige os olhos para o céu de onde a mãe, transfigurada, vela por ela e lhe mostra, através do espelho da lua, a imagem de seu irmão. O garoto tenta, em vão, romper as grades da jaula, enquanto a águia que o mantém prisioneiro lhe joga com desprezo um pedaço de pão.

O garoto recusa o pão com dignidade, e desafiando a águia imperial, arranca-lhe duas plumas, maldizendo o assassino de sua mãe e jurando que não cederá jamais.

Do alto do firmamento, a mãe continua velando por seus filhos. Envia à menina um raio de lua que lhe indica onde deve cavar a terra para descobrir uma marmita, um arado, um arco e um grão de arroz encantado. Ajudada por seu amigo coelho, a menina põe-se a semear e a cultivar a terra. Quando chega o dia da colheita, uma ferramenta desprende-se da lua, ceifa o campo e, em seguida, o arroz transforma-se em pão. E o pão encantado viaja até o irmão prisioneiro.

A águia malvada dorme e, aproveitando seu breve sono, o menino come o pão. Imediatamente começa a crescer, seus músculos desenvolvem-se poderosamente, rompe as grades da jaula e trava com a águia o combate do apocalipse.

A águia cospe fogo, desencadeia a nuvem destruidora, abre as comportas do dilúvio.

O menino, agora já muito forte, corre, esquiva, joga pedras e, por fim, luta corpo-a-corpo com a ave de rapina, armado com um simples pedaço de ferro com o qual atravessa o agressor. A águia tomba, vencida.

Para completar sua missão, o jovem combatente tem ainda que despedaçar todos os vestígios da dominação. Sempre com seu barrote de ferro, o pequeno herói reduz a cinzas a fortaleza-caverna de seu derrotado inimigo.

Missão cumprida, o garoto corre triunfalmente pela margem do rio. Pela outra margem, seguida pelo fiel coelho, corre sua irmão, enquanto que no meio do rio abrem-se as ondas devolvendo à vida a mãe, de pé sobre a barca. E a barca cresce,

cresce até juntar as duas margens, e as crianças, correm, correm, até a mãe, seguidas por centenas, por milhares de vietnamitas que enchem em alguns instantes as margens e a barca convertidas em ponte reunificadora, enquanto soa um canto de paz e fraternidade ...

O que restou daquela guerra foi uma vitória amarga para todos. Para os vietnamitas do Norte que venceram mas perderam quase tudo, parte da população e do território devastado por mais de dez anos de luta. Para os invasores norte-americanos porque foi uma humilhação sem precedente. Se não perderam, pela primeira vez em sua História, não tinham vencido. Fugiram, largando seus aliados à própria sorte. Os homens dos Estados Unidos sairam às pressas e de cabeça baixa do Vietnã, onde nunca deviam ter entrado. E também para o brasileiro Mavutciním, de certa forma foi uma vitória amarga...

Está série de Vidas Selvagens, além de informar é um alerta para os jovens. Na forma de parábola, em que a velha lição mais uma vez se faz presente: o rapaz que saiu de casa julgando seus problemas insolúveis, acabou vendo tanta coisa pior lá fora, que tornou seus contratempos caseiros uma insignificância, tão fácil de dissolver. Mavutciním devia ter ficado na sua região e lutar, até conseguir resolver a contento. Preferiu abandonar tudo e arrependeu-se. Foi algo assim como ver passar repentinamente do corte de um vegetal ou morte de um bicho, para o extermínio da forma mais cruel, de grande parte da raça humana!...

PANTANAL SILENCIOSO

—esplendor e agonia do último mundo verde.

Cada espécie animal ou vegetal tem seu espaço no planeta, o **habitat**, como o tigre na selva, o urso no gelo, o camelo no deserto. O único bicho que não tem ambiente específico é o homem. Um intruso. Vem de fora, é incompatível e essencialmente inadaptado. Um ser a parte no mundo animal, não leva vida natural, precisa cozinhar para se alimentar e construir para poder habitar. Não dá valor ao ar como a andorinha, nem tem respeito pela água, como o peixe. O homem, totalmente desadaptado à Terra, é um estranho no ninho da mãe natureza, por isso não a respeita...

E o pior é que ele está esquecendo-se de que ao vir para o mundo, não foi jogado no deserto. Prepararam antes um belo jardim a fim de recebê-lo, onde não faltavam frutos delicioso, rios de águas cristalinas e peixes; aves e animais. A terra árida, não é fatalidade. As áreas sem vida, de hoje, são obras do ser humano.

O planeta sobrevive sem o homem. Melhor até. O homem é que não sobrevive sem o planeta.

Infelizmente o ser humano ainda não percebeu que devastando a natureza que o rodeia, está destruindo a si próprio...

RENATO IGNÁCIO DA SILVA

PEDIDOS: CATAVENTO DISTRIBUIDORA DE LIVROS · R. CONS. RAMALHO, 928 · FONE: 289-0811 (PBX) · SÃO PAULO

Uma edição: **RENIG** - Rua Capitão José Leite, 160-B.
Centro - Itaquaquecetuba - Cep. 08580 - São Paulo - Brasil

selva assombrada

Nada é mais agradável do que um livro bem escrito, principalmente quando a ficção retrata fielmente a realidade. É o que acontece com "Selva Assombrada", interessante trabalho de Renato Ignácio da Silva, onde os contos numa linguagem clara e fluente vão revelando os encantos, as coisas fantásticas desse imcomparável mundo verde que é a nossa Amazônia. E tão desconhecida para muitos.

O valor da obra não reside somente na imaginação, criatividade e sua bela forma estilística. A meu ver, o mérito maior está na brasilidade dos temas, que o Autor teve o bom gosto de escolher. Tudo muito bem idealizado e montado num palco paradisíaco, que é a selva amazônica e sua estranha magia.

Oxalá, Renato Ignácio da Silva, não dê descanso à pena e continue enriquecendo — com seus conhecimentos colhidos na experiência — as estantes da literatura autenticamente brasileira, com volumes como este.

Cláudio Villas Boas

renato ignàcio da silva

RENATO IGNÁCIO DA SILVA

XARANA

Viagem ao desconhecido

natureza morta. história viva.

Os cães levados pelos homens latiam, acuando os botos que fungavam, sem parar. As máquinas pararam seus motores. Tratores, caminhões e serras silenciaram; até os homens deixaram de conversar ante a beleza e a imponência da mata sagrada que tinham pela frente. De onde tantas coisas falavam e tantas as lendas que corriam de boca em boca entre indígenas e sertanejos, sem contar Rudá, Boitatá, Caapora, Curupira...

No chão as marcas de pneus e sinais das pisadas de botas no barro, formavam poças de água onde refletiam as árvores restantes do massacre feito até ali. Umas poucas jacuarangas, caapomongas, pagimirobas, guariubas. Além de reduzido número de pau-santo, pojó, jequitibá, tarumazeiro, mogno, marupã...

renato ignácio da silva

AMAZÔNIA
paraíso e inferno!

de

RENATO IGNÁCIO DA SILVA

Êste livro foi escrito com a cooperação da Fôrça Aérea Brasileira. Tem êle uma finalidade exclusiva: — auxiliá-lo em uma emergência, facilitando sua sobrevivência e seu salvamento, na Amazônia ou qualquer região do Brasil, como também sôbre o mar, ao longo da costa brasileira. Embora feito especialmente para a maior região florestal do globo, os conselhos aqui emitidos e as regras de sobrevivência servem para tôda parte do mundo, o mesmo acontecendo com os códigos de sinalizações apresentados, pois são internacionais.

O presente trabalho abrange as condições de emergência que podem ocorrer logo após um acidente aeronáutico. Os ensinamentos se referem às medidas que deverão ser tomadas pelos sobreviventes quer em terra quer no mar. E os meios de sobrevivência, isto é, como conhecer e utilizar os recursos naturais da região, tanto terrestre quanto marítima, o uso correto do equipamento de sobrevivência etc.

NO ESPAÇO NÃO ESTAMOS SÓS...

RENATO IGNÁCIO DA SILVA

Durante muitos séculos, os homens viveram iludidos em seus pequenos mundos. Pensavam estar sós, inteiramente sós, em suas minúsculas civilizações. Eram homens ilhados. Robinsons Crusoés coletivos, satisfeitos e orgulhosos da solidão. Mais tarde, descobriram a existência de outros homens, de outras civilizações ao seu redor. E então apelaram ao rei da Guerra, a terrível divindade do extermínio. Aquela mesma que, na Bíblia, recebeu o nome de Deus dos Exércitos. Foram precisos a vida e o sacrifício de Jesus, pregando e vivendo uma vida realmente humana, para que as pequenas e atrevidas civilizações ilhadas começassem a soletrar, muito lentamente, o alfabeto da solidariedade fraterna.

Mas, uma vez comprovada a existência de uma só Humanidade, em toda a Terra, foi fácil ao homem encontrar uma escapatória para o seu orgulho. Bastou ilhar-se no Cosmo. Inventou que o Universo inteiro, cujas proporções não podia sequer imaginar, existia apenas para rodar em torno do nosso planêta. E dessa época até hoje, milhões de criaturas, não obstante as provas lógicas e científicas em contrário, sustentam que a Terra é o único mundo habitado por criaturas inteligentes. Fora deste planetinha orgulhoso e tolo, bamboleando no espaço como um grão de areia num vendaval do Saara, não existe e não pode existir qualquer outra espécie de Humanidade.

Monteiro Lobato disse, certa vez, com a sua graça habitual, que somos semelhantes a bichos de goiaba, orgulhosos de só existirem bichos na sua goiaba. E é para contradizer esse orgulho estúpido, inteiramente destituido de fundamento, que Renato Ignácio da Silva lança êste livro copérnico: "No espaço não estamos sós..." A sorte de Ignácio é que os astronautas já andam pelo espaço cósmico, e as fogueiras medievais estão apagadas. Isto lhe dá liberdade para proclamar sem medo, que somos simplesmente uma população de subúrbio. A Terra pobre mundinho sublunar, é uma espécie de aldeiazinha de botocudos na imensidade cósmica.

Um livro empolgante, ilustrado com desenhos do próprio autor e que atualiza o leitor com a era espacial.

Herculano Pires

"No espaço não estamos sós...", de Renato Ignácio da Silva. Membro da Sociedade Interplanetária Brasileira e do Instituto Brasileiro de Astronáutica e Ciências Espaciais, o autor revela-se neste livro profundo conhecedor das últimas conquistas da Ciência no empolgante capítulo da vida espacial. Para compô-lo, recorreu às mais importantes fontes contemporâneas de estudos e pesquisas. O que essas instituições verificaram, quer através de estudos científicos, quer mediante experimentação quotidiana, aqui está em resumo — o que torna o livro do sr. Renato Ignácio da Silva altamente proveitoso para tôda sorte de leitores.

Em verdade, não há, nos nossos dias, assunto mais fascinante. Haverá vida em outros planetas? A resposta é, em linhas gerais, afirmativa. Não se trata da "nossa" vida, da vida tal como conhecemos na Terra — mas, sem dúvida, de uma forma diversa dela.

Nas várias galáxias que compõem o Universo há bilhões de planetas mais importantes que a terra! Não seria estúpido imaginar que só neste mísero grão de areia é que a Vida se desenvolveu no curso de milhões de anos? Tais são os problemas para cuja solução eminentes sábios trabalham, conforme lemos neste fascinante e notabilíssimo volume.

General Berilo Neves

O livro "No espaço não estamos sós...", do sr. Renato Ignácio da Silva, se destina a popularizar valiosas noções, a respeito dos mais recentes e sensacionais avanços do conhecimento humano, em domínios extra-terrenos, até há poucos anos apenas objetos de engenhosas conjecturas. No entanto, apesar da despreocupação do estilo, em linguagem acessível ao homem de mediana cultura, o texto se lê como se fôra novela fantasista, de tal maneira se repleta de revelações e descobertas que desafiam a mais arrojada imaginação.

A fria exatidão dos cálculos, eriçados de cifras, empregando a linguagem quase aflitiva de quantidades "astronômicas" — sem eufemismo — relega para trás as mais audazes façanhas sonhadas ingenuamente, no comêço do século, por Júlio Verne e H. G. Wells.

Gigantescas experiências, no campo da exploração do Cosmos, pelas duas nações mais interessadas em liderar êsses assuntos e conquistar a glória pioneira — os Estados Unidos e a União Soviética — para isto não recuando ambas, ante a perspectiva e necessidade imediata de enormes dispêndios e esforços humanos. Percorridos todos os caminhos dêste globo sublunar, os cientistas agora se voltam para as regiões interplanetárias, sonham estabelecer comunicações com outros sêres, habitantes prováveis de outros sistemas solares.

A leitura do livro é, assim cheia de interêsse e palpitante sensação de "suspense", como costumam apresentar as obras de gênero menos sério, por simples gratuidade. E acontece que estamos, aqui, diante duma casta de cientistas que nada afirmam sem a mais sólida e inabalável certeza.

Alvaro Augusto Lopes

"No espaço não estamos sós... "é sem dúvida alguma de grande utilidade para quem deseja aperfeiçoar seus conhecimentos sobre astronáutica e possível vida em outros planêtas. Trata-se de um tema que vem apaixonando o mundo todo, pois nunca esteve tão em foco como na atualidade, graças a forte competição, por enquanto apenas científica, entre as duas maiores potencias do globo.

O autor, dotado de farta documentação e de invulgar espírito de pesquisa e observação, disserta em suas páginas, sôbre os feitos daquelas duas nações, que vem deixando o mundo atônito.

O problema da vida nos demais planetas, que assumiu notável incremento nos últimos tempos tem preocupado e bastante, não só os homens de ciência, mas também os adeptos da Parapsicologia.

É, pois, digna de louvor essa belíssima contribuição do jovem escritor, que, aliás, como perfeito conhecedor do tema a que se dedicou, apresenta comentários que prendem a atenção do leitor.

Realçamos dessa bela e utilíssima obra, os capítulos sobre as previsões de Robert Heinlein, sonhos premonitórios, telepatia extra-terrena, parapsicologia, discos voadores, o "caso Mantell" e a dolorosa história do ex-major Claude Eatherly, co-responsável pelo lançamento da bomba atômica sôbre Hiroshima.

São páginas que nos predispõem a sérias meditações quanto aos destinos da Humanidade. As ilustrações, do próprio punho do autor, valorizam bastante a obra.

Com os meus parabens ao jovem e talentoso confrade, é com prazer que recomendo a leitura de "No espaço não estamos sós..." pelo muito de grande interesse e curiosidade que nele se encontra.

Jacob Penteado

PEDIDOS: CATAVENTO DISTRIBUIDORA DE LIVROS · R. CONS. RAMALHO, 928 · FONE: 289-0811 (PBX) · SÃO PAULO

Uma edição: **RENIG** - Rua Capitão José Leite, 160-B.
Centro - Itaquaquecetuba - Cep. 08580 - São Paulo - Brasil